D1729676

Norbert Kerkel

Norbert Kerkel

Humorvolle und nachdenkliche Geschichten über einen bayerischen Landrat

Miesbach 2010

Titelbild von Sebastian Thrainer.
Blick von Irschenberg über den Landkreis Miesbach.

© 2010 bei Herausgeber
Sozialer Verein Altlandrat Norbert Kerkel für den Landkreis Miesbach e.V.,
Wiesseer Straße 14a, 83666 Schaftlach
in Zusammenarbeit mit
Verlag Bergemann + Mayr GmbH & Co. KG,
Am Windfeld 15, 83714 Miesbach

1. Auflage 2010

Bilder: Thomas Plettenberg, Andreas Leder, Siegfried Wameser und private Quellen
Layout, Satz und Druck: Mayr Miesbach GmbH

ISBN: 978-3-922096-13-9

Danksagung

Dank an alle Helfer, die zum Gelingen dieses Buches in irgendeiner Weise beigetragen haben.
Dank an alle Autoren, die einen Beitrag (teils auch mit Bildern) verfasst haben.
Danke für das Verständnis aller Wegbegleiter, die in diesem Buch nicht zu Wort gekommen sind.
Dank an alle, die Bilder für dieses Buch zur Verfügung gestellt haben:
Thomas Plettenberg, Andreas Leder, Siegfried Wameser, Max Rinner, Sebastian Thrainer und andere.
Dank an Günther Schädler für die Gestaltung der Landkreiskarte.
Dank an Adolf Dorffmeister, Prof. Dr. Reinhard Wittmann, Notar Lucas Wartenburger, Druckerei Mayr Miesbach GmbH, Herrn Dieter Bergemann und Herrn Peter Faltheiner für die Unterstützung und Beratung.
Dank an alle, die den Verkauf des Buches unterstützen.

Der Herausgeber

Die Initiatoren des Buches:
Prof. Dr. Ralf Huss (Freund)
Arnfried Färber (Freund und politischer Wegbegleiter)
Michael Pelzer (Freund und politischer Wegbegleiter)
Katharina Kerkel (Ehefrau)
Norbert Kerkel (Sohn)
Monika Pfisterer (Tochter)
Stefan Pfisterer (Schwiegersohn)
Simone Kerkel (Schwiegertochter)

Vorwort

Dies sind Geschichten über einen bayerischen Landrat im Landkreis Miesbach. Es ist erzählte Geschichte in Episoden, die Menschen eben mit diesem Landrat über viele Jahre erlebt haben. Die Geschichtenschreiber in diesem Buch sind (fast) alle keine Schriftsteller oder Journalisten oder Politiker. Doch sie alle haben etwas über den Menschen und Landrat Norbert Kerkel zu sagen. Ihre Erinnerungen sind teilweise lustig, teilweise traurig und machen auch betroffen, teilweise werden Sie Ihnen als Leser persönlich auch gar nichts sagen. Vielleicht haben Sie über einige der Erlebnisse in der Lokalpresse gelesen oder Sie waren sogar dabei? Vielleicht machen Sie gerade Urlaub in diesem schönen Landkreis und erfahren hier etwas über Land und Leute.

Warum ist es die Mühe wert ein Buch über den Menschen und Politiker Norbert Kerkel zu schreiben? Vielleicht weil er ein außergewöhnlich hohes Maß an Herzensgüte, ein tief im christlichen Glauben verwurzeltes Gerechtigkeitsempfinden und eine unerschütterliche Liebe zu seiner Heimat und zu den Menschen darin besaß. Vielleicht weil er auch Geschichte und Geschichten so liebte und sie häufig in seiner politischen Arbeit einsetzte, um manche Dinge einfach wieder in das rechte Licht zu rücken.

Wer war der Mensch Norbert Kerkel, der als Halbwaise bei den Großeltern im Landkreis Miesbach aufwuchs, der seinen im 2. Weltkrieg gefallenen Vater niemals kennengelernt hat, der nach einer Tätigkeit bei der Deutschen Bundesbahn als parteiloser Freier Wähler zunächst Bürgermeister in Waakirchen und schon drei Jahre später Landrat in Miesbach wurde?

Wer war der Landrat Norbert Kerkel, der bei seinen Wiederwahlen bis zu 96,5% der Stimmen erhielt und am Wohnort von Franz-Josef Strauß und im Umfeld von Wildbad Kreuth bis zu seinem Ausscheiden nach 21 Jahren im Amt keinem anderen Kandidaten (auch von der CSU) wirklich eine Chance ließ?

Wer war der Politiker Norbert Kerkel, der durch erzählte und erlebte Geschichte(n) unüberwindlich erscheinende Gegensätze zwischen politischen Gegnern überwinden konnte, der politische Glaubwürdigkeit mit großer Leichtigkeit und Selbstverständlichkeit vorlebte und der die sprichwörtliche Rolle eines königlich-bayerischen Landrats verkörperte wie kein anderer?

Wer war der Repräsentant Norbert Kerkel, der die Freundschaft zu Papst Benedikt XVI. genauso pflegte, wie zum Milchbauern und Almwirt. Der beim Ministerpräsidenten in München und im Erzbischöflichen Ordinariat genauso Gehör fand wie im Waitzinger Keller in Miesbach oder im Knabl-Saal in Hauserdörfl?

Wer war der Patient Norbert Kerkel, der schon von seiner Krankheit gezeichnet, aber mit Humor und im unerschütterlichen Vertrauen in eine höhere Macht, unüberwindlich erscheinenden Streit versöhnte und selbst gestandenen Medizinprofessoren Demut und Rücksicht lehrte und der noch auf dem Todesbett Rücksicht nahm auf den Geburtstag seiner Frau?

Wer war dieser großartige Mensch und dieses leuchtende Vorbild, dessen Lebensgeschichte und die Geschichte des Landkreises in diesem Buch erzählt werden? Dieses Buch wäre nie entstanden ohne die große Bereitschaft der Familie, der Freunde, der Weggefährten und Kollegen und aller Menschen im Landkreis, die ihren persönlichen Beitrag gerne geleistet haben. Dafür danken wir allen und hoffen, dass so die Erinnerungen an Norbert Kerkel, sein Wirken und seine Leistungen im Landkreis noch lange erhalten bleiben.

Hausham, Waakirchen und Weyarn im Frühjahr 2010

Arnfried Färber, Ralf Huss und Michael Pelzer

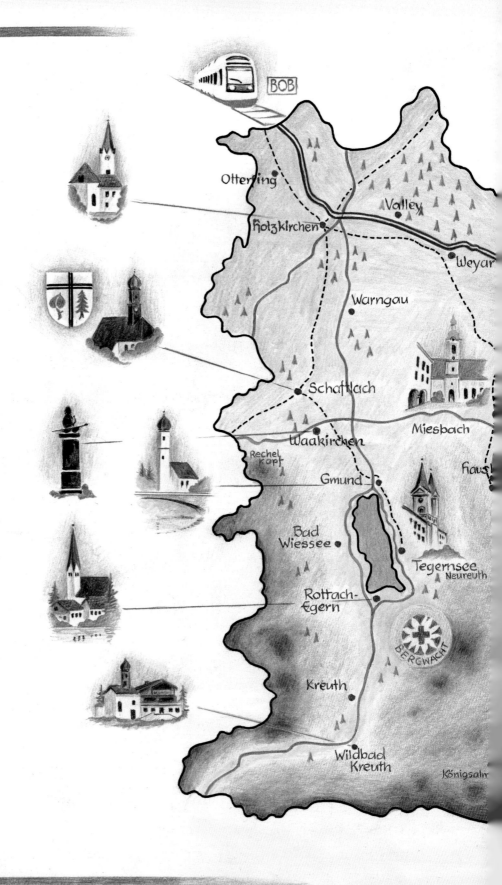

BOB

Otterfing

Valley

Holzkirchen

Weyar

Warngau

Schaftlach

Miesbach

Waakirchen

Rechel kopf

haus

Gmund

Bad Wiessee

Tegernsee
Neureuth

Rottach-Egern

BERGWACHT

Kreuth

Wildbad Kreuth

Königsalm

Landkreis Miesbach

Irschen-
berg

HAUS
ATHARIED GmbH

chliersee
Fischbachau

Birkenstein

Wendelstein

Bayrischzell

gs/40

Inhalt

Bischof Marx begrüßt Norbert Kerkel. Dies war Norberts letzter öffentlicher Auftritt am 5.6.2008. Im Hintergrund Josef Bichler und Dekan Walter Waldschütz.

EINLEITUNG

Herkunft, Kindheit und Jugendzeit

Viele Leser dieses Buches haben Norbert Kerkel persönlich gekannt. Würde man sie fragen, was für ein Mensch er denn eigentlich war, erhielte man vermutlich stets eine ähnliche Antwort: „Er war unser Landrat und ein grundehrlicher, guter, lustiger und stets hilfsbereiter Mann!" Bei einer Frage nach negativen Seiten müßte man dagegen lange nachdenken und es schließlich aufgeben.

Norbert Kerkel ist eine außergewöhnliche Persönlichkeit gewesen. Seine große Beliebtheit weit über den Landkreis und über seinen Tod hinaus kann kein Zufall sein. Die vielen positiven Eigenschaften waren ihm sicher angeboren, sie wurden aber durch sein Umfeld verstärkt. Wie bringt es ein Mann aus einfachsten Verhältnissen vom Jungwerker bei der Bahn zum Fahrdienstleiter, zum Verkaufsleiter, zum Bürgermeister und schließlich zum Landrat von Miesbach? Selbstverständlich muß er dazu ehrgeizig, fleißig und zielstrebig sein. Nur hat Norbert dies wie kaum ein anderer ergänzt durch eine liebenswürdige, humorvolle, bescheidene und aufrichtige Art. Um all das, seine Liebe zum Menschen und zur Natur, seine Kompromißbereitschaft, sein Streben nach Ausgleich, seine Religiosität und Zuverlässigkeit zu ergründen, müssen wir zuerst seine Herkunft, seine Kindheit und Jugendzeit kennenlernen.

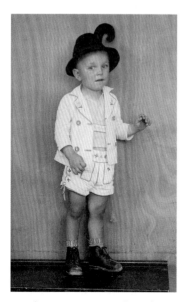

Norbert etwa zwei Jahre alt

Norbert Kerkel wurde am 8. Mai 1941 im Tegernseer Krankenhaus geboren. Er blieb zeitlebens in Schaftlach, also in seinem Landkreis Miesbach. Seine Eltern waren einfache Leute. Der Vater Norbert Kerkel stammte aus Eltmann in Franken, war gelernter Metzger, arbeitete dann aber in Straßenbautrupps. Er fiel 1941 in Frankreich. Die Mutter Maria Kerkel (geborene Rossberger) war aus Schleißheim und von Beruf Schneidermeisterin. Sie starb 1992 im Miesbacher Krankenhaus.

Norbert Kerkel wurde mitten im Krieg geboren. Zu einer Zeit, die sich heute – Gott sei Dank – keiner mehr so richtig vorstellen kann. In jenen Tagen flog Hitlers Stellvertreter in der NSDAP, Heß, nach Schottland, um mit der britischen Regierung heimlich über einen Friedensschluß zu verhandeln. Es war die Zeit, als die deutsche Luftwaffe mit fünf-

hundert Maschinen einen letzten Großangriff auf London flog und ein Groß-
teil der deutschen Flotte nach Osten verlegt wurde.

Der Vater Norberts war kurz nach dessen Geburt gefallen. Die Mutter mußte nun zusammen mit den alten Großeltern den Kleinen „durchbringen". Als
Schneidermeisterin ging sie auf die Stör. Sie nähte, flickte und stickte im Haus
ihrer Kundschaft für geringes Entgelt. Sie erhielt dort Kost und manchmal
auch Logis. So wuchs das Kind bei seinen Schaftlacher Großeltern Karolina
und Jakob Rossberger auf. Die Großeltern väterlicherseits, Georg und Amanda
Kerkel, waren im weit entfernten
Franken und hatten nur selten
Gelegenheit, ihren Enkel zu sehen.

Im Haus der Familie Walter
Billig, unmittelbar am Bahnhof
von Schaftlach, wohnte die Familie zur Miete im ersten Stock.
Die Wohnküche war etwa acht-
zehn Quadratmeter groß, es gab
drei winzige Schlafzimmer und
einen kleinen Balkon. Das Mobi-
liar war nach heutigen Maßstä-
ben äußerst spartanisch, einfach
und schlicht. Natürlich gab es
keine Spültoilette oder gar ein
Badezimmer oder Duschbad.
Man war aber mit dem Vorhan-
denen zufrieden und hoffte auf
ein baldiges Ende des unseligen
Krieges.

Norbert mit seinem Opa Jakob Rossberger

1947 begann für Norbert die Schulzeit im alten Schulhaus von Schaftlach,
das zugleich als Rathaus diente. Es roch nach Bohnerwachs und Staub. Das
kalte Schulzimmer wurde im Winter notdürftig durch einen Kohleofen er-
wärmt. Daß damals die Lehrerin oder der Lehrer vierzig bis fünfzig Schüler in
der Klasse betreute, daß mehrere Altersstufen gleichzeitig unterwiesen werden
mußten, kann sich heute wohl niemand vorstellen. Der Mangel an Unter-
richtsmaterial forderte von den Lehrkräften höchste Improvisationskunst.
Mehrere Schüler hatten zusammen nur ein Buch, Schreibpapier und Schreib-
stifte waren knapp und wehe, wenn die Schiefertafel zu Bruch ging! Die Kinder
hockten eng zusammengepfercht in uralten Bänken, deren beschnitzte und
verkratzte Schreibplatten voller Tintenkleckse waren.

Hochzeit der Eltern im Jahr 1940 (von links): Karolina und Jakob Rossberger, Anna Kollmannsberger, Pater Romedius Rossberger, Maria Rossberger, Willi Rossberger, Lina Rossberger, Hans Rossberger, Franz Schmöller, vorne Zenta Weinländer, Maria und Norbert Kerkel, Georg Kerkel

Bedürftig waren nicht nur Flüchtlingskinder, sondern eigentlich fast alle. So war die kostenlose Schulspeisung sehr hilfreich, gespendet von den USA und durch die Lehrer ausgeteilt. Schon früh vor dem Unterricht hörte man auf dem Schulhof rythmisches Schlagen von Löffeln auf die mitgebrachten Blechnäpfe. In der großen Pause begann die Essensausgabe. Es gab meistens heiße Suppe, die in 20-Liter-Kannen auf Leiterwägen in die Schule gefahren wurde: Milch-, Soja-, Hühner- oder Erbsensuppe. Die Kinder, also auch Norbert, stellten sich klassenweise in einer Reihe auf. Die Lehrer füllten in jeden mitgebrachten Blechnapf einen „Schlag", also nicht einmal einen halben Liter Suppe. Einmal in der Woche gab es eine 50-Gramm-Schokoladentafel und manchmal sogar frische Kaisersemmeln mit Milch-Wasser-Kakao.

Norbert war wie jedes andere Kind dieser schlimmen Zeit mit den Kriegs- und Nachkriegsfolgen konfrontiert. Wer erinnert sich heute noch an die eiskalten Winter, an Hunger, Mangelkrankheiten, an die Trümmerstädte? Er hat in Schaftlach hautnah gesehen, wie die beschädigten Gleisanlagen und das Stellwerk langsam wieder repariert wurden. Er hat Schwarzhandel, Schmuggel und überfüllte Hamsterzüge unmittelbar erlebt. An der Perronsperre am Schaftlacher Bahnhof drängten sich die hungernden Menschen und fuhren über Land, um irgendetwas Eßbares zu ergattern. Und mit fast jedem Zug kamen neue Flüchtlinge und Vertriebene und verstärkten den Hunger und die Wohnungsnot.

So lebte Norbert bescheiden in seiner kleinen Familie mit seiner gutmütigen und immer lächelnden Mutter, der strengen, erzkatholischen Oma und dem braven, ruhigen Opa. In die Familienkasse kamen das wenige auf der Stör verdiente Geld der Mama – damals betrug der Stundenlohn nicht mal eine Mark – und die kleine Rente der Großeltern. Nach dem Tod des Großvaters 1951 verringerte sich das Einkommen für die verwitwete Oma entsprechend. Da Norberts Vater

Mit seiner Mutter Maria im Sommer 1941

im Krieg gefallen war, übernahm Onkel Willi Rossberger Anfang der Fünfzigerjahre eine Art „Vaterrolle" für den Buben, die natürlich notdürftiger Ersatz sein mußte.

Auffallend an Norbert war seine Religiosität, die insbesondere auf seine Oma zurückzuführen war. So ministrierte er schon als Kind und betätigte sich als Orgelaufzieher und später in der Katholischen Landjugend.

Hinzu kommt ein ausgeprägter Familien- und Gruppensinn. Weshalb fühlte er sich später in Gemeinschaften (Vereinen, Gemeinderat, Kreistag) immer am wohlsten? Der Hauptgrund lag wahrscheinlich – immer abgesehen von Ererbtem – in den Familientreffen der „Rossberger-Großfamilie", die es heute (2010) in verjüngter Besetzung noch gibt. Die zahlreichen Onkel und Tanten trafen sich regelmäßig bei der Schaftlacher Oma zu Weihnachten, Allerheiligen, hohen Feiertagen und sonstigen Anlässen wie Namenstagen. Ohne großen Aufwand wurde bei Kaffee und Kuchen „gefeiert". Man erinnerte sich an alte Zeiten und Episoden und es wurde viel gelacht! Diese Treffen machten Norbert Freude, sie prägten seinen Humor, boten Schutz und Geborgenheit,

Großfamilie Rossberger mit dem 9-jährigen Norbert (rechts)

sie förderten seinen Sinn für Familie und Gemeinschaft. Fast nie gab es bei den Treffen böse Worte oder gar Auseinandersetzungen. Aber wenn, dann wurde die Angelegenheit sofort bereinigt. Womöglich bot dies Norbert Ansätze für seine Kompromißbereitschaft und Fähigkeit der Konfliktlösung.

Norbert ist zeitlebens – auch als Landrat – bescheiden geblieben. Er hat seine Wurzeln nie vergessen. Was bekamen damals die Kinder zu Weihnachten geschenkt? Einfaches Spielzeug wie Zinnfiguren, einen Teddybär oder Holzroller, einen Plastik-Donald-Duck, ein Schuko-Blechauto oder gar ein giftgrünes Borgward-Isabella-Polizeiauto mit Sirene oder Volkswagen-Cabrio, eine kleine mit Spiritustabletten bestückte Dampfmaschine oder einen Tender für die Dampflok, einen neuen Waggon für die elektrische Eisenbahn.

Vermutlich war es der „Familienrat", der 1951 Norbert in das Gymnasium Tegernsee eintreten ließ. Es kommt heute niemandem in den Sinn, daß das etwas Besonderes sein sollte. Aber zu jener Zeit besuchten höchstens zwei oder drei Schüler aus einem Dorf wie Schaftlach eine höhere Schule. Wie oft ist er in den Sommermonaten von Schaftlach nach Tegernsee geradelt, um sich das Fahrgeld für die Bahn zu sparen! Seinerzeit mußte man noch Schulgeld zahlen (etwa 20,– DM monatlich) und die Bücher selbst kaufen. Aber Norbert sollte es einmal besser haben als die Eltern, Großeltern, Onkeln und Tanten.

Im Jahr 1951 war der Koreakrieg eskaliert, die Zeitungen und Nachrichten malten die Gefahr eines Atomkrieges an die Wand. Freilich waren auch positive Zukunftsaussichten vorhanden. Damals begann langsam das „Wirtschaftswunder" und ein bescheidener „Wohlstand". Für Norbert war er ganz bestimmt sehr bescheiden.

1957 war ein ganz wichtiges Jahr für ihn. Natürlich hätte er vom Intellekt her das Gymnasium bis zum Abitur besuchen können. Norbert entschied sich aber nach Abschluß der Mittleren Reife für eine Lehrstelle bei der Bundesbahn. Dabei hatte er die Unterstützung seines Onkels Willi, der selbst in Schaftlach Eisenbahner war. Wie ist diese Entscheidung erklärbar?

1957 war ein Jahr der Gegensätze, der Unsicherheit! Auf der einen Seite wurde die atomare Aufrüstung Westeuropas vorangetrieben und in jeder Zeitung las man über die Suezkrise. Andererseits wurde die Europäische Wirtschaftgemeinschaft gegründet und der erste Sputnik in den Weltraum geschossen. Eine Anstellung bei der Bahn bedeutete Sicherheit und bot Zukunftsperspektiven. Man bekam Freifahrtscheine innerhalb ganz Deutschlands. Man wurde Beamter mit Pensionsberechtigung! Natürlich nahm die Bahn damals nicht jeden. Die Lehrstelle als Jungwerker zu bekommen, galt als etwas Besonderes. Mit dem nötigen Fleiß konnte man sich hocharbeiten, was Norbert ja auch getan hat. Hinzu kommt, daß er von Kindesbeinen an einen besonderen Bezug zur Bahn hatte. Die Mietwohnung in Schaftlach, in der Norbert aufwuchs, war nur fünfzig bis sechzig Meter von dem Schienenstrang München–Lenggries oder Tegernsee entfernt. Das Stellwerk lag direkt in seiner Sichtweite. Tagtäglich zogen die schweren Dampflokomotiven die Personen- und Güterzüge vorbei. Später fuhr oft der Bundesminister für Wirtschaft, Ludwig Erhard, mit dem „Bonzenzug" nach Gmund durch Schaftlach zu seiner Villa am Ackerberg. Welchen Buben hätte das nicht begeistert? Die Faszination für die Bahn war ihm also praktisch in die Wiege gelegt.

Norbert hatte Anfang der Fünfzigerjahre eine kleine elektrische Eisenbahn geschenkt bekommen, die er ständig erweiterte. Besonders wichtig waren ihm die Weichen. Welches Hochgefühl bereitete es ihm wohl, wenn ihn Onkel Max im Holzkirchner oder Onkel Willi im Schaftlacher Stellwerk die Drahtseilzüge bedienen ließ! Wenn ihm die verschiedenen Weichen-, Riegel-, Gleissperren- und Signalhebel erklärt wurden und die Schrankenanlagen. Manchmal entgleiste bei seiner Spielzeugeisenbahn eine Lok oder ein Waggon. Das war für ihn eine Katastrophe. Er hat schon als Kind verstanden, welche fürchterlichen Folgen ein falsch gestelltes Signal oder Gleis für den Personen- oder Rangierbetrieb haben kann. Ohne Zuverlässigkeit, ohne Verantwortungsgefühl wäre er in diesem Beruf an der falschen Stelle gestanden. Norbert machte sich schon bei Antritt seiner Lehre über Aufstiegschancen

Kommunion 1951

Gedanken. Er meldete sich deshalb parallel zur Abendschule an und holte das Abitur nach. Seinen Ehrgeiz setzte er auch in die Ausbildung an einer bekannten Schauspielschule. Dies kam seiner unvergleichlichen Rhetorik auf dem späteren politischen Lebensweg sehr zugute. Bei den zahlreichen verschiedenen Aktivitäten Norberts als Schauspieler im Fernsehen oder in zahlreichen Theaterrollen, als Verkaufsleiter und Trainer bei der DSG, seiner Mitwirkung in verschiedenen Vereinen bis hin zur Bergwacht und als Lawinenhundeführer fragt man sich: „Reicht eigentlich ein Leben, um all dies zu erfahren und zu realisieren?"

Wer Norbert mit seinem Schäferhund Rex erlebt hat, wie er im Tiefschnee mit riesigen Schwüngen den Hang am Rechelkopf hinabfuhr, wird dieses Bild nie im Leben vergessen. Mit unbändiger Freude und Kraft rauschte er hinab. Hinter ihm versank der starke Hund immer wieder im tiefen Neuschnee, und dieser stob hoch auf, wenn das schwere Tier wie ein Delphin emportauchte um kurz darauf wieder im Weiß zu verschwinden. Unten angekommen, liebkoste das vor Anstrengung keuchende Herrchen seinen treuen Gefährten und steckte ihm ein „Leckerli" zu. Seine Tierliebe kam nicht von ungefähr. War er doch von frühester Jugend an mit den Schafen, Geißen, Hasen und Hühnern der Billigs und seiner Großeltern zusammen und mußte sie auch häufig füttern oder ausmisten.

Wir sind am Ende dieser Einleitung angekommen. Norbert Kerkel hat sich immer mit seiner oberbayerischen Heimat, den Nachbarn, den vielen Freunden und schließlich „seinen" Landkreisbürgern identifiziert. Er bleibt unvergessen, denn sein ganzes Leben war geprägt von großer Liebe zum Menschen und zur Natur.

Holzkirchen, im Frühjahr 2010
Willi Rossberger

JUGEND & FAMILIE

Inge Blössl (Cousine)

Schulferien in Franken

In Eltmann, einer Kleinstadt am Fuße des Steigerwaldes, sind die fränkischen Wurzeln der Familie Kerkel väterlicherseits. Norberts Vater, der, wie könnte es anders sein, ebenfalls Norbert hieß, war das fünfte von neun Kindern des Metzgermeisters Georg und seiner Frau Amanda Kerkel, die in der Glattstraße von Eltmann eine Metzgerei hatten.

Norberts Vater wurde in Frankreich tragischerweise nur wenige Tage nach der Geburt des Sohnes von Heckenschützen erschossen. So teilten er und ich, seine zwölf Jahre ältere Cousine Inge, ein Schicksal mit vielen jungen Menschen der Nachkriegszeit. Wir wurden beide von unseren Müttern und Großeltern aufgezogen, außerdem waren wir beide Einzelkinder und hatten vielleicht gerade deswegen ein sehr enges geschwisterliches Verhältnis.

Norbert mit Cousinen Inge, Amanda, Christl, Heidi, in der Mitte Großvater Georg Kerkel in Eltmann

Zu Großvater Georgs 75. Geburtstag kam Norbert das erste Mal mit seiner Mutter nach Eltmann. Später, so mit zehn Jahren, war es dann für den Knirps ein großes Abenteuer, allein mit dem Zug von München nach Bamberg zu reisen, wo seine fränkische Verwandtschaft schon freudig und ungeduldig auf ihn wartete. Großvater Georg war sehr stolz auf seinen Enkel, der schon allein durch seinen oberbayerischen Akzent in Eltmann alle Aufmerksamkeit auf sich zog und außerdem unter den Cousinen der Hahn im Korb war.

Ich arbeitete damals nur zwei Häuser von unserem Wohnhaus entfernt im Salon Schömig als Friseurin. Täglich wurde ich von meinem kleinen Kavalier abgeholt, der entweder auf dem gegenüberliegenden Gehsteig, immer die Tür fest im Blick, auf und ab patroullierte oder schon auf den Steinstufen vor der Tür saß und ungeduldig wartete. Kaum erspähte er mich, schon hakte er sich blitzschnell bei mir ein, um mich nach Hause zu begleiten. Allerdings nicht auf dem direkten Weg, nein nein, das wäre ja zu einfach gewesen, immer wollte er die alten ausgetretenen Steinstufen den Schlossberg hinauf, wo von der ganzen Anlage nur noch der Turm steht, Krautstücht genannt und ein Brunnen – und das auch nicht als gemütlicher Spaziergang, ein Wettrennen musste es sein, bei dem selbstverständlich der Sieger schon feststand: Norbert Kerkel! Ablenkung tat immer gut, denn so sehr es ihm auch in Eltmann gefiel, er hatte immer ein wenig mit Heimweh zu kämpfen. Für mich verflog die Zeit mit ihm immer im Nu. Ruhig wurde es, in unserem Haus, wenn die ein oder zwei Ferienwochen vorbei waren und unser Kleiner wieder ins Oberbayerische abgereist war.

Unser gutes Verhältnis hat die Jahre und Entfernung überdauert, herzlich ist der Kontakt geblieben, und Norbert und seine Familie haben zu allen Anlässen, ob freudig oder traurig, durch ihr Mitfeiern und Mittrauern immer ihre Verbundenheit mit ihrer fränkischen Familie gezeigt.

Nie hätte ich gedacht, dass „mein kleiner Bruder" vor mir geht. Immer wird er mir fehlen.

Walter Billig (Jugendfreund, Bergkamerad und Vermieter)

Erste Bergerfahrungen

Voraussetzen muss ich, dass wir beide, also Norbert und ich, über 20 Jahre im gleichen Haus gelebt haben. Niemand außer seiner Familie hat ihn in seiner Jugend so gut gekannt wie ich. Er wurde im Krankenhaus in Tegernsee geboren und kam dann mit seiner Mutter nach 14 Tagen nach Schaftlach. Bis zum Einzug in sein neugebautes, eigenes Heim waren wir zusammen im selben Haus. Leider hat er seinen Vater nie gesehen. Die Oma und der Opa haben versucht ein guter Ersatz zu sein, neben seiner Mutter, die aufopfernd für ihn sorgte.

Es war mitten im Krieg, er hatte als kleiner Bub mit dem Mangel aufwachsen müssen. Da fällt mir eine Begebenheit ein, es war das Jahr 1945, die Bomben der Amerikaner hatten in Schaftlach „nur" den Bahnhofsbereich getroffen, das Gros aber ist im Wald Richtung Sachsenkam niedergegangen, Gott sei Dank, allerdings gab es drei Tote.

Als die Amis dann alles besetzt hatten, feierten sie den Sieg. Die kleinen Buben, auch Norbert, waren neugierig und sahen zu. Ein üppiges Mahl bildete den Höhepunkt der Feierlichkeit. Die Kinder mussten mit leeren Mägen zusehen. Ein Schafbock auf einem Grill war übrig, die Kinder wollten ihn haben, da kam ein GI und goss Petroleum über das Fleisch, also nicht nur Schokolade und Kaugummis brachten die Amis den Buben, auch solche Szenen gab es 1945. Angeblich war der Braten nicht mehr koscher.

Norbert besuchte das Gymnasium in Tegernsee. Er war immer schon groß und stark für sein Alter. Meine Oma hatte Ziegen und ich musste alles mit der Sense mähen. Er wollte unbedingt das Mähen lernen. Aber Norbert hat es mit der Kraft versucht. Es dauerte nicht lange, da stieß er mit solcher Gewalt in den Boden, dass die Sense einen tiefen Riss bekam. Zum Glück schweißte sie der Granich Otto wieder zusammen. Zu der Zeit war intaktes Werkzeug Gold wert.

Als Norbert Heranwachsender war, hat er, nachdem die Hausaufgaben fertig waren, oft gefragt, ob ich eine Arbeit für ihn hätte. Er war als Bub schon hilfsbereit. Einmal stand beim Heuen ein Gewitter am Himmel. Wir mussten Heuschober machen. Es war drückend heiß und wir hatten gehörigen Durst. Meine Oma hatte ein Fäßchen eigenen Apfelmost im Keller und der schmeckte bei der Hitze besonders. Norbert hatte etwas zuviel davon getrunken und er sprang über die Heuschober (in manchen Gegenden werden die Heuschober auch Schober genannt). Bei seiner Oma war der Gedanke entsetzlich, dass ihr Bub einen Schwips hatte, im Vergleich zu der heutigen Jugend eine harmlose Sache.

Einmal versuchte er mit der Katze zu spielen, die hatte aber wenig Lust und wollte schlafen. Als Norbert nicht aufhörte, sagte ich zu ihm: „Siehst nicht, der Kater ist hundemüde." Da konnte er so herzhaft lachen mit seinem sonnigen Gemüt, weil er sich nicht vorstellen konnte, dass eine Katze „hundemüde" sei.

An Wochenenden ging ich mit einem Arbeitskollegen oft in die Berge. Wir mussten mit dem Radl zum Ausgangspunkt fahren und dann erst aufsteigen. Wie der Norbert 15 oder 16 Jahre alt war, wollte er mitfahren. Einmal sind wir auf dem Guffert über den Sattel unter der Halserspitze zur Gufferthütte (heute hat sie den Namen Aschenbrennerhaus), um dort zu übernachten. Wir kamen erst spätabends an, am Samstag mussten wir noch arbeiten. Es war die Hütte

Blick vom Setzberg auf den Guffert.

13

schon überfüllt. So blieb für Norbert noch ein Kinderbett übrig. Es machte ihm nichts aus, wenn seine Beine in der Luft baumelten, die Bettstatt war viel zu klein. Trotzdem gingen wir am nächsten Tag zum Gipfel des Gufferts. Die Fahrräder hatten wir beim Steinernen Kreuz im Wald zurückgelassen und am nächsten Tag waren sie genauso noch da. Norbert verließ sich immer auf mich. Auch wenn manchmal die Kraxelei etwas schwieriger war. Er kannte in seiner gradlinigen Art keine Angst.

Als Norbert 18 Jahre alt war, machte er den Führerschein und kaufte sich ein Motorrad. Einmal fuhren wir zwei zum Alpenhof, von dort über den Bach auf einem romantischen Pfad durch den Wald bis zum Hermann-von-Barth-Denkmal. Es schien der Vollmond und wir gingen bis zum Karwendelhaus. Es war schon sehr spät, als wir das Haus erreichten. Natürlich war schon alles dunkel und zugesperrt. Wir beratschlagten, was zu tun sei. Natürlich ist mir heiß geworden durch das Bergsteigen. Norbert sah einen Bretterhaufen und meinte, da könne man sich ausstrecken und ein wenig schlafen. Aber es dauerte keine halbe Stunde, da war er vollkommen durchgefroren und an Schlaf war nicht mehr zu denken. Ich machte ihm den Vorschlag, gleich weiterzugehen. Die Rampe gleich neben dem Haus hatten wir schnell hinter uns gelassen und nach der Biegung des Steigs nach links, die ins Schlauchkar führt, strahlte der Mond und war unser Begleiter. Das Schneefeld oberhalb des Schlauchkars machte uns keine Schwierigkeiten und wir kamen zur Biwakschachtel. Dort warteten wir bis es hell wurde und stiegen dann zum Gipfel auf. Wir mussten noch zum Kaltwasserkargipfel queren. Dort wartete ein Arbeitskollege von mir aus München, der vom Hinterautal aus aufgestiegen war. Das kleine Schneefeld unter dem Birkkargipfel mussten wir überwinden, es waren keine Trittspuren vorhanden. Erst viel später wurde mir bewusst, dass es schon leichtsinnig war, einen jungen Menschen so einer Gefahr auszusetzen. Ein unrechter Tritt und es gab kein Halten mehr, aber zum Glück ging alles gut.

Dann heiratete Norbert seine geliebte Käthe und fing zu bauen an. Seine Zeit war ausgefüllt. Er war bei der Feuerwehr und in verschiedenen Vereinen. Auch im Beruf wurde immer mehr von ihm gefordert. Meinen Arbeitsplatz hatte ich in Tölz und auch meinen Wohnsitz verlegte ich dorthin. So wurde das Band zwischen uns immer lockerer. Aber ab und zu sahen wir uns schon noch, auch wenn es nur zu Allerheiligen auf dem Friedhof war.

Ingrid Schilling

Lehrerin

Meine Erinnerung an den kleinen Norbert Kerkel, als ich in der Unterstufe des Gymnasiums Tegernsee seine Musiklehrerin war:

Norbert war ein stilles Kind – nicht verschlafen oder uninteressiert, sondern wach und aufgeschlossen seine Umwelt beobachtend. So verinnerlichte er sie und es konnte etwas in ihm wachsen und sich entwickeln, was er später als Landrat, gepaart mit einer tiefen Gläubigkeit in so wunderbarer Weise ausstrahlen konnte.

Oft habe ich ihn im Unterricht „meinen lieben Bua" genannt, deshalb habe ich im Nachruf zu seinen Tod geschrieben:

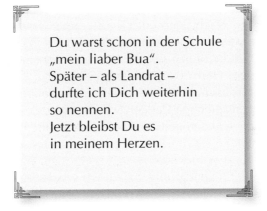

Du warst schon in der Schule
„mein liaber Bua".
Später – als Landrat –
durfte ich Dich weiterhin
so nennen.
Jetzt bleibst Du es
in meinem Herzen.

Kaspar Rest (Jugendfreund)

Theaterbegeisterung

Nur ein Schuljahr, und zwar in der 3. und 4. Klasse gingen wir gemeinsam in die Volksschule in Schaftlach. Unser Klassenlehrer war damals Herr Lorinser. Norbert wechselte dann ans Gymnasium Tegernsee. Von diesem gemeinsamen Schuljahr weiß ich nur noch: Norbert wollte alles wissen, er hat sprichwörtlich dem Lehrer ein Loch in den Bauch gefragt.

Wir waren auch zusammen Ministranten in Schaftlach bei Pfarrer oder vielmehr Expositus Kirschenhofer. Das Schönste waren immer in den Sommerferien unsere Ministrantenausflüge. Einmal sind wir mit dem Fahrrad für eine Woche nach Schleching im Chiemgau gefahren, ca. 90 km auf unseren meist sehr alten Fahrrädern. Im nächsten Jahr ging's an den Walchensee, bei Urfeld haben wir ein Zeltlager gemacht. Der Norbert, der Weindl Anian, der Geiger Willi und ich waren zusammen in einem Zelt. Wir vier Schlaumeier haben uns einen vermeintlich sehr schönen Zeltplatz ausgesucht, in einer Mulde. In der ersten Nacht kam ein Gewitter, das Regenwasser lief in der Mulde zusammen, was zur Folge hatte, daß wir noch in dieser Nacht umziehen mußten. Wir fanden einen neuen Zeltplatz unter einem großen Baum. Dort stand auch dem Herrn Expositus sein Sachs-Motorrad. Zur Diebstahlsicherung des Motorrads hatte Norbert sofort eine großartige Idee. Er hat das Motorrad mit einer entsprechend langen Schnur mit einer seiner großen Zehen verbunden und sich schlafen gelegt. Zum Glück wollte dann doch niemand das Motorrad stehlen.

Dann später, in der Jugendgruppe haben wir wieder ein paar gemeinsame Jahre verlebt, dabei war Theater spielen unsere Hauptbeschäftigung. Norbert war natürlich die zentrale Figur. Er hat sich in seine Rollen hineingelebt, daß wir Anderen uns nur wundern konnten. Einmal spielte er einen blinden Bauern und es dauerte nach der Aufführung lange, bis er wieder zu sich selber fand. So hab wenigstens ich empfunden. Nach einem Gottesdienst am Abend hat er mir einmal seine Pläne oder Träume anvertraut. Er wollte auf dem schönen Schaftlacher Kirchplatz den „Jedermann" aufführen. Seine Pläne hatten schon konkrete Formen: Auf dem erhöhten Kirchenvorplatz sollte sich die Bühne befinden und auf der Wiese gegenüber die Zuschauertribüne, und die Stimme des Todes sollte vom Kirchturm ertönen. Nun, aus dem „Jedermann" ist nichts geworden, dafür aber der „Faust". Eine unglaubliche Leistung.

Übrigens, die Kirchplatzwiese war der zentrale Ort unserer Kindheit. Damals ist sogar hin und wieder ein kleiner Zirkus da gewesen. Wir Kinder haben Futter und Streu gesammelt und durften dafür kostenlos in die Vorstellung gehen, noch dazu auf einem Esel reiten, der dann jeden abgeworfen hat. Unvergeßlich schöne Kindheit.

Nachdem ich die Bilder von der Trauerfeier gesehen hatte, ist mir wieder unser schöner Kirchplatz und der Jedermann in Erinnerung gekommen.

Zum letzten Mal hab ich Norbert bei einer Weihnachtsfeier vom Sportverein erleben dürfen. Er hat eine Weihnachtsgeschichte oder besser eine Nikolausgeschichte vorgetragen. Dabei schlägt der kleine Maxi ungesehen unter dem Tisch sitzend dem Nikolaus mit einem Hammer auf die Zehen, wonach der Nikolaus laut jammert und flucht. Der Maxi wollte wissen, ob der Nikolaus wirklich so ein heiliger Mann ist.

„Oamoi no a kloaner Lausbua sei.“

Norbert, glaube ich, hat sich das auch manchmal gewünscht. Er hat mir und vielen anderen Menschen sehr viel Freude geschenkt und danken konnten wir es ihm leider nicht.

Heinz Knorr (Jugendfreund)

Indianerspiele am Burgerberg

Der Burgerberg war damals – Anfang der Fünfzigerjahre – eine kleine mit Jungholz bewachsene Erhebung im nahen Wald. Dies war der Treffpunkt von sechs Freunden und zugleich unser Revier, welches bis zu den Bahngleisen reichte. Norbert war der Einzige, der nicht im „Glasscherbenviertel" – Name wegen der Glaserei Burger – wohnte und daher immer mit einem uralten Fahrrad zu Angermeiers kam, wo ich zu Hause war.

Eines Tages, wir übten gerade mit Pfeil und Bogen, kam Norbert ums Haus geradelt und diente als willkommenes Übungsziel. Ich traf ihn sehr gut. Fast zu gut, nämlich an der Stirn, genau zwischen den Augen. Da war er natürlich stocksauer und beschimpfte mich gewaltig. Lebende Ziele waren daraufhin verboten.

Im Unterholz am Burgerberg hatten wir uns eine kleine Hütte aus alten Brettern gebaut. Um vor Feinden sicher zu sein, wurde ein dünner Draht bis auf eine am Rande des Dickichts stehende hohe Buche gespannt. Dort oben war ein Beobachtungsposten eingerichtet. Erspähte dieser eine fremde Person, so zupfte er am Draht und die Freunde in der Hütte hörten die Vibration an der am Draht befestigten Blechdose und waren gewarnt. Zu unserem Stamm zählten der Obstler Werner, Nikisch Heinz, Müller Werner, der Norbert, der „BuWa" und meine Wenigkeit.

In den Sommerferien bauten wir uns einmal in einer Lichtung im Unterholz ein Indianerdorf. Jeder baute sich seine eigene Hütte. Aus Ästen wurde eine igluförmige Unterkonstruktion erstellt und mit langen Gräsern eingedeckt. An manchen schönen Tagen durften wir schon vormittags – ausgerüstet mit Brotzeit und einer Flasche Himbeersaft – unsere Indianerhütte beziehen.

Eines Tages erreichte uns die Nachricht, dass Piesenkamer Buben gegen uns kämpfen wollten. Als Zeitpunkt war der Sonntagnachmittag vorgesehen. Der TSV Schaftlach hatte an diesem Sonntag auf dem Platz an der Piesenkamer Straße ein Heimspiel. Dies bedeutete, dass um den Sportplatz etliche Personen unterwegs waren. Nur zu dritt erwarteten wir die Piesenkamer. Warum wir nicht vollzählig waren, kann ich nicht mehr nachvollziehen. Auf jeden Fall näherten sich, vom Sportplatz her, zwei Gestalten.

Norbert, als unser stärkster und größter Kämpfer, sollte die Piesenkamer am Burgerberg erwarten. Werner und ich, wir versteckten uns und spähten umher, ob sich noch mehr Piesenkamer anzuschleichen versuchten. Die zwei Gestalten – sie kamen tatsächlich alleine – näherten sich dem Burgerberg. Es war ein Bub, so in unserem Alter und eine größere, mit einem Rupfensack verkleidete Person. Werner und ich wechselten laufend unsere Position und mit unserem imitierten Lockruf des Habichts täuschten wir vor, als wären wir viele, die sich im Halbkreis im Gebüsch versteckt hielten.

Als Norbert mit drohender Gebärde auf den „Sackmann" losging, wurde es den beiden wegen unserer vermeintlichen Übermacht doch etwas mulmig und sie zogen sich langsam zurück, ohne dass es zu einer Kampfhandlung kam. Wer da letztendlich dahintersteckte, haben wir nie herausbekommen. Wir drei waren jedenfalls froh, dass wir mit unserer Finte die Piesenkamer „Abordnung" zum Rückzug bewegen konnten.

1955, als mein Vater nach Kempten versetzt wurde, musste ich schweren Herzens unseren Indianerstamm verlassen.

Sepp und Resi Gottfried

Almerisches

Nachdem Norbert Kerkel die Cousine und Freundin Käthi Obermüller geheiratet hat, haben wir so manche gesellige Stunden verbracht. Im August 1955 besuchte mich, Josef Gottfried, meine Cousine mit drei Freundinnen auf der Königsalm, wo ich damals meine landwirtschaftliche Lehre absolvierte. Da auf der Gufferthütte, drei Stunden Entfernung, Almkirta war, beschlossen wir am Abend nach der Melkarbeit dorthin zu gehen. Es herrschte leider großer Damenmangel, somit war ich voll beschäftigt auf die 4 Mädel aufzupassen, weil die Tiroler sehr interessiert an den Mädel waren. Nach einem geselligen Tanzabend und kurzer Nachtruhe haben wir den Heimweg über die Schönleitenalm, Blaubergalm und Schildenstein zur Königsalm angetreten. Als Dankeschön hat sich Norbert des öfteren in geselliger Runde mit einer Maß Bier revanchiert für das Beschützen seiner Frau.

Viele gemeinsame Abende verbrachten wir auf Bühnen, wo wir ihn als vorzüglichen Leser, z.B. Heilige Nacht und als Ansager mit dem Gesang der Waakirchner Buam und Sänger untermalten. So war 1964 in Tegernsee in einem Hotel eine Betriebsweihnachtsfeier. Norbert las die Heilige Nacht und wir Waakirchner Buam umrahmten sie mit Gesang. Die Feier war am Nachmittag. Zu unserer Verwunderung waren sehr wenig Zuhörer gekommen. Wir beschlossen gemeinsam, das Küchenpersonal und die zwei Köche einzuladen. Da ein Koch sehr hungrig war, machte er sich während der Veranstaltung über den Braten her.

Nachdem er ihn verzehrt hatte, wurde er sehr schläfrig und fing zu schnarchen an. Norbert ließ sich nicht beirren und las die Heilige Nacht zu Ende. Wir haben uns noch oft über diese Veranstaltung amüsiert. Noch viele Abende verbrachten wir z.B. auf der Sigrizalm, auf dem Wendelstein und bei uns im Schaftlacher Trachtenheim, wo wir uns halbtot lachten, als er die Geschichte vom besoffenen Nikolaus von Gustl Bauer so treffend vortrug. Auch nicht zu vergessen seine Bürgermeisterwahl und seine Wahl zum Landrat von Miesbach. Diese Feiern sind uns unvergesslich. Eines seiner Lieblingslieder war „Heit hats von unsan Lindnbaam des letzte Blattl abagwaht", wo er sich sogar hinreißen ließ, den Baß mitzubrummen, was aber nicht so vorteilhaft klang. Er ließ es sich nicht nehmen, in unserer Trachtenweihnachtsfeier mit seiner Zither „Es werd scho glei dumpa" mitzuspielen.

Eine seiner Lieblingsalmen war die Königsalm. Als er von einer Blauberg-tour oder der Wolfsschlucht mit seinem Bergwachthund Rex schweißgebadet auf die Königsalm kam, wo ihn seine Frau Käthi erwartete, stillte er seinen Riesendurst mit zwei Radlermaß. Als der Senner das Almvieh hereinholte mit einem Ruf, bewunderte er die folgsamen Tiere und sagte: *„Da könnten sich manche Menschen ein Beispiel nehmen."*

Als seine Familie zum Geburtstag seiner Schwiegertochter auf die Alm kam, wo er es sich nicht nehmen ließ, zu Fuß hinauf und hinunter zu gehen, machte er die Äußerung: *„Heit bin i zum letzt'n Moi do herob'n"* und er wollte ganz alleine talabwärts gehen. Er war wirklich das letzte Mal auf der Königsalm.

Die Königsalm in Kreuth

Werner Raab

Der Meineidbauer

Es muß so 1956 gewesen sein, als die Katholische Landjugend Schaftlach unter Herrn Kurat Dr. Josef Huber das Stück „Der Meineidbauer" aufführte.

Norbert war der „Meineidbauer" und ich spielte den Knecht auf dem Hof. Das Stück war in Schaftlach im Gasthaus zur Post schon aufgeführt worden, nun waren wir in Sachsenkam beim Altwirt. Bei dieser Aufführung kam es dann zu einem peinlichen Zwischenfall, den ich bis heute nicht vergessen habe.

Es geschah im 2. Akt als ich mit Norbert, dem Meineidbauer, auf der Bühne stand. Wir waren laut Drehbuch in ein Gespräch verwickelt, in dem es um Arbeiten auf dem Hof ging. Und bei diesem Gespräch ist bei Norbert der berühmte Faden gerissen, er versuchte vergeblich das Stichwort zu finden, was ihm nicht gelang.

Schlagfertig wie Norbert immer war, sagte er zu mir: „So Knecht, ich geh jetzt." und verließ die Bühne. Wer schon einmal Theater gespielt hat, wird wissen, wie einem zu Mute ist, wenn man allein auf der Bühne zurückbleibt. Nach kurzer Überlegung sagte ich: „Wenn der Bauer schon geht, dann geh ich auch!" und verließ die Bühne. Der Vorhang fiel – es gab sogar Applaus. Nach kurzer Pause führten wir den 2. Akt fort. Ich war bereits wieder auf der Bühne, als Norbert hereinkam und sagte: „So Knecht, jetzt bin ich wieder da!" Wir hatten den Faden wieder gefunden und spielten fehlerfrei das Stück zu Ende.

Theatergruppe der Katholischen Landjugend Schaftlach um 1956 (von links):
„Meineidbauer" Norbert Kerkel, Werner Raab, Resi Schuster (Bartlbauer),
Christoph Granich, Maria Wagner, Klaus Müller, Rudi Reiter, Resi Weindl (Raßhofer),
Helmut Raab

Anian Weindl

Katholische Landjugend

Als nach dem 2. Weltkrieg die Menschen auf dem Lande wieder Perspektive und Zukunft sahen, waren es besonders junge Leute, welche sich aufmachten, um ihre Heimat wieder lebenswert zu gestalten. So bildete sich die Katholische Landjugendbewegung, organisiert auf Kreis- und Pfarreienebene. Es wurden überörtliche Seminare abgehalten, um Führungskräfte auf ihre Arbeit vorzubereiten. Norbert Kerkel war auch einer, der in Nachbarpfarreien Lichtbildervorträge abhielt. Er zeigte Bilder, welche man sich von der Kreisgeschäftsstelle auslieh. Aber auch eigene, er fotografierte damals schon und ließ sie zu Dias entwickeln. Auch beim Heilig-Kreuzritt, welchen Kurat Peter Kirschenhöfer einführte (in der Anfangszeit am Sonntagnachmittag), Aufstellung am heutigen Eisplatz an der Piesenkamer Straße, war die Landjugend vertreten. Er ritt mit mir mit unseren zwei Pferden. Wir hatten die Wimpel der Landjugend mitgeführt. Norbert Kerkel war ein Mensch der zu allem zu gebrauchen war. Darum hat er es im Leben auch so weit gebracht.

Kreuzritt in Schaftlach nach dem 2. Weltkrieg

Willi Rossberger

Mein „halbstarker" Cousin

Mein Cousin Norbert war ein Jahr jünger als ich. Norberts Mutter und mein Vater sind Geschwister gewesen. Norbert wohnte zeitlebens in Schaftlach, ich in Marienstein; wir waren also fünf Kilometer räumlich voneinander getrennt. Die Entfernung überbrückten wir anfangs mit dem Rad, später mit dem Moped und schließlich mit dem Auto. Wir hatten keine Geschwister und waren so etwas wie Brüder, die beide von den strengen Omas aufgezogen wurden. Die Schaftlacher Oma war bis zu ihrem Tod das Zentrum der großen Familie, und in ihrer kleinen Wohnung fanden über Jahrzehnte alle großen Treffen mit unseren zahlreichen Onkeln und Tanten statt. Es gab die Familienfeiern schon in den dreißiger Jahren, während des Krieges – wenn unsere Väter oder die vielen Onkel Heimaturlaub hatten – und dann natürlich nach dem Krieg. Norberts Frau Käthe hat diese wunderschöne, aber arbeitsintensive Tradition liebevoll bis heute fortgesetzt.

Norbert und ich stammen aus einfachen Verhältnissen. Daß das Geld für die Familie immer gerade so ausreichte, wurde uns natürlich erst viel später bewußt. Luxus gab es weder bei ihm noch bei mir, und so ist es umso bewundernswerter für mich, daß Norbert seine beruflichen Karrieren vollkommen aus eigener Initiative und Kraft, Zielstrebigkeit und Ehrlichkeit erreicht hat.

Anfang der Fünfziger haben wir uns häufig auf dem Grundstück meiner Eltern in Schaftlach amüsiert. Ich erinnere mich an viele Räuber- und Schandi-spiele in den Schaftlacher Wäldern. Ich als Außenstehender – noch dazu aus dem verruchten Bergwerksdorf Marienstein (Kommunisten!) – hatte leider immer bloß den Schandi zu spielen und hinter den Schaftlacher Räubern herzuhetzen.

Wir haben erzkatholische Omas gehabt und durften beide keine Comic-Hefte wie Mickymaus, Felix, Tarzan, Sigurd usw., also „Schundhefte", lesen. Erlaubt waren gelegentlich kreuzbrave Filme wie: Der Förster vom Silber-wald, Wenn der Vater mit dem Sohne…

Trotzdem waren wir lustige, immer zu Blödeleien aufgelegte – sehr oft auch recht übermütige – Burschen. Norbert war immer ein starker Kerl, nur ein echter „Halbstarker" ist er nie gewesen!

Wir haben viele gemeinsame Interessen gehabt, und so erinnere ich mich an Zirkus-Krone-Besuche in München. Ein Schauspiel- oder Opernbesuch in der Stadt war für uns aufgrund der Distanz immer unvorstellbar aufwendig. So konnten wir auch nie den Schluß einer Vorstellung abwarten, weil wir kilometerweit laufen mußten, um den letzten Zug nach Schaftlach noch zu erreichen. Geld für die Trambahn war keins da.

Meine anfängliche Bemerkung, daß wir wie Brüder waren, muß ich ergänzen: wir waren echte Freunde. Bei einem so aufrichtigen, humorvollen und allzeit hilfsbereiten Menschen wie Norbert ist dies aber auch nie schwierig gewesen.

Norberts Leidenschaft war schon in jungen Jahren das Theaterspielen – ich war meist der Fotograf. Es muß wohl 1959 oder 1960 bei Norbert „gefunkt" haben, als er den „Faust" spielte und Käthe das „Gretchen". Ich habe ihm damals meinen nagelneuen Lloyd 600 (Leukoplastbomber) für die ersten Treffs mit seiner zukünftigen Frau geliehen und war bestimmt der Erste, der von dieser neuen, aufregenden und schließlich lebenslangen Zuneigung erfahren hat. Norbert ist freilich auch der Erste gewesen, dem ich 1957 begeistert von meiner Else erzählt hatte.

Eine lustige Begebenheit fällt ins Jahr 1956, die Zeit der Vollbeschäftigung und des Aufschwungs! Wir hatten beide trotz des Wirtschaftswunders immer wenig Taschengeld. So mußten wir damals im Winter – ältere Freunde konnten sich schon Skilifte leisten – zu Fuß mit unseren dreifach verleimten Skiern auf den Rechelkopf trotten.

Im Gegensatz zu anderen durften wir aber damals schon richtig verreisen! Mein Vater war Eisenbahner, und so hatte ich einen Freifahrtschein pro Jahr innerhalb der Bundesrepublik. Für Norberts Fahrkarte steuerte die Großfamilie bei. Wir oberbayerischen Landpomeranzen machten uns also 1956 ins weit entfernte Cuxhaven auf. Nie werde ich vergessen, wie uns die Schaftlacher Oma, Norberts Mutter und mindestens vier weitere Verwandte am Schaftlacher Bahnsteig mit den Mahnungen verabschiedet haben: *„Paßt's ja auf Euch auf…, die holen Euch zur Fremdenlegion…, die Halbstarken werden Euch verprügeln…, mit dem wackligen Schiff nach Helgoland werdet ihr ersaufen…"* und natürlich *„Bratz'n weg von de aufdringlichen, blonden Weiber da oben bei de Preißn…"*

Selbstverständlich versprachen wir Grünschnäbel alles was sie hören wollten und fuhren voller Erwartungen nach Cuxhaven. Wir wohnten bei einer Familie Drüsedau oder Düsedrau – egal, denn wir sagten sowieso nur „Herr Daniel Düsentrieb und Frau Daniela Düsentrieb" zu dem freundlichen älteren Herrn und seiner liebenswürdigen Frau.

Ich erinnere mich noch heute an unser großes Zimmer mit Doppelbett und den dicken, wunderschön gewebten Teppich. Wir hatten damals abgemacht, daß wir in einem kleinen Taschenkalender täglich notierten, wie viel Geld jeweils ausgegeben wurde. Dabei rechneten wir in 5-Pfennigbeträgen!!! Der Sparsamere war Tagessieger und so war es natürlich klar, daß wir uns nie ein Essen in einem Gasthof hätten leisten wollen. Also kauften wir in einem Laden eine Dose Erbsen mit Speck und einen kleinen Alutopf. Den Esbitkocher hatten wir im Koffer und schon konnte es losgehen. Wir stellten den Kocher mitten auf den Teppich, zündeten die Brennstofftabletten an und platzierten darauf den Topf samt Inhalt. Abwechselnd rührten wir dann im Schneidersitz in der dicken, grünbraunen Masse, damit ja nichts anbrannte. Was wir jedoch nicht bedacht hatten: den wunderbar intensiven Geruch von Erbsen und Speck – und vielleicht auch den vom angesengten Teppich! Plötzlich öffnete sich die Tür und die Frau des Hauses schlug die Hände über dem Kopf zusammen. Sie brüllte etwas von Feuer oder Feuerwehr; die üblen Beschimpfungen in Plattdeutsch verstanden wir Gott sei Dank nicht... Auf jeden Fall haben wir den Kocher im Zimmer nicht mehr benutzt. Seltsamerweise wurden wir beim Abschied von Familie Düsentrieb von niemandem aufgefordert, nächstes Jahr wiederzukommen...

Dieser Urlaub war uns unvergesslich und wir haben uns noch jahrzehntelang die kleinen Anekdoten am Rande immer wieder in Erinnerung gerufen: die blonden Mädchen, die riefen: *„Schau den Kerl dort an mit seinen Galoschen..."* (Norbert war auf einem Deichausflug mit seinen schweren Bergschuhen ausgerückt!); die Halbstarken in ihren Nietenhosen und Lederkluft (das gab's damals schon!) – wie sie Passanten belästigten, Autos beschädigten und Fahrräder am Deich brutal demolierten...

Norbert verstand nie, weshalb ich im starken Nordseewind ständig fürchterlich fror, auch wenn wir uns fachmännisch mit Sandburgen davor schützten. Er konnte sich immer wieder darüber amüsieren, wie wir nach Helgoland mit der „Wappen von Hamburg" fuhren und ich mich, wachsweiß im Gesicht und schwer seekrank, beim Ausschiffen auf wackligen kleinen Motorbooten minutenlang erbärmlich auf dem Steg übergeben mußte.

Im Jahr darauf hatten wir wieder eine Zugreise nach Norden hinauf geplant. Der strenge Winter war vergessen, und wir sehnten uns nach Wärme, oder vielleicht doch eher nach ein wenig Freiheit und Distanz zu unseren strengen Omas.

Jüngere Leser können sich die damaligen Gegebenheiten und unsere „Rückständigkeit" in verschiedenen Dingen wohl gar nicht vorstellen. Es war die Zeit der Vespas (Motorroller) und Mopeds, der Automarken Lloyd, Goggomobil, BMW-Isetta, VW-Käfer und Borgward-Isabella. Die Bundeswehr im Westen und NVA im Osten wurden aufgestellt, aber Norbert und ich hatten nie eine besondere Affinität zu den „Bürgern in Uniform". Es war die Zeit, als die ersten italienischen Gastarbeiter in Deutschland eintrafen, um das deutsche Wirtschaftswunder zu sichern. Es war die Zeit des Rock'n' Roll, von Bill Haley und der Fernsehwelt. Aber doch nicht für uns beiden braven Landkinder!

Natürlich hatte keiner von uns einen Fernseher (schwarzweiß!) und so konnten wir nur selten bei besser gestellten Freunden Kulenkampff, Lembke und Frankenfeld sehen.

Norbert hatte als Jung-
werker bei der Bundes-
bahn nun ebenfalls seinen
Freifahrtschein. Wir fuhren
im Sommer 1957 zuerst
einmal ein paar Tage mit
dem Fahrrad von Koblenz
nach Trier, selbstverständlich mit mehreren Reifen-
pannen und bei strömen-
dem Regen. Und während
kurz darauf andere schon
zum Zelten nach Rimini
aufbrachen, war bei uns
Sylt angesagt. Wir bezogen
in List ein kleines Häus-
chen bei einer netten Fa-
milie und dann ging es
über die Sanddünen – den
Matchsack baumelnd über

Die Vettern Norbert, Max Rossberger und Willi Rossberger

den Rücken gehängt – Richtung Strand und Meer. Als wir endlich oben standen, und staunend die frische Brise in unsere jungen Lungen saugten, sagte
ich unbedarft: *„Du Norbert, schau mal da hinunter...; alle am Strand haben
den gleichen Badeanzug an..., vielleicht ein Vereinstreffen? Was meinst Du?"*

Norbert überlegte und erwiderte kopfschüttelnd: *„Ich kann's nicht erkennen..., wir müssen näher ran..."*

Dazu muß man wissen, daß damals bunte Strandanzüge mit Rüschen-Hös-
chen oder farbenprächtige Latex-Badeanzüge „in" waren! Jedenfalls rückten
wir hundert Meter vor und sahen plötzlich, daß alle am Strand splitternackt
waren.

„Mensch Norbert!" rief ich aus, *„Das glaubt uns daheim niemand, daß da
lauter Nackerte..."*

Wir liefen auf die Badenden und Federball-Spielenden zu, Norbert zückte
seine Braun Paxette, ich meine Agfa Silette... und wir drückten noch im Laufen ab. Aber nur einmal! Voller Wut und wild gestikulierend kamen zwei große, starke Kerle auf uns zu und drohten uns fürchterliche Prügel an. Und sie
waren schnell! Wir liefen keuchend und nach Luft japsend um unser Leben.
Die Matchsäcke schleiften wir hinter uns her über die Dünen und konnten
uns dank unserer Jugend und dem kleinen Vorsprung aus dem Staub machen.
Daheim zeigten wir dann stolz zwei verwackelte Dias vom Nacktbadestrand.
Leider wollte unsere brave Verwandtschaft die „Sauereien" gar nicht sehen.

Jetzt will ich eine letzte Begebenheit aus dem Jahr 1958 berichten.

Wir beide hatten im Jahr zuvor nur einen Ausflug nach Fehmarn unternommen, bei dem vor allem Norbert auf der Fähre auf seine Kosten kam. Für 5,– DM konnte man essen soviel man wollte – ein Vorläufer des: „All you can eat". Mir war sauschlecht – wie immer auf Schiffen, und so habe ich auch keine gute Erinnerung an diesen Ausflug. Jedoch hatte das Jahr 1957 für mich noch eine andere, positivere Bedeutung: Ich lernte meine erste große Liebe, ein strohblondes Friesenmädchen mit strahlend blauen Augen kennen. Natürlich interessierte mich danach der erste Satellit Sputnik im Weltall nicht, noch dazu ausgerechnet von den bösen Russen! Auch war mir der gerade erfundene Hula-Hoop-Reifen egal. Ich wollte nur eines: „Meine Else" möglichst bald wiedersehen. Dazu mußte ich aber ein Jahr warten und im Sommer 1958 war es endlich soweit.

Norbert war als echter Kamerad natürlich sofort einverstanden, mich nach Norddeich zu begleiten. Wir wohnten direkt hinter dem Deich, an dem ich mit meinem schönen blonden Mädchen täglich viele Kilometer entlangspazierte. Norbert mußte sich stundenlang – nein tagelang – allein „amüsieren". Einmal führte ich Else, die aus einer reichen Familie stammte, abends zu einer Cola und einer Wurstsemmel aus. Auf dem Heimweg in unser Quartier bezog ich oberbayerisches „Krischperl" Prügel von einem kräftigen, eifersüchtigen Ostfriesen, wobei im Kampf sogar mein Schirm auseinanderbrach. Norbert hatte schon geschlafen und konnte mir deshalb beim besten Willen nicht helfen.

Ich hätte mir nicht im Traum vorstellen können, daß seine sprichwörtliche Gutmütigkeit und Freundschaft je überstrapaziert werden könnte. Es war auch das einzige Mal in 67 Jahren, daß er auf mich wirklich böse war! Wenn ich es noch nicht erwähnt habe: Norbert hatte bis 1959/60 (siehe oben „Käthi") überhaupt nichts für Mädchen übrig. Er nahm es also auch Else nicht übel, daß sie uns Bayern als Knödelfresser und Deppen betitelte. Er sagte nur: *„Andere Leut, andere Sitten..."* und vielleicht ähnlich dem späteren Asterix: *„Die spinnen sowieso, die Ostfriesen..., vor allem die weiblichen..."*

Unser Urlaub ging dem Ende zu, und ich wollte mit meiner Freundin nochmals den Deich entlangspazieren. Auf dem harten Gras hocken war nicht angenehm, und ich brauchte unbedingt unsere einzige Luftmatratze. Auf der lag, wie die Tage zuvor, am Deich friedlich dösend: Norbert! Ich redete ihm also ins Gewissen und meinte, daß er doch einmal als Kavalier die Liege für Else herausrücken könnte. Leider gab es unerwarteten Protest und Widerstand. Er wollte einfach nicht, und wir kamen uns völlig ungewohnt in die Haare.

„Mensch, komm doch mit uns...", löste plötzlich Else das Problem. Das war nicht meine Vorstellung vom Abschluß unserer Reise in schöner Zweisamkeit. Mein lieber Norbert war doch die letzten Tage auch gut allein zurechtgekommen, oder? Er würde ganz bestimmt ablehnen. Klar doch, als Bruder, guter Freund und Kamerad!

„Ich möchte ja gern mitgehen…, aber der Willi läßt mich nicht…", jammerte er herzerweichend und sehr gut geschauspielert!

Diese Antwort und das daraus resultierende verpatzte Rendezvous konnte ich Norbert eine Zeitlang nicht verzeihen. Er ging nämlich tatsächlich mit uns beiden stundenlang am Deich spazieren und erzählte Else lustige G'schichterl aus seinem jungen Leben. Er genoß sichtlich – im Gegensatz zu mir – die Unterhaltung und ganz besonders die „Dreisamkeit" auf der Luftmatratze.

Noch Jahre später konnten wir uns über diese Begebenheit totlachen.

„Wahrscheinlich wäre die Friesin sowieso nicht die Richtige für Dich gewesen", meinte Norbert – und hatte bestimmt wieder einmal recht…

Norbert war mir nicht nur Bruderersatz und Freund, sondern auch ein echter Kamerad. Wir haben später in den Siebzigerjahren viele gemeinsame Berg- und Gletscherhochtouren mit unseren Frauen unternommen. Am Morteratsch hat Norbert uns bei einem Wettersturz am Gipfel dank seiner unglaublichen Ruhe, Umsicht und Erfahrung sicher das Leben gerettet.

Hans, Willi und Max Rossberger, Onkel und Ziehväter von Norbert

Ursel Raab

Erlebnisse einer Souffleuse

Der Applaus des Theaterstückes „Faust" im Jahre 1960 war verklungen, es war eine sehr tolle Aufführung. Ich saß noch in meinem Souffleurkasten und Gretchen bzw. Käthe stand auf der Bühne hinter dem geschlossenen Vorhang und wir ratschten noch über dies und jenes. Plötzlich kam Faust bzw. Norbert zurück auf die Bühne und wollte Käthi etwas überreichen. Ich hörte nur ein „naa – naa". Wahrscheinlich war Käthi so überrascht, dass nur obige Worte über ihre Lippen kamen. Ich kam nicht mehr aus meinem Souffleurkasten heraus. Vielleicht wollte ich mir auch nichts entgehen lassen, aber das kann ich nach so langer Zeit nicht mehr mit Bestimmtheit sagen. Ich bekam noch mit, dass Norbert Käthi einen Goldring mit einem Aquamarin überreichen wollte. Wie man später sehen konnte waren die Worte „naa – naa" nicht ernst gemeint, denn im Oktober 1963 läuteten für das Ehepaar Käthe und Norbert die Hochzeitsglocken in der Schaftlacher Kirche, sogar ein Kaminkehrer stand vor der Kirchentür, um seine Glückwünsche anzubringen und es hat etwas geholfen, denn die Ehe der beiden war sehr glücklich. Ich bin heute noch dankbar, dass ich den Heiratsantrag von Norbert an Käthe miterleben durfte. Den Ring kann ich deshalb gut beschreiben, weil ihn mir Norbert vor der Aufführung schon zeigte – er war wirklich sehr, sehr schön, das Symbol der großen Liebe von Käthi und Norbert.

Am Wahlsonntag des Landrates rief mich eine Bekannte an, sie hatte vor – im Falle des Falles, dass Norbert zum Landrat gewählt würde, ein Plakat im Garten des Ehepaares Kerkel aufzustellen. Aber da war noch Rex, der Schäferhund. Dem traute sie nicht so recht. Also wurde die Mieterin des Landrats mit dem Hund auf einen Spaziergang geschickt und somit war der Weg zum Aufstellen des Glückwunschplakates frei.

Das Ehepaar Käthi und Norbert waren auch bei einer Busfahrt ins Pustertal dabei. Abends beim Törggelen sprach mich ein anderer Teilnehmer an und sagte: *„Dieser Herr dort hat eine ungeheure Ähnlichkeit mit unserem Landrat."* Darauf entgegnete ich: ***„Es ist unser Landrat."***

Katharina Kerkel

Mein Ehemann

Meine erste Erinnerung an Norbert geht zurück ins Jahr 1947. Alle zwei Jahre waren wir gemeinsam in einem Klassenzimmer. Über 70 Schüler aus zwei Jahrgängen teilten sich damals im alten Rathaus von Schaftlach einen Raum. Nach meiner Erinnerung saß er vorn an der Fensterseite und war immer sehr gut und interessiert in der Schule. Deshalb wechselte er nach der 4. Klasse ins Gymnasium nach Tegernsee.

Von da an sahen wir uns, wie am Dorf üblich, beim Kirchgang. Später, als wir dem Trachtenverein beitraten, sahen wir uns wöchentlich bei den Plattler-proben, die beim Raßhofer (Fam. Weindl) im großen Hausgang des Bauern-hauses stattfanden. Norbert war damals 16 Jahre alt. Da ich vom Bauernhof komme, kenne ich den Geruch, der mit Tierhaltung verbunden ist. Als Norbert mich zum Tanzen holte, war der Geruch aber sehr streng. Er stank nach Goaß-bock. Das kam von seinen Kraftproben mit den Goaßbock seines Vermieters.

Unsere Wege kreuzten sich dann wieder in der Katholischen Landjugend. Unser damaliger Pfarrer Dr. Huber hat mit uns viele Theaterstücke einstudiert. Unter anderem den „Meineidbauern". Unser größtes Stück spielten wir jedoch 1959/60 – Goethes „Faust". Auf Norberts Drängen übernahm ich die Rolle des Gretchens. Er spielte den Faust:

„Mein schönes Fräulein, darf ich wagen, Arm und Geleit Ihr anzutragen?"
„Bin weder Fräulein weder schön – kann ungeleitet nach Hause gehen."

Wir haben das Stück in Miesbach, Schliersee, Rei-chersbeuern, in Schaftlach und an weiteren Orten gespielt.

Bei einem Kinobesuch 1959 haben wir uns dann füreinander entschieden. Bis zur Hochzeit 1963 hatten wir eine schöne unbeschwerte Zeit. Norbert war bei der Bahn in Bad Tölz und machte ne-benbei die Schauspielschule in München. Wir trafen uns häufig. Norbert steckte mich mit seiner Bergbegeisterung an. Mit einfachster Ausrüs-

Käthi und Norbert als Gretchen und Dr. Faust 1959/60

Mit Hund Sambo auf dem Guffert im Mai 1998

tung machten wir Touren, zum Beispiel auf die Alpspitze und in die nähere und weitere Umgebung.

1963 heirateten wir in der Heilig-Kreuz-Kirche Schaftlach. Wir feierten eine traditionelle bayrische Hochzeit mit ca. 90 Gästen. Unsere Hochzeitsreise führte uns mit der Bahn für acht Tage nach Wien. Norbert hat vorher viel über Wien gelesen und wollte mir möglichst alle Sehenswürdigkeiten von der Stadt zeigen. Es war wunderschön, doch obwohl mein lieber Norbert bei mir war, hatte ich trotzdem Heimweh nach Schaftlach.

Mit Norbert heiratete ich seine Großfamilie mit Mutter, Oma, Onkeln, Tanten und Vettern mit. Traditionell wurden alle kirchlichen Feste, Geburts- und Namenstage nun bei uns mit der gesamten Familie gefeiert.

Unsere erste eigene Wohnung hatten wir bei Walter Billig, im gleichen Haus, in dem Norbert schon seit der Geburt wohnte. Da wir inzwischen zwei Kinder hatten und die Wohnung zu klein wurde, zogen wir 1969 mit der 88-jährigen Oma von Norbert in unser selbst gebautes Haus.

Mit einem Schrank und einem Ehebett sind wir in das noch unverputzte Haus eingezogen. Die Einrichtung haben wir nach und nach in den folgenden Jahren erarbeitet. Norbert arbeitete bei der Bundesbahn und bildete sich immer weiter, so dass er Verkaufstrainer wurde. Während die Kinder in der Schule waren, arbeitete ich in vier verschiedene Arbeitsstellen als Verkäuferin und Putzfrau.

Mit den Kindern war ich oft allein, da Norbert als Verkaufstrainer von Montag bis Freitag in ganz Deutschland unterwegs war. Die Wochenenden und die Urlaube waren für die Familie reserviert. Oft waren wir in den Bergen unterwegs. Auch bei seinen ehrenamtlichen Tätigkeiten war ihm wichtig, dass die Familie mit dabei war. Sogar Hund und Katze wurden zum Bergwachtdienst auf die Suttenhütte mitgenommen.

Ab 1977 arbeitete Norbert als Verkaufsleiter bei der DSG (Deutsche Speise- und Schlafwagengesellschaft) in München und kam nun auch täglich nach Hause. Besonders in Erinnerung sind die morgendlichen Fahrten zum Bahnhof. Das eine oder andere graue Haar haben diese wilden Fahrten Norbert beschert. Nie haben die Kinder und Norbert einen Zug verpasst.

In dieser Zeit engagierte er sich ab 1978 als Gemeinderat. 1984 wurde er zum Bürgermeister unserer Gemeinde gewählt. Ich freute mich, dass er nun durch den nahen Arbeitsplatz auch mittags zum Essen nach Hause kommen konnte.

Käthi und Norbert bei einer Berlinreise 1996

Im Januar 1987 wurde Norbert gefragt, ob er als Landrat kandidieren möchte. Bei einer Bergtour auf den Hirschberg beratschlagten wir uns über das Für und Wider einer Kandidatur. Uns war bewusst, dass eine eventuelle Wahl unser Leben verändern würde. Wir entschieden uns gemeinsam dafür. Im März 87 wurde Norbert tatsächlich zum Landrat gewählt. Großartig war die spontane Feier mit Blasmusik und Brotzeit im überfüllten Trachtenheim in Schaftlach. Typisch für die Schaftlacher stand das ganze Dorf zusammen und organisierte diese Feier.

Die Zeit mit Norbert als Landrat war mit vielen schönen, aber auch mit schwierigen Seiten verbunden. Ich musste ihn mit vielen Menschen teilen. Als Landrat war Norbert nun viel unterwegs. Viele Termine standen zusätzlich zur Dienstzeit im Landratsamt an. Es war eine sehr aufregende Zeit. Mit Norbert lernte ich einige besondere Menschen und Orte kennen, die ich sonst nicht kennen gelernt hätte. Nicht nur die schönen Seiten, sondern auch die Sorgen teilten wir. In vielen schwierigen Entscheidungen war ihm auch meine Meinung wichtig.

Am Samstag vor Weihnachten 2003 entdeckte Norbert einen Knoten im Oberkörper. *„Schau mal, was ich da hab"*, sagte er. Wir befürchteten, dass es Krebs sein könnte. Im Januar sollte der Knoten operiert und ausgewertet werden. Unsere Befürchtung bewahrheitete sich. Norbert war bis dahin nie krank gewesen. Im März 2004 begann die erste Chemotherapie. Im August 2004 konnten wir aufatmen. Der Krebs war weg. Leider nur sehr kurz. Im November bei der Nachuntersuchung wurden wieder Knoten entdeckt. Die Enttäuschung war groß. Voller Hoffnung unterzog sich Norbert einer weiteren Chemotherapie und anschließend einer Stammzellentherapie. Nach bangen Monaten konnte Norbert seine Arbeit anfangs stundenweise wieder aufnehmen. Der erste Empfang seiner Mitarbeiter im Landratsamt mit Musik hat ihn überwältigt.

Wir wurden in der schweren Zeit von Gebeten und der Anteilnahme im Landkreis getragen. Viel von seinem Einsatz für den Landkreis kam nun wieder zurück. Anrufe und Post und Zeichnungen von Schülern munterten Norbert auf. Kraft gab uns auch die gesamte Familie.

Die Krankheit holte ihn noch ein drittes und viertes Mal wieder ein. Auch da war das gemeinsame Gespräch zwischen uns immer wichtig. Er war stark. Aber ich sorgte mich trotzdem. Während der Chemo war der Kontakt zu Menschen wegen der Ansteckungsgefahr nicht möglich. Wichtig waren ihm in dieser Zeit Telefonate mit Freunden und Familie.

Bei der Chemotherapie 2008 wuchs der Krebs trotzdem weiter. Ein wichtiges Ziel zur Vollendung seines Amtes bedeutete ihm die Verabschiedung von seiner Landkreisfamilie, seinen Mitarbeitern und dem Kreistag Ende April in Kaltenbrunn. Noch am Tag davor war ungewiss, ob es Norbert überhaupt möglich war, an der Feier teilzunehmen. Der ökumenische Dankgottesdienst in der Heilig-Kreuz-Kirche Schaftlach war für ihn zugleich der letzte Gottes-dienst, an dem er teilnehmen konnte. Ich staunte, wie Norbert von der Krank-heit gezeichnet die Kraft fand, sich in einer anderthalbstündigen Rede von allen zu verabschieden.

Am 8. Mai musste mit Bestrahlung begonnen werden. Wir setzten in diese Therapie große Hoffnung. Vielleicht würde sich der Krebs so für ein bis zwei Jahre besiegen lassen. Wegen schlechter Blutwerte musste kurz vor Beendi-gung nach der 18. Bestrahlung unterbrochen werden.

Ein letzter Höhepunkt war das Treffen mit dem neuen Erzbischof von Mün-chen und Freising, Reinhard Marx, anlässlich eines Besuchs in Miesbach.

Als Familie feierten wir noch Namenstag und Geburtstag am 6. und 7. Juni. Zu meiner Überraschung war Norbert ohne Mundschutz und ohne Angst vor Ansteckung dabei. Er sagte: *„Ich lass mich von dem Sauhund (Krebs) nicht mehr terrorisieren."* Am Sonntag, den 8. Juni, musste Norbert wegen Fieber ins Krankenhaus. Er hat das Anmelden wie immer selbst organisiert und wie immer seine Werte und sämtliche Medikamente sowie die Therapie über-wacht. Am Dienstag war ich mit meinem Sohn zu Besuch. Wir waren voll Hoffnung. Norbert ist aufgestanden und hat am Tisch Mittag gegessen. Am Donnerstag früh rief mich Norbert an. Er gratulierte mir zum Geburtstag. Er hauchte eher ins Telefon, so schwer ist ihm das Reden gefallen. Ich solle in ei-nem Schrank im Keller nachschauen. Als ich ihn endlich verstanden hatte, schaute ich am beschriebenen Ort nach. Da fand ich einen wunderschönen Kristallkerzenhalter, den er schon Monate vor meinem Geburtstag besorgt hat.
Da wir in Schaftlach Geburtstag feiern sollten, wollte er keinen Besuch an diesem Tag. Ich habe mich mit meinen Kindern trotzdem entschlossen, ge-meinsam ins Krankenhaus zu fahren.
Als wir ankamen, sagte die Ärztin: *„Gott sei Dank, dass Sie kommen."* Norbert ging es sehr sehr schlecht. Er musste auf die Intensivstation in ein an-deres Krankenhaus verlegt werden. Dort sagte man uns, dass er nicht besucht werden könne, weil er an Apparate angeschlossen werden musste. Um 22 Uhr durfte ich im Krankenhaus anrufen. Der Arzt teilte mir mit, dass sich der Zu-stand stabilisiert hat. Eine Stunde später erhielt ich die furchtbare Nachricht vom Tod Norberts.

Noch in der Nacht fuhr die gesamte Familie mit Kindern und Enkelkindern und mit unserem Seelsorger Alois Winderl ins Krankenhaus. Wir waren eine Stunde im Krankenhaus und nahmen mit Gebeten Abschied von Norbert. Sein friedlicher und erlöster Ausdruck gab mir und der Familie Kraft und in-nere Ruhe.

Meine Familie und ich waren überwältigt und getragen von der Anteilnahme und der Hilfsbereitschaft vor und während der Beerdigung. Von allen Seiten erfuhren wir Unterstützung.

Das Leben mit Norbert war ein Geschenk Gottes. Norbert war immer ein liebevoller und aufmerksamer Mann. Nie hat er einen Hochzeitstag oder ein anderes Fest vergessen. Ich erinnere mich an Spaziergänge mit Norbert wo er mir Wiesenblumen gepflückt hat.

„Meine Ruh' ist hin, mein Herz ist schwer, ich finde sie nie und nimmer mehr."

Es ist für mich eine schwierige Zeit angebrochen. Doch noch immer empfinde ich Norberts Zuspruch. Die Familie, Kinder, Schwiegerkinder und Enkelkinder, die Schaftlacher und Freunde und Bekannte geben mir Kraft.

Käthi und Norbert Kerkel Mitte der 1990er Jahre

Monika und Norbert Kerkel

Erlebnisse mit unserem Papa

Seit wir Laufen lernten, durften wir die kleinen und auch die größeren Berge unserer Heimat auf eigenen Beinen bezwingen. Nachdem wir 1972 auf dem Sonnjoch waren, schrieb er in sein Tourenbuch: *„Die Kinder sind jetzt schon sehr leistungsfähig."*

Von da an wurde unser alpiner Horizont auf die wunderschöne Bergwelt der Südtiroler Dolomiten ausgeweitet.

Unsere Urlaube (immer Kurzurlaube von zwei bis fünf Tagen) verbrachten wir seit dieser Zeit immer in Südtirol zum Bergsteigen. Bergtouren von 10 bis 12 Stunden Fußmarsch waren an der Tagesordnung. Um den Aufstieg in den kühlen Morgenstunden genießen zu können, wurden wir nicht selten um 3 Uhr morgens oder besser nachts geweckt. Mit Taschen- und Stirnlampen ausgerüstet machten wir uns dann auf den Weg. Viele Berge bestiegen wir zur Hälfte im Dunkeln. Beim Abstieg sahen wir dann auch den ersten Teil des Aufstiegs. Seine ansteckende Begeisterung und sein Talent uns zu motivieren machten es möglich, uns diese Leistungen abzuringen. Auf der Himmelmoosalm sagte er einmal: *„So sieht's im Paradies aus."*

Tour nach Siebenhütten in Kreuth 1970

37

Eine Tour zur Hochbrunner Schneid in Sexten gingen wir um 4 Uhr im Dunkeln (wie gewohnt) los und kamen um 21 Uhr nachts zurück. Leider gab es dann für uns kein Abendessen mehr, da die Küche der Wirtschaft bereits geschlossen hatte. Die Tour führte uns noch im Dunkeln, nachdem wir die ersten 1000 Höhenmeter geschafft hatten, an der Zigmondi-Hütte vorbei, wo die ersten Gäste gerade aufstanden. Der Tag war bereits in den Morgenstunden extrem heiß. Dies strengte Papa mit seinem immer sehr schweren Rucksack an. Wir wollten ihm helfen und den Rucksack übernehmen. Da sagte er: *„Dann hea i's Berggeh auf, wenn i an Rucksack nimma drong ko."* Schwer kämpfend und schwitzend gab er doch noch

Am Guffertgipfel 1976: Norbert, Käthi, Monika, Norbert und Hund Hella

bis zum Gipfel ein Seil, einen Karabiner und eine Bierdose aus seinem Rucksack an uns weiter. Ein wunderschönes Gipfelplateau mit wunderbarer Aussicht entschädigte für die Anstrengung. Wir breiteten die durchgeschwitzte Kleidung aus und bewunderten die großen weißen Haufenwolken. Papi schwärmte träumerisch, wie angenehm es jetzt auf diesen Wolken wäre. Wir räumten den von uns in Beschlag genommenen Gipfel wieder auf und waren auf dem Abstieg in einem von steilen Berghängen umgebenen Tal. Das Wetter änderte sich schlagartig. Es begann zu hageln. Wir zwei Kinder liefen panisch talwärts. Als die besorgten Eltern uns wieder einholten, bekamen wir eine eindringliche Belehrung, über das Verhalten bei Unwetter am Berg. Das Wetter holte uns beim fünfstündigen Abstieg noch drei Mal ein.

Ähnlich lang und ereignisreich verliefen viele unserer Bergtouren. Diese Tour rief aber großen Protest gegen unsere Bergurlaube bei uns hervor. Den nächsten Urlaub wollten wir ans Meer und nicht zum Bergsteigen. Papi respektierte unseren Wunsch und buchte 1983 eine Woche Mallorca für die Familie. Unsere Mama hatte sich im Jahr vorher das Sprunggelenk gebrochen und musste noch immer mit Krücken gehen.

Wir kamen bei sengender Hitze in Palma an. Nachdem wir endlich am Busparkplatz vor dem Flughafen unseren Bus entdeckten – es war der allerhinterste in der Reihe – stiegen wir ein und bekamen fast keine Luft mehr. Im Bus hatte es bestimmt 50°C. Der gebrochene Fuß von unserer Mama war schon glänzend dick angeschwollen und hatte eine lilablaue Farbe. Der Busfahrer gab uns zu verstehen, dass wir noch auf einen weiteren Flieger warten müssten und dass außerdem leider die Klimaanlage im Bus nicht funktionierte. Wir warteten geduldig auf die anderen Urlauber. Als diese endlich kamen und eingestiegen waren, hofften wir, dass es nun losgehen könne. Aber es rührte sich nichts. Der Busfahrer ging schon zum wiederholten Mal um den Bus herum. Unser Papa stieg aus und fragte, ob er helfen kann. Worauf der Busfahrer ihm erklärte, dass der Zündschlüssel nicht zu finden sei. Nach einiger Zeit ging es dann doch los. Wir saßen nun schon eine Stunde im kochend heißen Bus und der Fuß von Mami drohte schon zu platzen. Es ging nach unserem Empfinden kreuz und quer über die Insel zu unzähligen Hotels. Schließlich erreichten auch wir als letzte im Bus nach einer weiteren Stunde unser Hotel.

Wir wurden freundlich empfangen und freuten uns auf unsere Zimmer. Eins war angenehm kühl und mit Meerblick, das andere war eher warm und zur Straße über einer Disco.

Unsere Eltern wollten uns einen ganz, ganz schönen Urlaub gönnen und überließen uns das schöne Meerblickzimmer. Als wir gerade das Zimmer bezogen hatten, hörten wir vom Straßen-Disco-Zimmer gegenüber einen lauten Krach. Wir liefen hinüber und sahen, dass Papa mit seinem Bett durchgebrochen war. Er sah etwas überfordert mit dem ungewohnten Urlaub aus und sagte: *„Wenn ich ein Auto hätte, würde ich jetzt sofort nach Hause fahren."* Er hatte bestimmt Sehnsucht nach der frischen kühlen Bergluft. Am nächsten Tag gingen wir nach einem guten Frühstück zum Strand. Die Welt schien wieder in Ordnung. Wir liefen gleich ins Meer. Aber als Bergurlauber rechneten wir nicht mit Seeigeln und schroffen Steinen im Wasser. Mit aufgeschlagenen Knien und Seeigelstacheln im Fuß schleppten wir uns zurück zu unseren Eltern in den Schatten. Unser Papa verbrachte die ganze Zeit, die wir am Strand waren, im Schatten. Lediglich zum Schwimmen verließ er kurz den Platz unter dem Sonnenschirm. Am ersten Abend hatten wir alle schon ein bisschen braune Farbe bekommen. Nur Papa hatte einen Sonnenbrand. Er war ganz rosarot. Wir wussten, dass er den Urlaub nicht wirklich genoss. Im Zimmer unserer Eltern war es entweder laut von der Disco oder zu heiß. Die nächsten Tage begannen die Krücken unserer Mama vom Salzwasser zu rosten. Die Woche verging. Wir machten noch einen Ausflug mit einem Glasbodenboot nach Cala Ratjada. Die Unterwasserwelt, die man durch den Glasboden bestaunen konnte, begeisterte uns. Allerdings mussten wir feststellen, dass wir nicht seefest sind. Durch das Schaukeln des Schiffs und vom schauen durch den Glasboden wurde uns richtig schlecht. Wir waren froh,

als wir im Hafen von Cala Ratjada einliefen. Nach einer Erholungspause traten wir die Rückfahrt an. Aber das Boot legte nicht ab. Wir bemerkten, dass
ein Taucher am Boot arbeitete. Man sagte uns, dass sich die Rückfahrt verzögert, weil sich ein Fischernetz in der Schiffsschraube verfangen hat. Schließlich ging's dann nach einiger Zeit doch los. Durch den Glasboden schauten
wir bei der Rückfahrt nicht mehr.

Beim letzten Abendessen bereitete die Küche uns noch eine Überraschung.
In der Suppe waren kleine weiße Maden. Als sich ein Herr am Nachbartisch
beschwerte, wurde wieder abserviert.

Am Abreisetag rutschte unsere Mama mit ihren Krücken auch noch aus
und stürzte auf ihren gebrochenen Fuß. Bei der Heimreise lief alles überraschend reibungslos. Wir brachten alle vier etwas aus dem Badeurlaub mit.
Mama eine Riesenentzündung in ihrem Sprunggelenk mit anschließend zwei
Wochen Aufenthalt im Krankenhaus, Papa einen Sonnenbrand und wir auf-
geschlagene Knie und Seeigelstachel in den Fußsohlen.

Für uns alle stand fest: Der nächste Urlaub geht wieder in unsere geliebte
Bergwelt nach Südtirol. Bis heute fahren wir jedes Jahr mit unserer inzwischen Großfamilie von bis zu 13 Personen zum Hotel Goldknopf auf der Seiser Alm.

Stolzer Papa mit seinen Kindern Norbert und Monika

Eine weitere frühe Kindheitserinne-
rung war das samstägliche Ritual.
Unsere Mama arbeitete jeden Samstag von frühmorgens bis 12 Uhr mittags in der Bäckerei Fertl. Wir waren
mit unserem Papa vormittags also für
den Haushalt zuständig. Nach einem
ausgiebigen Frühstück machten wir
uns an die Arbeit. Jeder hatte seine
Aufgabe: Norbert – Staub saugen,
Monika – Geschirr spülen, Papi –
Betten machen. Da wir ja „schwer"
gearbeitet hatten, gab es um ca. 10
Uhr eine Weißwurst-Brotzeit. Anschließend nutzten wir die übrige
Zeit mit Papi mit einer Fahrt nach
Tölz ins Fotogeschäft Lerpscher oder
nach Tegernsee in sein Lieblingsge-
schäft zum Spielwaren Steinbacher. Dort konnte er sich über die neuesten
Märklin-Eisenbahnen informieren. Manchmal stand auch eine kleine Berg-
tour auf die Neureuth auf dem Programm.

Um Punkt 12 Uhr zur Melodie der Weißblauen Musikparade (Bayern1)
stieg die komplette Familie: Papi, Norbert, Monika und auch Hund Hella ins

Auto, um Mami bei der Bäckerei Fertl abzuholen. Um uns und sich die Wartezeit im Auto zu verkürzen, erzählte er uns selbst erfundene Geschichten von der „Ahui Fledermaus", die in einer Höhle lebte oder von der Bläda Leni und ihrer Freundin, der Maulwerkwabe. Uns belustigte besonders, dass er die Maulwerkwabe mit einer hohen, schnellen Fistelstimme sprechen lies und der Bläda Leni verlieh er eine etwas dümmlich wirkende langsame Aussprache. Später konnte er auch seine Enkel mit den beiden Figuren noch begeistern.

Prägend für unsere Kindheit waren auch die Besuche bei unserem Papa in der Arbeit. Er war damals Fahrdienstleiter im Bahnhof Bad Tölz, zu dem auch der Bahnhof Reichersbeuern gehörte. Dort durften wir dann manchmal nach Einweisung und natürlich nur unter seiner strengen Aufsicht das Signal auf Fahrt ziehen oder die Schranke herunterkurbeln. Diese Eindrücke begleiten uns noch heute. Stolz war er, als er kurz vor seinem Tod mich bei der Arbeit als Lokführerin auf dem Führerstand bei der BOB begleiten durfte.

Zurückblickend können wir Kinder sagen, dass unser Papi immer viel Zeit für uns hatte. Alle Familienfeste – Namenstag und Geburtstag, Weihnachten, Ostern, Allerheiligen, Nikolaus (besonders wichtig für die Enkel), Kommunion, Firmung, Hochzeit wurden gefeiert. In seinem Terminkalender hatte er diese Termine fest reserviert. Auch die Urlaube und Freizeiten waren grundsätzlich für die Familie bestimmt.

Alljährlicher Familienausflug nach Birkenstein

Silvester

die Kinder und ich wollen mit
den Skiern auf die Neuwent –
Grindlalm und durch das
Alpbachtal zurück.
Leider starten wir erst um 14⁰⁰.
Wir tragen die Skier auf die Neuwent,
kämpfen uns durch umgefallene Bäume
hinüber auf die Grindlalm. 3/4 oben auf
der Schneid kann Monika nicht mehr.
Trotz des lautstarken Protestes
von Norbert kehren wir um. Wieder
auf der Neuwent ist es schon 1/4 Stunde
dunkel. Wenigstens scheint der Mond.
Bis zum Kreuzweg fahren wir, dann
tragen wir die Brettln wieder hinunter.
Monika glaubte den „Brandlkramer"
aus dem Brandnerkaspar zu sehen,
aber es war nur ein Bergsteiger.
Um 18.30 sind wir daheim. Käthi hatte
sich bereits Sorgen gemacht. Etwas Gutes
hatte die abgebrochene Tour doch! Wir
waren enorm durstig und hungrig.
Onkel Mizzi und Tante Bärbel waren
als Gastgeber die Leidtragenden.

Eintrag in Papas Bergtagebuch

Familienfoto zur Landratswahl 1987

Der ganze Clan bei der Verleihung des Bayerischen Verdienstordens 2005
im Brunnenhof der Residenz in München: Stefan (Schwiegersohn), Norbert jun.,
Simone (Schwiegertochter), Norbert jun. jun., Susanne, Monika, Norbert, Alex,
Käthi, Simon und Stefan jun.

Harry und Andreas Rossberger (Neffen von Norbert Kerkel)

Wer den Schaden hat ...

oder: wie es Generationen adoleszierender Menschen nicht schafften, den feiertäglichen Frieden im Hause Kerkel nachhaltig zu stören

Ungeniert und nicht geschönt schreiben wir an dieser Stelle in der Gewissheit, dass Tante Käthi und Onkel Norbert sich immer gefreut haben, wenn sich im Hause Kerkel etwas gerührt hat. Das war übrigens vor dreißig oder vierzig Jahren nicht anders als das heute der Fall ist. Bereits in den siebziger Jahren haben die Kinder Monika und Norbert sowie die beiden Unterzeichner nichts unversucht gelassen, um Käthi und Norbert den Schweiß auf die Stirn zu treiben.

Wir wollen hier nicht von Massivholztüren reden, die beim Räuber und Schandi spielen ja in jeder guten Familie fast zwangsläufig aus dem Rahmen getreten werden. Auch wollen wir hier nicht die Anzahl der Scheiben benennen, welche dem Druck eines geworfenen Balles oder der Wucht eines geschleuderten Hausschuhs nicht standgehalten haben. Im Übrigen geht es uns auch nicht darum, auseinanderzuklauben, wer nun den Kickerkasten zerlegt, Onkel Norberts geliebte Modelleisenbahn seziert hat oder wessen Pfeil die Klotüre durchbohrt hat.

Familienfeste im Hause Kerkel stellen seit Jahrzehnten bedeutende Ereignisse für Kinder, Enkelkinder und Neffen dar. Nur im Ausnahmefall hat man das Haus verlassen, ohne Schaden angerichtet zu haben.

Wie uns Onkel Norbert den richtigen Drill beigebracht hat

War am ersten Weihnachtsfeiertag ein gut Teil der in respektabler Stückzahl von Tante Käthi hergestellten Knödel den heranwachsenden Verdauungsorganen zugeführt, machte man sich flugs daran, die gerade ausgepackten Weihnachtsgeschenke dem Praxistest zu unterziehen.

„Mit einem Drillbohrer lassen sich nur Löcher mit einem Durchmesser von etwa 2 mm in weiche Materialien wie Holz bohren" so beschreibt Wikipedia heute die Anwendung eines Gerätes, das Norbert junior zu Weihnachten bekommen hatte. Damals hat es noch kein Wikipedia gegeben. Das haben wir aber auch nicht gebraucht. Schnell hatten wir die hervorragende Eignung des Werkzeugs erkannt, dem neuen Kerkel'schen Holzparkett ein paar Wurmlöcher beizubringen. Natürlich hat das bei nur drei oder vier Löchern noch nicht so

„echt" ausgesehen. Wir wollten Käthi und Norbert doch eine Freude machen und außerdem hat die Handhabung des Geräts auch Spaß gemacht und jeder von uns vieren wollte doch mindestens zweimal, fünfmal oder zehnmal drankommen. Bis dann aber die Wurmlöcher repräsentativ auf eine größere Fläche verteilt waren, hat jeder von uns sicher mehr als hundert Mal gedrillt...

Mit Zufriedenheit und Stolz haben wir den Gastgebern unsere Maßnahme der Wohnraumverschönerung präsentiert. Gelobt sind wir nicht worden, geschimpft hat uns aber auch keiner. Dafür ist Onkel Norbert mit uns in den Keller gegangen und hat uns unter Benutzung von Sperrholzplatten den richtigen Drill gezeigt.

Wie wir Millionenbeträge veruntreut haben

Die Elterngeneration von Onkel Norbert war noch vor dem ersten Weltkrieg geboren. Als viertes Kind von sieben Geschwistern hatte „Tante Marie", die Mutter von Norbert, schwere Zeiten zu überstehen. Ihr Mann war im Krieg gefallen. In Zeiten der großen Inflation muss sie ganze Pakete von Millionen-Mark-Scheinen gespart haben. Dabei hatten sich Summen angehäuft, angesichts derer selbst Bayern-Manager Uli Hoeness den Telefonhörer für einen Transfer abgenommen oder Porsche-Chef Wendelin Wedeking über die Akzeptanz einer Abfindung nachgedacht hätte.

Ganze Bündel dieser Scheine waren hinter den großen Kesseln im Heizungsraum gut versteckt. Offensichtlich jedoch nicht so gut versteckt, dass wir Kinder sie nicht hätten finden können. Dabei haben wir gar nicht gesucht. Die Scheine waren einfach da. Und, kann man Kindern ernsthaft übel nehmen, dass es viel mehr Spaß macht, im Kaufladen die Spielverpackungen mit Zwieback, Nivea und Maggi für Beträge von zwei Millionen Mark über die Theke gehen zu lassen als für etwa fünf Pfennige? Dass dann, wenn über den Kaufpreis verhandelt wurde, der ein oder andere Schein auseinandergerissen wurde, kann man Kindern nicht ernsthaft zur Last legen, das kann passieren. Hand aufs Herz: Welcher Erwachsene würde nicht auch der Versuchung erliegen, eine „0" auf einem Schein hinzuzufügen, oder aus dem Wort „Million" eine „Milliarde" zu machen, wenn halt die „Inflation" die Preise in die Höhe treibt?

Onkel Norbert, in Sachen Schulung ausgewiesener Fachmann, hat uns auch hier nicht gelobt, sondern mit Seelenruhe erklärt, dass man mit den Sachen der älteren Generation pfleglich umzugehen hat. Das haben sogar wir verstanden.

Norbert und Monika Kerkel, Andreas und Harry Rossberger
auf der Himmelmoosalm (Brünnstein) im Sommer 1974

Wie Frau Maier unerwarteten Besuch bekam

Heutzutage macht man sich oft und viele Gedanken um das richtige Verhalten Tätern und Opfern gegenüber. Warum hat man das nicht schon vor fünfunddreißig Jahren getan? Wir Kinder waren nämlich nicht immer nur Täter, manchmal waren wir auch Opfer. Ganz schlecht sind wir zum Beispiel aus dem Wetteifern unseres Vaters Willi mit Onkel Norbert hervorgegangen, als es darum ging, das neue, schöne, große Motorflugzeug mit einem starken Gummischnurantrieb zum Jungfernflug zu starten.

Selbstverständlich war es vernünftig, dass man das Flugzeug zunächst nicht den unerfahrenen Kinderhänden anvertraute. Weder wir beide, schon gar nicht Monika als Mädchen und auch nicht Norbert junior als stolzer Besitzer des Flugzeugs wären körperlich und geistig reif gewesen, ein Flugzeug mit fast zwei Metern Spannweite vor dem Kerkel'schen Wohnzimmer in Richtung Wallberg zu verabschieden.

Selbstverständlich war es vernünftig, die Frage darauf zu reduzieren, ob Willi oder Onkel Norbert uns Kindern die Verantwortung des ersten Starts abnehmen sollte. Willi hat's getan.

47

„Passt gut auf, damit ihr was lernt", hat er noch gesagt und das Flugzeug gestartet. Es ist auch geflogen. Und es ist zurückgekommen. Nur halt sehr schnell und nach kurzer Flugzeit.

Am Startplatz, auf der kleinen Anhöhe vor dem Kerkel'schen Anwesen, konnten wir uns durch Sprünge auf die Seite und durch instinktives Flachlegen aus der Einflugschneise retten. Die gläserne Wohnzimmertür von Frau Meier im ersten Stock konnte nicht ausweichen. Sie, also die Tür, wird dem Täter zwar nicht böse gewesen sein, entgegengesetzt hat sie ihm aber wenig. Die Tür war hin. Tausend Scherben sollten der guten Frau Meier Glück bringen, hat der Onkel Norbert gemeint. Der Flieger war übrigens auch hin – wir haben natürlich nicht geschimpft.

Wie man der Königsfeder beikommt

Dass Tante Käthi hervorragend kocht, hat sich weithin herumgesprochen. Außerdem muss es wohl eine Art Familienkodex geben, demnach beim nachmittäglichen Kaffeetrinken niemals weniger Kuchen und Torten auf dem Tisch stehen durften, als Gäste zugegen waren. Der Wohnzimmertisch war also reichlich gedeckt. Natürlich hatte Tante Käthi das gute Geschirr aufgetischt. Wie schon bei anderen Anlässen hatten die Erwachsenen auch diesmal wieder die harmonische Farbgebung, die fließenden Formen und die feine Zeichnung der Moosröschen auf Tassen, Tellern und Kannen gelobt. Dazu haben sie irgendwas von Rosenthal oder Hutschenreuter geredet.

Wirklich interessant schien uns Kindern aber vor allem die so genannte große Königsfeder zu sein, welche unser Vater Willi just in dem Moment unter dem Tisch hervorzauberte, als der Kampf um den Kuchen hätte beginnen sollen. Willi hat dieses Gerät seit wenigen Tagen daheim gehabt. In der Früh, wenn er gedacht hat, wir schlafen noch, hat er es immer zu einem „U" verbogen und dann wieder gerade gemacht. Meist hat er danach einen roten Kopf gehabt. Wir haben das durch die Glastüre im Wohnzimmer gesehen. Zwischen zwei roten Kunststoffgriffen war eine Spiralfeder aus Metall gespannt, der Durchmesser der Spirale hat wohl knapp 10 Zentimeter betragen.

Am Kerkel'schen Kaffeetisch hat er Großeltern, Tanten, Vettern und auch uns Kinder, aufgeklärt. Das sei ein Gerät für den Aufbau seiner schwachen Bizeps-, Trizeps-, Bauch- und Rückenmuskulatur.

„Langsam und zügig" müsse man aus der Geraden ein „U" formen. Offensichtlich nahezu anstrengungsfrei führte er die beiden Hände an den Griffen so nahe zueinander, bis sie sich berührten, danach gab er dem Druck der Königsfeder sanft nach und brachte das Sportgerät zurück in die Ausgangsposition. Die Andeutung des Lächelns eines Siegers konnte man nur richtig interpretieren, wenn man Willi gut kannte.

Selbstverständlich war auch die Königsfeder nicht geeignet, in Kinderhände zu gelangen. Darauf hat unser Vater explizit hingewiesen. Onkel Norbert, vermutlich deutlich stärker im muskulären Bereich, aber – ob des gegebenen Trainingsvorsprungs von Willi – ärmer an Technik, scheiterte.

Er scheiterte im Stadium einer leichten Krümmung der Königsfeder, von „Zusammenbiegen" konnte keine Rede sein. So sehr er sich auch mühte, so oft unser Vater gleichermaßen aufmunternd wie kompetent die Anweisung „langsam und zügig" einstreute, Onkel Norbert ist gescheitert. Nun war es wieder an Willi zu zeigen, dass das Reüssieren weniger eine Frage der Kraft als der Technik wäre.

Langsam und zügig verließ die Feder die Streckung, formte sich zu einem rechten Winkel und wäre erneut fast zu einem „U" geworden. Fast.

Im Moment, als das Lächeln eines Siegers in das Gesicht unseres Vaters Einzug nehmen wollte, hat die Königsfeder das Kommando über den Spielverlauf übernommen. Sie entglitt seinen vor Aufregung schwitzenden Händen. In Sekundenbruchteilen expandiert, versetzte sie dem eingefrorenen Siegerlächeln von Willi einen äußerst harten und schmerzhaften Schlag ans Kinn und räumte Hutschenreuter, Süßstoff (mehrere anwesende Kuchenesser waren zuckerkrank!), Kaffeekannen, Rosenthal und Schwarzwälder Kirschtorte vom Tisch. Gelobt ist er nicht worden, der Willi. Geschimpft hat aber auch keiner, weil alle froh waren, dass sein den Schlag dämpfender Kinnbart wohl Schlimmeres verhindert hat.

Harry und Andreas Rossberger
mit ihrem Firmpaten Norbert 1975

49

Eduard Halser (Von 1952 bis 1994 bei der DSG BZL München beschäftigt)

Bei der DSG

Herr Kerkel war von 1974 bis 1984 bei der Deutschen Speisewagen Gesellschaft (DSG) als Verkaufsleiter beschäftigt.

Als freigestellter Betriebsrat habe ich Herrn Kerkel als den Menschen kennen gelernt, der sich um die Belange und Sorgen seiner Angestellten Gedanken gemacht hat und in Zusammenarbeit mit dem Betriebsrat nach Lösungen gesucht hat.

Beim täglichen gemeinsamen Mittagessen mit dem Chef, Verkaufsleiter, Personalleiter, Büroleiter und Betriebsrat wurde, nachdem wir am Mittagstisch natürlich ständig über die Probleme der Firma diskutierten, der „Verein für fröhliches Mittagessen" gegründet. Wer beim Essen über oder von der DSG gesprochen hat bekam eine Geldstrafe auferlegt. Dabei kam bis zum Jahresende soviel Geld zusammen, daß es für einen Wochenendausflug mit unseren Ehefrauen reichte. Daraus entstand eine wunderbare Freundschaft, die auch weiter bestand, nachdem keiner der Beteiligten mehr bei der DSG war.

Im September 1989 machten wir einen Wochenendausflug nach Egg bei Deggendorf. Kaum angekommen, wurde Norbert von seiner Dienststelle verständigt, daß in Passau am Hauptbahnhof ein Sonderzug bereitgestellt wird, der die freiwilligen Helfer für die aus Ungarn ausreisenden DDR- Bürger nach Bonn zu einem Empfang bei der Bundesregierung bringen sollte. Der Zug wurde von der DSG bewirtschaftet, die einen mit Geschirr, Getränken und Lebensmittel beladenen LKW nach Passau schickte. Spontan entschloss sich Norbert, dem LKW-Fahrer beim Beladen des Sonderzuges zu helfen. Also unterbrachen wir unseren Ausflug für einen halben Tag und fuhren nach Passau. Dabei hatten wir dann auch noch sehr viel Spaß.

So war er eben, der Mensch Norbert Kerkel. Wir vermissen ihn sehr.

Claudia Senger (Tochter von Ursel und Werner Raab)

Motorradausflug ins Zillertal

Eine von Norberts Leidenschaften war das Motorradfahren. 1982 fuhren wir zu fünft auf vier Motorrädern ins Zillertal. Mein Führerschein war noch ganz frisch. Norbert jun. fehlten noch ein paar Monate, um den Führerschein in Händen zu halten, und so fuhren Norbert jun. und Norbert sen. auf einer BMW R65, die mit den beiden das zulässige Gesamtgewicht bereits überschritten hatte. Rasen war auf der damals größtenteils noch nicht asphaltierten Zillertaler Höhenstraße nicht angesagt, denn bei jeder kleinen Unebenheit sind unsere „starken" Männer mit dem Hauptständer am Boden geschliffen.

Für uns alle war dieser Ausflug ein unvergesslicher Tag, den wir mit einer guten Brotzeit in Achenkirch beendet haben.

Pfundige Motorradbesatzung: Norbert mit seinem Onkel Max

Lieselotte Rossberger

Bergabenteuer

Meine erste Begegnung mit Norbert war ein sehr vergnügter Ministranten-Segel-
ausflug mit dem Wiesseer Kaplan Dietl auf dem Tegernsee. Im Winter zuvor
hatte ich in der kleinen Wallberg-Kapelle ministriert, die langen Zöpfe gut unter
der Anorakkapuze versteckt, da dies damals für Mädchen noch nicht üblich
war. Hierdurch bekam ich die Gelegenheit, bei diesem Törn dabei zu sein.
Norbert war der fröhlichste aber auch der liebenswerteste von allen Buben
einem fremden Mädchen gegenüber, dadurch prägte er sich in meiner Erinnerung besonders ein.

Die nächste Begegnung fand etwa zehn Jahre später statt, als sein Vetter Willi
mit mir anbandelte und wir mit Norbert und seiner späteren Frau Käthi viele Stunden zusammen mit Bergsteigen, Familienfesten und Faschingsfeten verbrachten.

Einige Bergtouren sind mir in besonders starker Erinnerung geblieben, so
z.B. die Besteigung der Wildspitze. Da unsere Kondition eher bescheiden
war, wußten wir schon vorher, daß es eine Plagerei werden würde. Aber
wohlgelaunt starteten wir in aller Herrgottsfrühe mit Norberts altem Auto in
Richtung Vent. Wir marschierten noch nicht lange bei strahlendem Sonnenschein, als Willi ein menschliches Bedürfnis verspürte. Da wir es vor lauter
Freude kaum erwarten konnten, die große Wildspitze rasch zu erobern, lief
er um die nächste Ecke voraus und ließ seinem Wasser in hohem Bogen frei-
en Lauf, ohne zu bemerken, daß gegenüber zwei andere Bergsteiger saßen,
die sich gerade ihre Brotzeit schmecken ließen. Das allgemeine Gelächter
und Gespött kann sich sicher jeder gut vorstellen.

Leider zog sich der Himmel nach der Breslauer Hütte immer mehr zu und
wir kämpften uns keuchend und schwitzend im dichten Nebel mit letzter
Kraft die steile Flanke hinauf. Plötzlich hörten wir Klänge, wie aus einer anderen Welt. Im diffusen Licht tauchte endlich das heiß ersehnte Gipfelkreuz
auf. Unsere bereits bekannten zwei Bergsteiger saßen davor und spielten auf
ihren einfachen Flöten bezaubernde Weisen.

Als wir wieder in Vent waren, hatten wir alle und Norbert im besonderen
einen riesigen Appetit, darum suchten wir sofort eine Wirtschaft auf. Leider
konnten wir die schmackhafte Mahlzeit aber nicht richtig genießen, da unsere Lippen und unsere Gesichtsmimik vor lauter Sonnenbrand nicht viel Be-
wegung zuließ. Wir hatten nicht bedacht wie stark die Sonneneinstrahlung
gerade bei Nebel ist und vergessen uns einzucremen. Einige Tage später mußte Norbert zu einem Vorstellungsgespräch zur DSG nach Frankfurt. Da immer noch krebsrot im Gesicht war, hatte er Bedenken ob er die Stelle bekommen würde. Sein neuer Chef war jedoch selbst ein begeisterter Bergsteiger und hatte volles Verständnis.

Eines unserer nächsten hochalpinen Ziele galt dem Morteratsch. Natürlich hatten wir wie immer nur Samstag und Sonntag dafür Zeit. Als wir am Sonntag im Morgengrauen von der Boval-Hütte aufbrachen und die ersten Felspassagen erreichten, waren diese, selbst im August noch, stark vereist. Norbert, wie immer unser Guide, kletterte voraus. Als er hinter uns noch einer Seilschaft gewahr wurde, bot er auch ihr seine Hilfe an und wollte das Seil hinablassen. Es wurde aber dankend abgelehnt. Bald darauf wurden wir von dieser Gruppe zügig überholt. Bei genauerem Hinsehen erkannte Norbert Anderl Heckmaier, einen zu dieser Zeit überragenden Bergsteiger und Erstbesteiger der Eiger Nordwand. Norbert konnte herzhaft darüber lachen und amüsierte sich auch später noch königlich, daß er dem „großen Anderl" sein Seil angeboten hatte.

Diesmal erreichten wir den Gipfel bei strahlendem Sonnenschein. Wir genossen die herrliche Sicht und besonders den Blick auf den Bianco Grat – eines seiner Traumziele. Jeder, der Norbert kennt, weiß, daß eine ausgiebige Brotzeit bei ihm unbedingt zum Gipfelglück gehörte. Aber schon nach kurzer Zeit brauten sich schwarze Wolkengebilde zusammen und wir machten uns fluchtartig an den Abstieg. Es dauerte auch nicht lange bis um uns ein fürchterliches Chaos mit Blitz, Donner und Hagel ausbrach, welches uns jede Orientierung verlieren ließ.

Käthi und Norbert mit Lotte Rossberger am Morteratsch

Norbert kletterte im unbekannten Fels voraus, als er sich um einen Felsvorsprung beugte hörten wir, wie ihm ein kräftiges *„Jetzt leckst mi am A..."* entfuhr. Nachdem wir bei ihm einen solchen Ausspruch nicht gewohnt waren, erschraken wir fürchterlich, denn wir nahmen an, es gäbe kein Weiterkommen mehr für uns. Es bezog sich aber Gott sei Dank nur auf seinen stark surrenden Pickel im Rucksack und wir überlegten zusammen, ob wir die Pickel nicht besser zurücklassen sollten. Da sie aber von uns sehr mühsam erspart waren, deponierte Norbert sie entfernt von uns und wir warteten mit weichen Knien, bis das Gewitter etwas nachgelassen hatte, um sie dann doch wieder

Die drei beim Aufstieg

mitzunehmen. Als wir die Wand durchstiegen hatten und wir wieder auf festem Boden standen, atmeten wir tief durch und dankten ihm, daß er uns trotz der widrigen Umstände so gut heruntergebracht hatte. Dank seines guten Orientierungssinns erreichten wir die Hütte problemlos und hatten dann nur noch die weite Heimreise vor uns.

Viele Jahre später wollten Willi und ich unseren Hausberg, den Rechelkopf, als Schitour angehen. Als wir am späten Vormittag an der Ochsenhütte vorbei, kurz vor der damals sehr schmalen, geländerlosen, stark vereisten Brücke waren, sahen wir einen rasanten Schifahrer, der einen jungen Schäferhund auf den Armen trug, darauf zurasen. Uns war sofort klar – das kann nicht gut gehen! Im letzten Augenblick warf er seinen Hund in hohem Bogen in den Tiefschnee und landete selbst mit dem Gesicht voraus auf einer Eisplatte. Blutend und ohne Brille richtete er sich wieder auf. Als er sah, daß seinem Hund Rex nichts fehlte und er uns erkannte, fing er herzhaft zu lachen an, wie es die unnachahmliche Art von Norbert war.

Barbara Strohschneider, Maria Thrainer und Elisabeth Horter
(Nichten von Norbert)

Unser Onkel Norbert

Liebenswert, humorvoll, hilfsbereit, ehrlich, selbstlos, „einfach" und boden-
ständig, all diese Eigenschaften hat unser lieber Onkel besessen.
Alles was man mit ihm erlebt hatte, war einfach einmalig; das Geschichten-
erzählen bei Vereinen, die Lesungen am Wendelstein, private Feiern oder sogar ein paar Tage Urlaub.
Durch seine menschliche Art war es auch ein Genuß seine Stimme und die
abwechslungsreichen Reden zu hören.

Seefest

Onkel Norbert war ein Mensch, der Gemütlichkeit, eine gute Brotzeit und
den Kreis der Familie schätzte. Zum Seefest in Rottach im Juli 2007 lud ich
meinen Onkel Norbert und Tante Käthi, meine Eltern und Schwiegereltern zu
einem unvergesslichen Abend am Leeberg „über dem Tegernsee" ein. Im kleinen Kreise bei zünftiger Unterhaltung, mit Blick auf die Egerner Bucht, warteten wir auf das Feuerwerk. Als wir auf dem Balkon standen und das Feuerwerk genossen sagte er zu mir: *„Glabst Babsi, des war des schönste Feuerwerk, des i erlebt hob."*

Ein besonderes Geschenk

An meinem 18. Geburtstag, Samstag 9. Juli, war die Hochzeit seiner Tochter.
Im Normalfall kein Drandenken, am Wochenende an den Führerschein zu
kommen. Beim Weißwurstfrühstück der Aufwecker überraschte er mich mit
dem Führerschein.
Dieses Geschenk wird mir ein Leben lang in Erinnerung bleiben.

Referat

Als zu meiner Realschulzeit ein Referat zu machen war, bat ich meinen Onkel um Hilfe. Er hat mich bei dem damaligen Thema: „Was spricht dafür, dass
Mädchen eine Berufsausbildung anstreben" so gut unterstützt, dass ich als
Einzige eine Eins bekommen habe. Dies verlieh mir sehr viel Stolz, einen so
gescheiten Onkel zu haben.

Stefan Pfisterer (Schwiegersohn)

Fähigkeiten und Talente

Als ich im Juni 1984 den Antrittsbesuch bei der Familie meiner Freundin Monika machte, hatte ich einige Bedenken. Musste ich doch im Haus des Bürgermeisters vorstellig werden. Aber diese Angst war vollkommen unbegründet. Nachdem ich es schaffte, mich an Lawinenhund Rex vorbeizukämpfen, war der Empfang total leger und herzlich. Als Erstes wurde mir eine Brotzeit aus dem prall gefüllten Kühlschrank angeboten, was ich natürlich nicht ausschlug.

Mein späterer Schwiegervater war stets sehr ausgeglichen, selbst als ihm eines Tages seine damals 19-jährige Tochter mitten im Landratswahlkampf 1987 eröffnete, dass er Opa werde. Es gab keinerlei Vorwürfe seinerseits wegen unserer Unvernunft, Monika war schließlich noch in der Lehre, im Gegenteil, sein Kommentar war: *„Des Butzerl wern ma scho durchz'fuadan kemma."* (hochdeutsch: Diesen Wonneproppen werden wir schon durchfüttern). Zum „Butzerl" Stefan gesellten sich im Laufe der Zeit noch zwei Brüder: Alex und Simon.

Norberts Vorzüge sind ja hinreichend bekannt: auf Menschen zugehen, großes Verhandlungsgeschick, bestes Allgemeinwissen, positives Denken und so weiter und so fort. Aber es gibt eines, was er nicht beherrschte: Handwerken. Es war ihm ein Rätsel, wie man aus einem Haufen Balken und Brettern etwas Brauchbares bauen konnte. Ich hatte einmal das Vergnügen, ein Geländer für eine Außentreppe für meinen Schwager Norbert jun. zu bauen. An einem Samstag hatte sich Norbert Zeit genommen, mir dabei zu helfen. Nach einem ausgiebigen Frühstück legten wir los, ich habe das Holz abgebunden und Norbert hat mir zugearbeitet. Als wir nach ein paar Stunden soweit waren, das Ganze zu montieren, sagte er zu mir: *„Ich versteh' das nicht, du hast hier Dinge angezeichnet und ausgeschnitten und ich kann mir beim besten Willen nicht vorstellen, dass das ein Treppengeländer werden soll."* Nach dem Zusammenbau hat er es mir geglaubt, und er war begeistert, dass wir das so gut hinbekommen haben.

Er schaffte es, jedem bei seinem Tun ein gutes Gefühl zu geben, egal was er macht. Ob Käthi einen Schweinsbraten mal wieder hervorragend zubereitete, ob sein Sohn die Diplomarbeit mit Bestnoten abschloss, ob Monika den Lokführerschein bestand. Aber er freute sich auch, wenn ich ein Fußballspiel gewann, sein Enkel den ersten schrägen Ton aus seiner Blockflöte quetschte, einer zum ersten Mal ohne Hilfe die Neureuth bezwang oder ein anderer Enkel einen Flieger mit Gummizugmotor starten ließ. Er war immer begeistert und niemals in irgendeiner Form neidisch. Selbst nicht, als er bei einer Chemotherapie in Großhadern war, und meine Söhne Stefan und Alex und ich eine Skitour auf unseren Hausberg, den Rechelkopf machten. Am Gipfel angekommen, riefen wir ihn per Handy im Krankenhaus an und er freute sich mit uns, dass wir so eine schöne Tour erlebten. Später mussten wir natürlich noch genau berichten: wo wir aufgestiegen sind, über die Ochsenhütte oder über die Schaftlacher, wie der Schnee war, ob es bei der Abfahrt jemanden hingehaut hat, ob wir auch noch in der Sigrizalm eingekehrt sind usw. Wir hatten anschließend das Gefühl, als hätten wir gerade die Alpspitze, den Ortler oder die Marmolada bezwungen, dabei war es doch nur der Rechelkopf.

Besonders die Enkelkinder waren froh, dass sie so einen Opa hatten, denn es musste keiner Angst haben, dass er einen von ihnen bevorzugte. Das zeigt sich auch daran, als wir in seiner Todesnacht alle gemeinsam mit Herrn Winderl noch einmal ins Krankenhaus gefahren sind. Es gab dann natürlich Probleme, dass sich so viele Leute auf der Intensivstation von Norbert verabschieden wollten.

Der Klinikarzt hatte vor allem ein Problem damit, dass Simon, unser Jüngster, auch mitgeht, weil Kinder auf der Intensivstation eigentlich nicht erlaubt sind. Nachdem wir Abschied genommen hatten und wieder zu Hause waren, erzählte uns Herr Winderl, dass er den Arzt mit dem Argument überzeugte, dass Simon doch Norberts Lieblingsenkel ist und er deshalb auch mit rein durfte. Da antwortete ihm Simon trocken und bestimmt: *„Der Opa hat nur Lieblingsenkel."*

Stefan, Alex und Simon Pfisterer, Norbert und Susanne Kerkel
(Enkelkinder)

Geschichten mit unserem Opa

Es gibt wohl viele Geschichten, die wir über unseren Opa, oder wie wir ihn nannten, „Opalinger", erzählen könnten. Geschichten, die wir fünf Enkelkinder mit unserem Opa erleben durften. Wir fünf, das sind Simon, Susanne, Norbert, Alex und Stefan. Jeder von uns hat ganz eigene aber immer schöne und lustige Momente mit dem Opalinger gehabt.

Stefan zum Beispiel, der Älteste von uns, hat den Opa einmal mit einem Holzhammer auf die Hand geschlagen. Zu seiner Verteidigung muss man sagen, dass Stefan damals gerade einmal ein Jahr alt war, und der Opa ihm die Hand auch noch dazu auf dem Präsentierteller entgegengestreckt hat. Quasi zur ausgleichenden Gerechtigkeit hatte sich der Opalinger aber auch einmal einen Streich für den Stefan ausgedacht. Stefan hatte nämlich als Kleinkind die Angewohnheit immer auf die frischen Salatköpfe im Gemüsebeet von der Oma draufzublatschen (mit der Hand auf den Salat hauen). Das freute natürlich die Oma nicht so sehr, und deswegen hat sich der Opa auch gleich überlegt, wie er dem Stefan diesen Unfug austreiben kann. Die Antwort war ganz leicht. Der Opalinger nahm die Teufel-Handpuppe von unserem Kasperltheater und setzte sie zwischen den Salat im Gemüsebeet. Der Opa wusste natürlich genau, dass der Stefan im wahrsten Sinne des Wortes höllische Angst vor dieser Puppe hatte. Wie ein Lausbub, der sein Opfer dabei beobachtet, wie es in die Falle tappt, so beobachtete auch der Opa die Situation. Als der Stefan wieder mal auf die schönen grünen Salatköpfe blatschen wollte, da sah er mitten zwischen dem Gemüse den Teufel sitzen und rannte schreiend davon. Den Opa freute es natürlich, dass sein Streich so wunderbar funktioniert hat, und bis heute hat der Stefan nicht mehr auf den Salat geblatscht.

Alex, der Zweitälteste, kann sich noch gut an eine Brotzeit erinnern, die er zusammen mit dem Opa gemacht hat. Gut, man könnte jetzt meinen, dass es nicht schwer ist, sich an eine Brotzeit mit Norbert Kerkel zu erinnern, da er ja unbestritten ein großer Fan des Brotzeitmachens war und deshalb gab es viele davon, aber diese spezielle Jausen bleibt dem Alex wohl für immer im Gedächtnis. Er durfte nämlich 2005 als Praktikant im Miesbacher Landratsamt in der Abteilung der unteren Jagdbehörde arbeiten. Am zweiten Praktikumstag klingelte dann das Telefon der Jagdbehörde. Am anderen Ende war Frau Hettinger, die Sekretärin von Opa, mit der Nachricht, dass der Praktikant Punkt 12.00 Uhr Mittag im Büro des Landrats sein soll! Zum Leberkassemmel-Essen.

Ein Highlight war es jedes Jahr zu Ostern die Osternestersuche. Schon Wochen im Voraus wurde das beste Versteck ausgewählt. Teilweise musste der

Opa deshalb sein Nest mehrere Stunden suchen. Aber nicht nur wir hatten unseren Spaß daran, das Nest vom Opa möglichst schwer zu verstecken, sondern auch der Opa wollte uns die Suche nicht zu einfach machen. Er versteckte oft leicht zu sehene Nestattrappen in Bäumen. Natürlich kletterte da sofort jeder hinauf. Doch anstatt Schokoladenhasen fand man dann nur einen Zettel auf dem stand: „ÄTSCH!"

Wenn jemand ein solches Nest gefunden hat, freute das den Opa eigentlich noch viel mehr als wenn er sein eigenes Nest gefunden hätte.

Aber es gab nicht nur immer spaßige Erlebnisse. Nein auch schlimme, ja fast traumatische Stunden gab es für uns Enkelkinder im Rahmen von Familientreffen. Gemeint sind die alljährlichen Nikolausbesuche am 5. oder 6. Dezember. Der Einzige, der auch nur annähernd eine Chance hatte, die Enkelkinder vor dem Krampus beschützen zu können, war – für uns ganz klar – der Opalinger. Mit seiner zugegeben recht stattlichen Erscheinung, war er Schutzschild, Versteck und Motivator zugleich. Manche von uns versteckten sich schon Stunden bevor der Nikolaus kam hinter dem Opa. Der Opa hat einem dann immer gut zugeredet: *„Ja, wenn di der Kramperl mitnimmt, dann gib i eam a so an Spitz, dass er di glei wieder los lasst!"* Wer hätte sich bei solch warmen Worten nicht sicher gefühlt?

Als Motivator zeigte sich der Opa immer dann, wenn er zur moralischen Unterstützung zusammen mit Simon, Susanne und Norbert ein Blockflötenquartett bildete, und dem Nikolaus ein Ständchen spielte.

Solange der Opa beim Nikolausbesuch dabei war, konnte uns Enkelkindern also nichts passieren.

Der Opalinger war ein Opa, wie er im Buche steht. Er hatte immer Zeit für uns Enkelkinder, stand uns jeder Zeit mit Rat und Tat zur Seite. Auf den zahlreichen Bergtouren, die wir mit der Familie unternahmen, konnte man immer sicher sein, dass der Opa an alle Eventualitäten gedacht hatte. Musste mal ein Referat für die Schule vorbereitet werden, dann war es dem Opa eine Freude uns dabei zu helfen. Und nicht zuletzt sorgte der Opa immer dafür, dass „da Schublon", ein Schubladen im Wohnzimmer von der Oma und dem Opa, immer bis oben hin mit Süßigkeiten gefüllt war.

Wir Enkel kannten den Opa immer nur gut gelaunt, kräftig, optimistisch und eigentlich nie als kranken Mann. Nicht einmal eine Woche bevor er starb, machte er einen zerbrechlichen oder gar kranken Eindruck. Erst wenige Tage vor seinem Tod ging es mit seiner körperlichen Stärke bergab.

Aber diesen schwachen, fast hilflosen Opa hat niemand von uns fünf Enkelkindern selbst gesehen. Darüber können wir im Nachhinein alle froh sein, obwohl wir uns alle gerne noch ein letztes Mal von ihm verabschiedet hätten. Auf diese Weise behalten wir den Opa aber immer als den „Opalinger", mit dem wir viel Spaß hatten und der immer für uns da war, in Erinnerung.

Wir sind sehr dankbar sagen zu können, dass der Opa nicht nur ein Teil unseres Lebens war, sondern, dass auch wir ein Teil seines Lebens sein durften.

Der „Opalinger" mit Norbert, Simon und Susanne

Die Enkelkinder Simon, Susanne, Norbert, Stefan und Alex am „Bartweg" in Südtirol

Blockflötenspiel am Nikolaustag mit Susanne, Norbert und Simon

Familie Trauner und Hanna Pfisterer

Jeder Augenblick ist von unendlichem Wert
(Seneca)

Genau diese Augenblicke sind uns, wenn wir an die Zeit mit Norbert denken, besonders viel wert. Sie werden immer in unseren Gedanken sein. Wir wurden durch die Heirat seiner Tochter Monika in die Familie Kerkel als „Schwiegerfamilie" aufgenommen.

Bei unseren zahlreichen Familienfestivitäten durften wir viele schöne Stunden mit ihm verbringen. Sei es bei Geburtstags- und Namenstagsfeiern oder dem traditionellen Gulaschessen zwischen Weihnachten und Neujahr, bei dem sich der Herr Rotwein (Norbert) darum kümmerte dass niemand auf dem Trockenen saß und seine Gattin die Frau Gulasch (Käthe) die versammelte Mannschaft verköstigte.

Jedes Jahr am 6. Dezember war Norbert für die Kinder der Familie der große Retter. Alle versteckten sich hinter ihm, wenn der Nikolaus mit seinem Krampal durch die Tür kam. Einmal bekam er sogar eine Gratisdauerwelle am Hinterkopf, da ihm der Pati vor lauter Aufregung kleine Löckchen drehte.

Weil unser Pati nur 4 Monate älter ist als Alex, war Norbert auch für ihn schon immer der „Schaftlachopa". Als Weihnachten 1995 beim Gedenken an die Mordweihnacht, Norbert seine Enkel Stefan und Alex dem Ministerpräsidenten Stoiber vorstellte, stand auch der Pati dabei. Trotz seiner guten Kenntnisse auf allen Gebieten, kannte er sich manchmal bei Verwandtschaftsgraden nicht aus und nach einigen *„des is da, äh, ja des is da"* schaute Pati mit großen Augen hinauf und sagte *„Ja Schaftlachopa kennst mi nimma, i bin's doch – da Pati!"*

Am 26. Dezember, dem Stephani-Tag, tauschte sich Norbert mit Gilbert jedes Jahr über die neu erworbenen technischen Weihnachtsgeschenke aus und führte sie auch vor. Angefangen bei der Pulsmessuhr über Navigations- und GPS-Geräte bis hin zu verschiedenen Kameras.

Ein weiterer Höhepunkt im Familien-Jahreskreis war die Wanderung zur Goaßalm am Achensee. Jedes Jahr brachen Groß und Klein auf, um den für Katja sehr anspruchsvollen Weg zu bestreiten. Norbert war jedesmal wieder fasziniert davon, wenn die Männer und Burschen sich wie die Acapulco-Klippenspringer vom Goaßalm-Felsen hinabstürzten. Anschließend kehrten wir ein und es gab eine g'scheide Brotzeit. Ende August 2007 rückten wir noch mal aus und selbst da ließ er es sich nicht nehmen den Rückweg zu Fuß anzutreten und nicht mit dem Schiff zu fahren.

In der ersten Augustwoche jeden Jahres fand der große Kerkel-Pfisterer-Familienurlaub auf der Seiser Alm in Südtirol statt. Die Nicht-Alpinistenfamilie Trauner urlaubte derweil an diversen oberbayrischen Seen. Die 13 Kerkel-Pfisterers residierten hingegen auf 2000 m im Hotel Goldknopf. Abends, wenn alle hungrig und müde von ihren ausgiebigen Touren zurückkamen, trafen sie sich an ihrer „Tafel" zum gemeinsamen Abendessen. Anschließend ließen sie den Tag bei Spiel, Rotwein und Erzählungen ausklingen.

Unsere Hanna-Oma überredete er, mit ihm gemeinsam den Piz Boe zu erklimmen. Immer wieder munterte er sie auf: *„Des packst scho no, des is nimmer weit."* Und als sie am Ziel ankamen strahlte er übers ganze Gesicht und sagte: *„schau hi, jetzt bist auf 3000 Meter."*

Obwohl Alfred schon seit einigen Jahren zur Dialyse musste, schaffte es Norbert mit seiner Motivation, dass auch er noch mit zu diesen Ausflügen kam. Fünf Wochen nach dem Tod von Norbert folgte ihm Alfred.

Wir sind Norbert für die Zeit, die wir mit ihm verbringen durften, unendlich dankbar.

Simone Kerkel (Schwiegertochter)

Umdenken

Ein Praktikant erzählte oft begeistert vom Landrat Kerkel. Vom aktuellen Geschehen, und wie vier Jahre zuvor beim Wahlkampf die Gymnasiasten für den Gegenkandidat, ihren stellvertretenden Direktor, warben. Ich staunte, wie sich die Schüler so für Politik interessieren und sich sogar im Wahlkampf engagierten, aus welchen Gründen auch immer. Prominenz war für mich eine im Glashaus wandelnde, selbstbewusste, elitäre Gesellschaft. Ganz sicher wollte ich mit solchen nichts zu tun haben. Ich bewunderte trotzdem deren Mut, sich so der Öffentlichkeit zu stellen und nach Lust und Laune der Medien zerpflücken oder hochleben zu lassen.

Nun kann sich jeder denken, wie schwer es mit meiner Einstellung war, den Sohn eines Politikers daheim zu besuchen.

Es war an einem Samstag im Mai 1992, als ich mit dem Radl von Miesbach nach Schaftlach fuhr. Bei strahlendem Sonnenschein und wunderschönem Blick auf den Ort und die Benediktenwand im Hintergrund kam ich an und traute mich einfach nicht weiter. Ich musste wirklich allen Mut zusammennehmen. Gedanken an einen abweisenden und herablassenden Empfang verdrängte ich und dachte an die begeisterten Worte des Praktikanten.

Am Ortseingangsschild fuhr ich weiter bis zu seinem Haus. Da wurde gerade an der Verschalung gearbeitet. Und als würde ich schon immer dazugehören, war ich beim Hausbau und beim anschließenden Kaffee mit einbezogen. Absolut natürlich und herzlich war Herr Kerkel.

Keine Spur vom erwarteten Politiker-Gehabe. Nun, ich kannte Politiker nur aus den Medien. Darin steht jedoch nicht, wie Politiker wirklich sind und was Politiker wirklich leisten. So war es auch an diesem Samstag. Herr Kerkel tauschte sein Arbeitsgewand gegen Anzug und Krawatte und verabschiedete sich wegen einem dienstlichen Termin.

Es war dann immer so. Diese dienstlichen Termine machten nicht vor Feierabend oder Wochenende und selbst nicht vor den kurzen Urlauben Halt. Oft waren es mehrere Termine an einem Tag. Daheim bereitete sich Norbert auf die großen und kleinen Reden gleichermaßen sorgfältig vor. So war er schon oft lang vor dem Dienst und abends bis nach 23 Uhr in seinem kleinen Büro daheim zu sehen. Obwohl schon ein geborener brillanter Redner, gehörten unter anderem ein Zitatenlexikon und mehrere Ordner eines Redenberaters zu seinen immer wieder genutzten Unterlagen. Im 2,5 mal 2 Meter großen Büro lagen diese Bücher mit Schreibtischutensilien auf dem massiven Schreibtisch. Seitlich standen ein schmaler ordnergefüllter Schrank und ein Sideboard mit einer Märklin-Lok obendrauf. Hinter dem Schreibtischstuhl breitete sich über die gesamte Wand ein immer wieder erweitertes, selbstgebautes, überfülltes, Bücherregal aus, das über Tür und Wand auf der anderen Seite des Schreibtisches weitergeführt war. Über dem Lichtschalter waren ein Bild vom Lawinenhund Rex und ein Familienfoto, auf dem Fensterbrett über dem Schreibtisch ein religiöses Bild. Ein Notebook mit Drucker und ein Faxgerät befanden sich auf einem kleinen Regal zwischen Tür und Schreibtisch. Norbert interessierte sich für die technischen Neuerungen. In seinem mobilen elektronischen Terminkalender verwaltete Norbert dienstliche und private Termine und nutzte oft beim Frühstück die Zeit, um alles irgendwie unter einen Hut zu bringen und abzustimmen.

Norbert nutzte die knappe freie Zeit für die Familie. Kurze Radltouren mit Hund Sambo zur Scheibelack oder zum Kirchsee wurden oft zwischen zwei Termine am Wochenende geschoben. Bei etwas mehr Zeit standen der Rechelkopf oder die Neureuth für die Familie auf dem Programm. Wenn sich Norbert anschließend auf die dienstlichen Termine vorbereitete, gehörte der freiwillige Prüfgang vor den kritischen Augen von Käthi immer dazu. Bei Anzug und Krawatte lag Norbert meist richtig. Aber wie das Amen in der Kirche gehörte die Ermahnung *„Du musst di fei no kampln"* dazu. Und ganz gleich ob vorher oder nachher die Haare gekämmt wurden, eigentlich standen die immer etwas widerspenstig ab.

Beim jährlichen Urlaub auf der Seiser Alm war Norbert in den vier bis fünf Tagen der Organisator für die Bergtouren vom Goldknopf aus. Wir waren auf dem Maximilian-Steig auf der Roßzahnspitze und dem Schlern (den kennt jeder aus der Werbung mit dem Bären). Wir haben den Plattkoffel mit den 9 und 11 Jahre alten Enkeln Alex und Stefan überquert. Und mit den noch kleineren Enkelkindern gehörten der Bartweg (von uns so benannt wegen der herabhängenden Baumflechten) und der Puflatsch mit den Hexenbänken immer mit zum Programm. Tapfer bewältigten die Kinder auch den etwas anstrengenderen Weg zur Tierser Alpl mit ihrem Opa.

Am Molingon, einem Kletterberg von der Tierser Alpl aus, hat Norbert mir geholfen. An ausgesetzten Stellen, wo es links und rechts etliche Meter abfällt, bekomme ich Panik. Die Landschaft rauscht dann, als würde ich in einem ICE sitzen, an meinen Augen vorbei. Er sagte, ich solle direkt hinter ihm gehen und nur auf seine Füße achten. Und so ging's. Norbert war zu der Zeit selbst schon krank. Stolz war ich und ein wunderbares Gefühl von Geborgenheit hatte ich bei der gemeinsamen Gipfelrast.

Ich bin sehr froh, durch Norbert habe ich ein neues Bild von Politikern kennen gelernt. Ich habe gelernt, dass man mit (einiges) über 90 Kilo ein besonnener und leistungsfähiger Bergsteiger und rücksichtsvoller Kamerad sein kann. Ich bin stolz auf meinen Taufpaten, der den Glauben an Gott wirklich gelebt hat.

Rosina Heinzlmeier

Norbert und der Saukerl

Norbert und wir waren Nachbarn und zugleich auch verwandt. Sonntags sind wir öfters vom Kirchgang gemeinsam nach Hause gegangen, und haben über dies und jenes geredet und gelacht. Auf einmal die unglaubliche Nachricht: Norbert hat Lymphknotenkrebs. Es folgte ein langes Warten, wie wird das nur ausgehen?

Norbert hat sehr viel durchgemacht, aber mit großem Gottvertrauen und Mut immer nach vorne geschaut. Nach Wochen durfte er glücklich zu seiner Familie heimkehren.

An einem Vormittag bin ich mit einem Frühlingsstrauß voller Freude zum Norbert rüber, wir haben uns umarmt vor Freude, dann hat er gesagt: *„Rosina, jetzt ham wir den Saukerl besiegt!"*

Gleich darauf bin ich mit meinem Radl zu meiner Familie und hab übers ganze Gesicht gestrahlt und hab gesagt: *„Da Norbert hat den Krebs besiegt."*

Michaela Busse (Enkelin von Rosina Heinzlmeier, 13 Jahre)

Ein paar eigene Worte

Leider musste der liebevolle, vorbildliche Mensch von uns gehen, und konnte seine wunderbare Herzenswärme nicht mehr verbreiten. Norbert wird immer in unseren Herzen bleiben, und als Engel über uns wachen, und vielleicht treffen wir ihn eines Tages im ewigen Leben wieder. Danke für alles.

Michael Obermüller

Der Schwager

Wir kannten uns schon seit der Jugend. In der Ministrantenzeit verbrachten wir nette Stunden mit unserem Kurat Kirschenhofer bei Zeltlagern und Ministrantenausflügen. Wie der Zufall es wollte, wurde Norbert auch noch mein Schwager. Von dieser Zeit an verbrachten wir nicht nur viele Familienfeiern, sondern auch jahrzehntelang Silvester miteinander. Trotz seiner knappen „Privat-Zeit" nahm er sich immer für die Familie Zeit. Da er schauspielerisch sehr begabt war, und in Schaftlach jährlich ein Theaterstück zur Aufführung gebracht wurde, gingen viele Abende mit den Proben drauf. Diese wiederum waren oft so lustig, dass die Proben schon fast ein Theater waren!!!

Viele Jahre waren wir gemeinsam im Trachtenvereinsausschuß zusammen. Durch seine guten Einfälle und Ideen war er für jeden eine Bereicherung. Auch während seiner schweren Krankheit hatten wir ständig Kontakt und er hatte seine positive Lebenseinstellung nie verloren.

Als seine Schwiegertochter im Sommer ihren Geburtstag auf der Königsalm feierte, ging er trotz seiner Krankheit zu Fuß hoch. Nach ein paar schönen Stunden, in seinen geliebten Bergen, machten wir uns wieder auf den Heimweg. Als Norbert und ich uns an der Kurve umdrehten, da, wo man einen wunderbaren Blick auf die Alm hatte, sagte er mit Tränen in den Augen zu mir: *„Miggi, heid seh i de Königsoim s' letzte Moi."*

Seit seinem Tod muss ich oft an seine Worte denken.

Bei der Feier zum 60. Geburtstag von Schwager Michael Obermüller im Dezember 1997.

Familie Malfertheiner (Wirtsleute Hotel Goldknopf; Seiser Alm)

Zimmerreservierung

Herr Kerkel war ein sehr freundlicher, aufmerksamer, ein sehr menschlicher Gast. Er legte viel Wert darauf, mit der eigenen Familie samt seinen fünf Enkelkindern den Urlaub bei uns am Goldknopf mitten auf der Seiser Alm zu verbringen. Er liebte die Berge und die anstrengenden Wanderungen und Klettersteige und zuletzt den ausklingenden Abend bei einem Gläschen Wein in geselliger Runde.

Am 07.07.2007

Ich war gerade bei einer Bergwanderung zu den Rosszähnen unterwegs, als mich mein Mann am Gipfel an meinem Handy erreichte. Er teilte mir mit, Herr Kerkel sei angereist und fragte nach, ob das Zimmer schon fertig wäre. Ich erschrak natürlich sehr, da ich der Meinung war, dass Herr Kerkel erst im August, also einen Monat später bei uns, wie seit längerer Zeit, gebucht habe. Ich fragte zwei-, dreimal nach, weil ich es nicht glauben konnte.

Als ich aber plötzlich Herrn Kerkel persönlich am Telefon hatte und der meinte: *„Ja, Frau Malfertheiner, haben Sie mich vergessen? Ja, was machen wir denn da?"*, wurde ich sehr irritiert und bekam kein Wort mehr raus, da er auch sehr überzeugend klang und ich bis dahin nur an einen Scherz glaubte. Als mir aber Herr Kerkel dann glücklicherweise bestätigte, dass er nur auf einen Kurzbesuch mit Sohn, Schwiegertochter und Enkel da wäre, ging es mir endlich besser und die ganze Aufregung war jetzt beiseite gelegt und wir tranken zum Schluss noch zusammen ein Schnäpschen.

Bei seinem letzten Besuch hatte er mich immer wieder an diesen Scherz erinnert und er konnte immer wieder darüber lachen.
Er musste durch seine Krankheit sehr viel leiden und war bis zum Schluss auch immer noch für alle und jeden da und genoss noch sehr die letzten Familientreffen.

Norbert mit Heidi und Peter Malfertheiner am Goldknopf

Bergurlaub im Hotel Goldknopf auf der Seiser Alm

GEFÄHRTEN

Hannelore Weiß

Der Rosenkavalier

Richard Strauss' „Rosenkavalier" ist weltbekannt, ja!
Doch mein „Rosenkavalier" kam aus Schaftlach. 50 Jahre sind bereits vergangen, ein halbes Jahrhundert, kaum vorstellbar, und doch so wach in der Erinnerung. 1959: Tägliche Fahrt von Gmund zum Arbeitsplatz nach München in der heutigen Fußgängerzone. Abfahrt des Zuges 8:10 Uhr, Ankunft München Hauptbahnhof 9:10 Uhr. Das war eine schnelle Verbindung für die etwa 50 km lange Strecke. Der mit Diesel betriebene Schienenbus tuckerte dahin wie ein Dampfschiff. Auf der ganzen Strecke hielt der Triebwagen nur ein einziges Mal: Schaftlach.

Es waren selten viele Reisende in dem Zug, denn die meisten Berufstätigen mußten schon früher unterwegs sein. So lag es nahe, dass man sich die Gesichter einprägte und langsam entwickelte sich ein gewisses Zusammengehörigkeitsgefühl. Ich saß wie jeden Tag in der Ecke des Waggons am Fensterplatz. Ja, und da war auch noch der junge Mann in der anderen Ecke gegenüber. Er sprach kaum, nickte zum Gruß leicht lächelnd, dabei wurde ein Spalt zwischen seinen oberen Schneidezähnen sichtbar. Sein Gesicht war rund und voll. Er trug eine abgewetzte braune Aktenmappe bei sich. Manchmal schrieb er, manchmal las er. Ich in meiner Ecke tat ja ähnliches.

So verging Tag um Tag. Woche für Woche. Eines Morgens, ich saß wie gewohnt auf meinem Platz am Fenster: Schaftlach.

Der junge Mann mit der Zahnlücke stieg zu. Heute hatte er nicht nur die abgewetzte Mappe unterm Arm. Er trug auch noch einen Bündel in Papier gewickelt bei sich. Und – er nahm nicht wie üblich seinen angestammten Platz in der gegenüberliegenden Ecke ein. Nein, er schritt schnurstracks auf mich zu. Mit dem breiten Lächeln kam seine Zahnlücke noch mehr zum Vorschein. Er blieb vor mir stehen, nickte kurz, raschelte mit dem Papier und zauberte einen Strauß von Rosen hervor!

Ich wusste nicht wie mir zumute war. Mein „Rosenkavalier" überreichte mir die Blumen mit den Worten: *„Heute sehe ich Sie zum 100. Mal!"* Ich schaute nur sprachlos in sein lächelndes rundes Gesicht. Ich kapierte nicht. Ich kapierte nichts. Was wohl wollte mir mein Rosenkavalier damit sagen?!

Und weil ich nicht wusste wohin mit dem Blumenstrauß am Arbeitsplatz, so legte ich ihn kurzerhand in der Bürgersaal-Kirche auf das Grab von Pater Rupert Mayer.

Im Juni vergangenen Jahres verabschiedete auch ich mich am Sarg, unbekannt und namenlos, doch mit ein wenig Wehmut im Herzen und einem kleinen Wiesenblumenstrauß von meinem „Rosenkavalier in memoriam".

Sepp Brandmaier

Christgläubig und goethebegeistert

Unser Kennenlernen vollzog sich zunächst im Rahmen der Organisationsarbeit für die Katholische Landjugendbewegung (KLJB) des Landkreises Miesbach. Als junge Erwachsene zwischen 20 und 30, die in ihrer Berufsausbildung schon eine Grundlage erreicht hatten, waren wir bereit für eine umfassende Fortbildung, die sich in den fünf Bildungszielen der KLJB manifestierte: „Christgläubig – Zucht und Maß – berufstüchtig – heimattreu – wahrhaft sozial". Als Verantwortliche der KLJB waren wir tätig auf Pfarrei- (Gemeinde-) und Kreisebene. Und wir hatten Vorbilder: Priester, die uns begeisterten und Persönlichkeiten, an denen wir „Feuer fingen": Diözesanseelsorger Richard Lippold, Franz Schwarzenböck, Landjugendsekretär Valentin Dasch. Letzterer war gelernter Schreiner und nach Jahren der Arbeit für Landjugend und Landvolk dann Land- und Bundestagsabgeordneter (Kreis Mühldorf), zuletzt, weil schon gesundheitlich angeschlagen, stellv. Landrat. Norbert Kerkel lernte ich kennen und schätzen als Mitarbeiter der Ortsverantwortlichen der KLJB Schaftlach, der ungezählte Male auch in der „Kreisrunde" mitarbeitete: Als klarsichtigen und energischen jungen Mann, der eben auch durch schulische Grundlagen befähigt war zu allumfassender Beurteilung. Vollends den Rahmen sprengte dann seine Glanzrolle als „Faust" in Goethes Drama: Die Aufführungen im Schaftlacher Post-Saal, in Schliersee und im Miesbacher Waitzinger Keller sind mir unvergessen in Erinnerung. Norbert Kerkel und allen daran Beteiligten gebührt das Verdienst, ein zentrales Werk deutscher Literatur auch uns „einfachem Volk" erschlossen zu haben. Auch wenn ein „höher gebildeter" Kritiker im Miesbacher Merkur damals vom „Faust in der Lederhosn" schrieb. Im Fortgang der Jahre verloren sich dann die Kontakte dieser jungen Zeit mit Norbert Kerkel. Doch mit unverhohlenem Stolz registrierte ich Kerkels kommunalpolitischen Werdegang: Der Weggefährte in jungen Jahren wurde Gemeinderat, Bürgermeister, ja gar Landrat. Norbert Kerkel stellte sich der Verantwortung für das Gemeinwohl. Etwa zeitgleich taten dies auch Andreas Gschwendtner (Kreisrat und Almbauernvorsitzender); Konrad Astner (Gemeinderat, Fischbachau) und Toni Fischbacher (Kreisrat). Ein inneres Leuchten aus altvertrauter Zeit stellte sich ein, wenn Norbert Kerkel als Landrat mit seiner Frau Käthe – dem berühmten Gretchen aus Faust I – etwa dem Kreissingen in der Wolfseehalle die Ehre gab und in einem prägnanten Grußwort Zeugnis von seiner lyrischliterarischen Vorliebe gab. Nun ist eben auch unsere Generation dem irdischen „Abend des Lebens" nahe und man kann beginnen, „die Zeit auch ohne sich zu denken": Hoffen, dass Spuren des Lebens von Norbert Kerkel da und dort sich wiederfinden im Wirken der nachwachsenden Generation.

Beni Eisenburg

Der Spielleiter

In Gmund hat das „Komedispiel" eine lange Tradition. Schon vor dem Krieg spielten der Turnverein, der Trachtenverein die „Neureuther" und der Katholische Gesellenverein Theater. Es wurden neben Volksstücken auch anspruchsvolle Stücke gespielt, z.B. „Im weißen Rössl am Wolfgangsee" und die Passion. Nach dem Krieg knüpfte die Kolpingfamilie Gmund wieder an diese Tradition an. Nach einigen bekannten Stücken, z.B. der „Lokalbahn" von Ludwig Thoma, wagten wir uns an den „Jedermann". Für diese nicht leichte Aufgabe brauchte man neben guten Spielern vor allem einen umsichtigen Spielleiter. Nach vielen Überlegungen habe ich bei Dr. Joachim May in Schaftlach vorgesprochen. Er konnte nicht, nannte mir aber Norbert Kerkel. Dieser habe in Schaftlach beim „Faust" Talent bewiesen, vielleicht wäre er bereit. Norbert Kerkel war bereit und sagte mir zu.

Es war schon eine Aufgabe, er musste nach seiner Dienstzeit von Schaftlach nach Gmund fahren und das über 40-mal!

Norbert Kerkel verstand es mit seiner Begeisterung und Fröhlichkeit sowohl die jungen Spieler wie die älteren erfahrenen Spieler zu motivieren. Wir spielten die Fassung von Hugo von Hofmannsthal, da war Sprechübung notwendig. Mit viel Geduld probte Norbert Kerkel mit den einzelnen Spielern, langsam fügte sich das Werk zu einer Form. Als dann am 22. Mai 1965 erst-

Theatergruppe der Kolpingfamilie Gmund im Mai 1965: Jedermann-Aufführung unter der Regie von Norbert, in der Mitte rechts neben der Buhlschaft Beni Eisenburg

mals der Tod „Jedermann" rief, waren die Besucher angerührt und ergriffen, das Werk war gelungen. Das Spiel fand im Schulhof in Gmund statt, immer zitterten wir mit dem Wetter, jede Aufführung war ein Glücksspiel! Oft sind wir uns später begegnet, als der Norbert schon Landrat war, und immer haben wir uns gern an diese Zeit erinnert.

Sigi Leobner

Bergwacht

An einem Sonntag im August waren Norbert Kerkel, Hans Engl, Otto Wiede-man und Sigi Leobner zum Bergwachtdienst am Blankenstein und Risserkogel eingeteilt. Nach dem Aufstieg sperrten wir gerade die Diensthütte auf, da hör-ten wir auch schon Hilferufe vom Blankensteinsattel her.

Ein Kletterer war abgestürzt und lag mit schweren Kopfverletzungen und blutüberströmt unterhalb der Blankenstein-Ostwand. Dort war er kurz nach dem Einstieg vom Ostgrat vor den Augen seiner Familie abgestürzt.

Wir packten unser Rettungsgerät zusammen und rannten zur Unglücksstelle. Dort angekommen versorgten wir den Verletzten medizinisch und legten ihn auf die Gebirgstrage. So transportierten wir ihn zum Blankensteinsattel. Hier wurde der Bergsteiger vom bereits alarmierten Hubschrauber abgeholt.

Norbert übernahm die schwierige Aufgabe den Angehörigen die schweren Verletzungen mitzuteilen. Gleichzeitig sorgte er dafür, dass die unter Schock stehende Familie gut ins Tal kam und vom bereits eingetretenen Tod vorerst nichts bemerkte.

Norberts erster Bergwachtausweis

Frank Wuttke

Geschichten um Norbert und Frank

Norbert und ich lernten uns Ende der 60er Jahre kennen. Er, ausgebildeter Verkaufstrainer durch die Verkaufsleiterakademie in Büdingen und ich, der seine Seminare organisierte. Ach ja, wir sind beide Beamte und arbeiten in der Verkaufsförderung Güterverkehr der Deutschen Bundesbahn. Wir verstanden uns auf Anhieb, ergänzten uns prächtig – wir wurden Freunde.

Aufgrund meiner weiteren Aufgaben, Marketing – Kundenbetreuung – Verkaufsförderung, holte mich 1972 die damalige Deutsche Schlafwagen- und Speisewagengesellschaft, kurz DSG, als Verkaufsleiter zur Bezirksleitung München.

Da mir in Aussicht gestellt wurde, in fünf Jahren die Leitung zu übernehmen, versprach ich Norbert, ihn dann, wenn er wollte, als Verkaufsleiter zur DSG zu holen. Er war nicht abgeneigt. Nach drei bis vier Jahren losen Kontakts verloren wir uns etwas aus den Augen. Dann waren die fünf Jahre vorbei, die Zentrale in Frankfurt hatte mir grünes Licht gegeben, Norbert zu holen. So kam es zum denkwürdigsten Telefonat unseres Lebens:

Er: *Kerkel*
Ich: *Da ist der Frank, du hast am 11. September um 11^{00} Termin bei Herrn Streichardt (Chef der DSG), Fahrkarte nach Frankfurt ist an dich unterwegs.*
Keine Reaktion von Norbert
Ich: *Norbert, bist du noch da?... Du erinnerst dich doch an unser Gespräch vor fünf Jahren? Jetzt ist es soweit.*
Keine Reaktion von Norbert
Ich: *Norbert?*
und dann brach es aus ihm heraus:
Ja du narrischer..., du spinnst doch, oder?
Er fuhr nach Frankfurt, kam als Verkaufsleiter zurück und wir wurden das beste Leitungsduo der DSG insgesamt (1977–1984).

Zumindest aus meiner Sicht, wir konnten uns mit Halbsätzen oder gar Stichwörtern verständigen, so groß waren unsere Gemeinsamkeiten und Übereinstimmungen unserer Ansichten, waren dies die fast acht Jahre, die die schönsten meines Berufslebens werden sollten. Norbert und ich gingen gemeinsam mit den anderen Abteilungsleitern zum Mittagessen. Eines Tages fiel uns auf, daß wir auch während des Essens praktisch weiter arbeiteten, da wir nur über die Arbeit sprachen. Schnell waren wir uns einig, dies zu ändern. Arbeitsthemen wurden tabuisiert, Verstöße mit „Geldstrafe" belegt.

Norbert hatte die Idee, das Ganze in ordentliche Bahnen zu lenken und schlug vor, den „Verein für fröhliches Mittagessen" zu gründen. Gesagt – getan, es wurde ein Bußgeldkatalog aufgestellt, Vereinsstatuten festgelegt und ein Kassier für die Bußgelder bestellt. Von den Bußgeldern wurde – je nach Kassenstand – ein gemeinsames Abendessen mit den Ehefrauen finanziert. Und jetzt erhielt die Mittagspause ihren entspannenden Wert, wobei jeder versuchte, einen anderen zu einem bußgeldbewerteten Wort oder gar Satz zu verführen. Mit den raffiniertesten Methoden, z.B. jemanden eine Urlaubskarte mit der Bitte um Verlesung zu geben, wobei das Wort „Urlaubsvertretung" vorkam, was natürlich sofort als arbeitsrelevant bestraft wurde. So wurde das Mittagessen seinem Vereinsnamen mehr als gerecht, soviel hatten wir noch nie gelacht.

Wir waren zu einem Großkunden in Österreich unterwegs. Ich hatte ein neues Auto und auf dem Rückweg – noch in Österreich – wollte Norbert es ausprobieren. Nach rund 70 km Fahrt, kurz vor der Grenze, fiel Norbert ein, daß er keinen Führerschein dabei hatte. Noch außerhalb der Sichtweite der Grenzer wechselten wir den Fahrersitz. Der österreichische Grenzbeamte winkte uns durch, der deutsche Beamte wollte meine Papiere sehen. Nach eingehender Prüfung verlangte er die Papiere von Norbert. *„Wieso denn vom Beifahrer?"* fragte ich. *„Ja, Sie haben doch kurz vor der Grenze den Fahrer gewechselt. Ein österreichischer Kollege hat Sie von seinem Haus aus beobachtet und uns verständigt."* Norbert hatte Gott sei Dank seinen Personalausweis dabei, unsere Adressen wurden notiert, Norbert erhielt die Auflage innerhalb von drei Tagen seinen Führerschein in Miesbach vorzuzeigen und wir durften weiterfahren. Im Rückspiegel sah ich einen grinsenden mit seinen Kollegen feixenden Grenzbeamten.

August 2006. Bei meiner Frau war gerade Krebs entdeckt worden und sie kam nach Großhadern in die entsprechende Station G21. Zwei Zimmer weiter liegt Norbert, der schon länger erkrankt war zur weiteren Behandlung.

Wir wußten von seiner Krankheit, aber nicht, daß er gerade dort und noch dazu auf derselben Station war. Er besuchte meine Uschi und machte ihr Mut. Seine Krankheit war ihm damals kaum anzusehen und er versprühte volle Lebensfreude. Ich bin mir sicher, daß sein Umgang mit der Krankheit uns, meiner Frau und mir, sehr, sehr geholfen hat. Wir hielten ständigen Kontakt, tauschten Erfahrungen und Untersuchungsergebnisse aus und immer war es Norbert, der der Starke, der Zuversichtliche und Kraftspendende war.

Als Norbert letztlich die Kraft verließ, folgte ihm meine Uschi drei Monate später.

Oskar Winkler (DSG – Deutsche Schlaf- und Speisewagen Gesellschaft)

Norbert, weißt du noch?

Weißt du noch, dass wir uns eigentlich schon viel früher begegnen sollten?

Es war ein wunderbarer Maientag, ein herrlich azurblauer Himmel spannte sich über Neuburg an der Donau. Durch die weit geöffneten Fenster stahl sich ein Hauch von Frühling in den Lehrsaal der Bundesbahnschule, in dem zwischen mehreren Männern unterschiedlichsten Alters eine junge hübsche Blondine saß; alle warteten auf dich, doch du kamst nicht. Hast du von der Blondine nichts gewusst? An deiner Stelle erschien ein Preuße, auch ein netter und durchaus kompetenter Mann, sicher ein würdiger Vertreter. Aber, wir hatten dich erwartet, dich, den bekannten und sehr beliebten, dabei überaus respektierten Norbert Kerkel.

Dann, Jahre später, das Schicksal wollte es so, kreuzten sich unsere Wege. Die DSG – die Deutsche Schlaf- und Speisewagen Gesellschaft – rief mich in eure Reihen. Vorab jedoch war ein Wochenendseminar in Mannheim geplant.

An einem nebeligen und kalten Dezembertag fuhr ich mit dem Zug dorthin. Obwohl dick eingemummt, fror ich schrecklich, dies um so mehr, da ich zwei Tage vorher aus dem sonnigen und warmen Südamerika zurückgekommen war, wo ich einen herrlichen Urlaub verbracht hatte. Beim Verlassen des Zuges sah ich auf dem Bahnsteig wenige Meter vor mir einen großen, stattlichen Mann, ohne Mantel, nur im Sakko, dem die Kälte sichtlich nichts ausmachte, eine braune Reisetasche tragend, und leicht hinkend. Sofort erinnerte ich mich an die gestenreiche Beschreibung deiner Erscheinung durch unseren bald gemeinsamen Chef. „Groß, größer als wir beide, also von der Gestalt her", hatte er nach kurzem Überlegen gemeint, „sehr stark, dabei denke ich weniger an seine Kraft, die er sicher auch hat, als seinen Umfang! Und er hinkt im Moment." Ja, Norbert, du warst damals etwas gehbehindert, warum weiß ich nicht mehr.

Etwas zögerlich sprach ich dich an. Deine warmen Augen musterten mich fragend, kurz, aber sehr aufmerksam. *„Ah, Sie sind sicher unser neuer Personalchef"*, kam es über deine Lippen. Ich ergriff deine mir entgegengestreckte Hand, sie fühlte sich weich und erfreulich warm an; eine wunderbare und selten zu findende Freundschaft nahm ihren Anfang.

Weißt du noch, wie ich dich im Schachspiel besiegt habe? Wenige Tage zuvor hast du mir das „Du" angeboten, dies, obwohl uns beiden eine Reise nach Hannover zu einem wichtigen Treffen der Verkaufs- und Personalleiter bevorstand. Und du erinnerst dich, die Hierarchie bei uns hätte dieses freundschaftliche „Du" zwischen uns eigentlich nicht erlaubt, schließlich warst du mein „kleiner" Chef. Aber dir war das egal, die teils überheblichen und missbilligenden Bemerkungen seitens deiner Kollegen und der Obrigkeit berührten dich nicht.

Auf der Rückfahrt von dieser Veranstaltung, der Intercity näherte sich in langsamer Fahrt Kassel, kramtest du ein Minischachspiel hervor und fragtest mich: *„Spielst du Schach?"* Nein, ich hatte mich noch nie vorher für dieses so genannte königliche Spiel interessiert. Also erklärtest du mir die Regeln und wir begannen zu spielen, obgleich ich eigentlich dazu gar keine Lust verspürte. Warum auch immer, wahrscheinlich wolltest du es so, gewann ich das erste Spiel. Wir begannen aufs Neue. Auch die zweite Runde verlief nicht so, wie es auf Grund meiner und deiner Kenntnisse hätte sein sollen, denn erneut war ich der Sieger. Ich bemerkte, dass dich das irritierte. Also forderte ich dich, ich hatte Blut geleckt, zu einem dritten Spiel auf, obwohl ich, genau wie du sicher auch, großen Hunger und Durst hatte, und wir lieber in den Speisewagen hätten gehen sollen. Widerwillig, wie ich erkannte, stimmtest du meiner Herausforderung zu.

Als ich, sicherlich etwas zu überheblich und arrogant, nach kurzer Zeit erneut die Worte *„Schach matt"* an dich richtete, verfärbte sich dein Gesicht, nahm eine dem Emmentaler-Käse ähnliche Farbe an, dein Atem war unregelmäßig und Schweißperlen standen auf deiner Stirn. Fast schämte ich mich meines dreimaligen, sicher völlig unverdienten Sieges, lief in den Speisewagen und holte den uns beiden gut bekannten, erfahrenen und vor allem sehr kräftigen Oberkellner zu Hilfe.

„Oh mei, oh mei", sagte der fachmännisch wissend, *„i kenn den Herrn Kerkel, der braucht bloß was zum essen!"*

Schnell folgten wir seinem Rat. Und als du den ersten Bissen eines riesigen, sicherlich eigens für dich ausgesuchten, sehr einladend wirkenden Schnitzels, dazu einige knusprig braune Pommesfrites genussvoll kautest, verwandelte sich dein gelblicher Gesichtston rasch in eine gesunde, rosarote Farbe und die Schweißtropfen trockneten, es ging dir wieder besser. Gott sei Dank!

Lieber Norbert, wir haben nie wieder zusammen Schach gespielt. Aber eines war mir klar geworden: sollte ich je wieder mit dir dieses Spiel wagen, muss ich dafür sorgen, dass du vorher etwas zu essen bekommst.

Weißt du noch, wie du und dein Bauch, gut, ich übertreibe jetzt leicht, mir das Leben gerettet habt? Es war die Affäre „Lederstrumpf".

Du und unser Chef habt mich überredet, eigentlich kann ich schon sagen gezwungen, einen wegen Drogendelikten vorbestraften jungen Mann namens Hartl (Name geändert) als Minibar-Verkäufer einzustellen. Ich gehorchte zähneknirschend. Dennoch empfand ich keine Schadenfreude, als euer Schützling nach kurzer Beschäftigung einen Rückfall erlitt und ich ihm kündigen musste.

Als er seine Papiere bei mir abholte war in seinen Augen ein gefährliches Leuchten zu erkennen. Mit leiser Stimme drohte er mir: *„Das zahl ich dir heim, du Sau; ich komme wieder, aber nicht alleine. Weißt du, du Arsch, ich, ich hab einen Freund, und der ist ein gefürchteter Schläger!"* Nun, das „Sau" und das „Arsch" kränkte mich nicht besonders, schließlich ließ ich mich nicht von jedem beleidigen, jedoch die Drohung mit dem als gefürchteten Schläger bekannten Freund beunruhigte mich schon etwas.

So sprach ich dem Hartl ein Hausverbot aus, teilte dies unserem Pförtner mit und bat ihn, er solle sich den Herrn, der gleich bei ihm vorbei kommen würde, genau ansehen, da dieser unsere Firma nicht mehr betreten dürfe. Vorsorglich erzählte ich dir von der Drohung und deutete diskret an, dass du an dieser Situation schon eine gewisse, wenn auch nur kleine Mitschuld tragen würdest. Mit gespieltem Entsetzten in deinen Augen blicktest du mich an, klopftest mir kräftig, fast zu kräftig, auf die Schulter und meintest: *„Oiso, i steh dia scho bei, wenn dea kummt!"*

Die Zeit verging, ich dachte nicht mehr an den Vorfall, als aufgeregt unser Pförtner anrief: *„Herr Winkler, Herr Winkler, der mit dem Hausverbot ist auf dem Weg zu Ihnen. Er hat einen übel aussehenden Typen bei sich, der viele Ketten trägt. Sie müssen vorsichtig sein! Soll ich die Polizei verständigen?"* Nein, das sei nicht notwendig, meinte ich, dachte, lieber Norbert, an dich und dein Versprechen.

„Norbert, Norbert, komm schnell, der Hartl ist auf dem Weg zu mir!", erklang mein Notruf über unsere Haussprechanlage, nicht wissend ob du ihn hören und wenn ja, seine Dringlichkeit erkennen würdest.

Dann ging ich mit weichen Knien, meiner zutiefst erschrockenen Vorzimmerdame, der mein Ruf nach Hilfe nicht entgangen war, aufmunternd zunickend, den Mutigen spielend, mit einem ins Unermessliche gestiegenen Puls auf den Hausflur.

Dort sah ich ihn: Hartl, der mit ausgestrecktem Arm auf mich deutete und mit den Worten *„Da, da, das, das ist er!"* einen jungen, neben sich befindlichen Mann in enger schwarzer Lederkleidung, behangen mit im grellen Licht der Neon-Deckenbeleuchtung glitzernden Ketten, eine auch in seiner ausgestreckten Rechten haltend, auf mich aufmerksam machte. „Lederstrumpf", ich weiß heute noch nicht, warum mir gerade jetzt der Name des bekannten Romanhelden in den Sinn kam, war nicht sehr groß, jedoch überaus bullig und sah schon gefährlich aus. Den Kopf wie ein Kampfstier drohend nach vorne gestreckt, näherte er sich breitbeinig.

„Norbert, wo, wo bleibst du?", schickte ich ein Stoßgebet in Richtung deines Büros.

Just in dem Moment, als sich „Lederstrumpf" vor mir aufplusterte, nun, er war doch wesentlich kleiner als ich, was meinen Puls etwas beruhigte und die Standfestigkeit meiner Knie festigte, eine Kette vor mir Furcht erregend im Kreis schwenkend, sah ich dich, Gott sei's gedankt, in einer dir und deinen

136 Kilos, bereits seit Tagen warst du auf Diät, nicht zugetrauten Schnelligkeit, verbunden mit der vornehmen Eleganz eines jagenden Leoparden, ums Eck flitzen.

„Ja, wos is denn do los!", waren deine Worte, als du dich wild entschlossen zwischen den wütenden „Lederstrumpf" und mich warfst, deine Körpergröße, dein Bauch- und Brustumfang dabei um zehn Kleidungsgrößen anwuchsen, so dass dieser vergaß seine Kette zu schwingen und im Vergleich zu dir wie ein Zwerg wirkte.

„Der da, der da!", stieß „Lederstrumpf", der Sprache nach aus dem hohen Norden, mühsam hervor und deutete mit der Kettenhand auf mich, *„der da, den da, den mach, mach ich ...!"* Weiter kam er nicht.

„Dea do, dea do, des is mei Freind, und wea dem wos duad, griagts mi mia zdoan, is des klar? Ja?" Deine ansonsten eher sanfte Stimme war ungewohnt kalt, schneidend und gebieterisch. Dein Brustumfang wuchs nochmals und dein Bauch, mit dem du den völlig hilflosen „Lederstrumpf" unaufhaltsam und erbarmungslos, wie einen schwerelos auf dem Boden hüpfenden Luftballon, vor dich her zum Ausgang schubstest, erreichte eine noch nie da gewesene Größe.

Weißt du noch, welch strenge Regeln in unserem „Verein für fröhliches Mittagessen" befolgt werden mussten? In dessen Statuten hieß es:

„Während des Mittagessens im Casino dürfen die Wörter 'Büro, Chef, Mitarbeiter, Schreibtisch, Kollege und Arbeit' sowie die Ausdrücke 'mir brennt der Hut, bei Gott, wertfrei und Mahlzeit' nicht ausgesprochen werden. Verstöße dagegen werden mit einer Geldbuße bis zu 5,– DM geahndet!"

Und was hast du gemacht? Nun, dazu will ich dir mein Gedicht anlässlich unseres Vereinsausfluges zum Achensee in Erinnerung rufen:

> „Und am Ende ist es klar,
> wer von uns der größte Zahler war,
> wer am meisten hat gesprochen,
> oft den Braten nicht gerochen.
>
> Manchmal nur aus Übermut,
> teils jedoch aus purer Wut,
> alle Regeln gleich vergaß,
> aus Kummer doppelte Portionen aß.
>
> Es war Norbert, jetzt ihr auch versteht,
> warum er heut an erster Stelle steht!"

Übrigens, an dieser Situation hat sich nicht viel geändert, denn lange Zeit bist du der größte „Bezuschusser" unseres Vereins gewesen.

Pyjamaparty des „Vereins für fröhliches Mittagessen"

Weißt du noch, wie dir unser Casinokoch an einem ganz schlimmen Tag, dem Tag unseres Abschiedes, du musstest ja unbedingt in die Politik, zumindest deinen Schmerz, an uns hat er nicht gedacht, versüßt hat?

Wir saßen zum letzten Mal zusammen am Mittagstisch in unserem Casino. Unser aller Stimmung war, ja man kann sagen, miserabel, wir sprachen nicht viel, jeden quälte ein Frosch im Hals.

Plötzlich kam unser Casinokoch auf dich zu, in seinen etwas zittrigen Händen, nun, er zählte nicht mehr zu den Jüngsten, balancierte er eine riesengroße Schüssel, ihr Inhalt verlockender Schokoladenpudding, den du ja so gerne aßest, obgleich du das nicht solltest. Es war ein wirklich enormer Napf voll von dieser, von dir so geliebten Nachspeise. Die unermessliche Freude in deinen Augen, überdeckt von einem nicht zu übersehenden Abschiedsschmerz, der dir allerdings den Appetit nicht verderben konnte – einen großen Suppenlöffel benutzend hast du nicht den kleinsten Rest übrig gelassen – werde ich nie vergessen.

Lieber Norbert, ich hoffe, es gibt „da oben", wo du dich jetzt befindest, nun ja, „da unten" kann ich mir nicht vorstellen, ebenfalls einen Koch, der dir außer himmlischem Manna ab und zu auch eine riesige Schüssel Schokoladenpudding serviert.

In diesem Sinne, lieber Norbert, mach's gut, pass auf uns, vorerst auf der Erde Zurückgebliebene, gut auf.

Dein Ossi, der dich, wie so viele Menschen, sehr vermisst.

Hans Hibler
(Ehemaliger Beauftragter für das Lawinenhundewesen und
50 Jahre Lawinenhundeführer)

Der Lawinenhundeführer

Die Lawinenhundestaffel oder Rettungshundestaffel ist eine Gruppe der Bergwacht in Bayern. Am Anfang gab es nur verschüttete Menschen bei Lawinenunfällen zu suchen und zu bergen. Dann kam die Suche im Sommer nach verunglückten und vermissten Menschen dazu. Auch Erdbeben, Gasexplosionen, eingestürzte Häuser und andere Gründe kamen hinzu. Der Einsatz von Hunden bei Verschütteten erwies sich als sehr erfolgreich.

Lawinensuche, Vermisstensuche und die Trümmersuche machten die Ausbildung und den Einsatz von Hund und Führer immer schwieriger und aufwendiger.

Wer wird Lawinenhundeführer? – Nur ein voll ausgebildeter Bergwachtmann kann Lawinenhundeführer werden. Er muss bergnah wohnen und muss für Einsätze und Übungen immer erreichbar und einsatzbereit sein. Hund und Führer sind eine Einheit; eine gemeinsame Ausbildung ist Voraussetzung. Ein verkaufter Hund ist kein Lawinenhund mehr. Eine weitere Voraussetzung ist die Liebe zum Hund und die große Kameradschaft zu anderen Mitgliedern der Staffel.

1973 beim Lawinenhundekurs auf der Hochalm kam Herbert Worm zu mir und sagte, es hätte ein Bergwachtmann aus Kreuth Interesse bei der Lawinen-Hundestaffel mitzuarbeiten und er stelle sich im Laufe der Woche vor. Am Mittwoch kam dieser besagte Herr mit der Seilbahn angereist. Er war in seiner Art sehr angenehm und beobachtete die Arbeit beim Lawinenhundekurs genau. Nun hatte er aber nicht gerade eine sportliche Figur – wie man bei uns halt sagt: ein gestandenes bayrisches Mannsbild. Wir hatten am Anfang große Bedenken, ob er für die schweren Aufgaben eines Lawinenhundeführers geeignet sei. Wir haben ihm alle Aufgaben erklärt: die Zeit für Übungen, und Ausbildung sowie Zeit und Bereitschaft bei Einsätzen da zu sein. Wir hatten den Glauben, dass ihm diese Aufgaben zu schwer seien. Am Abend verließ uns Norbert wieder.

Im Januar 1974 kam Norbert Kerkel nach vorheriger Anmeldung mit der gesamten Gruppe aus dem Tegernseer Tal zum A-Kurs (A-Kurs = Anfängerkurs) auf der Hochalm an. Die einfache Unterbringung im Lager (Schlafräume) stellten für ihn kein Problem dar.

Der erste Tag für den A-Kurs ist eine Eignungsprüfung für Hund und Führer. Dabei wird eine mittelschwere Skitour (ca. sechs Stunden) auf den Mauerschartenkopf gemacht. Es soll zeigen, wie sich Führer und Hund bei Schnee in schwierigem Gelände verhalten. Leiter der Gruppe war der Bergführer und Lawinenhundeführer Schorsch Vogel. Ein sehr erfahrener Mann. Nach Aufstieg und Abfahrt hatte man die Möglichkeit, das letzte Teilstück (ein steiler Aufstieg) mit dem Schlepplift zu fahren; jedoch nur für den, der seinen Hund im Lift tragen kann. Das ist für einen Ungeübten sehr schwer. So musste auch Norbert den letzten, steilen Anstieg zu Fuß machen.

Lawinenhundekurs auf der Hochalm in Garmisch-Partenkirchen

Bei der Ankunft auf der Hochalm bestätigte mir Schorsch Vogel die gute Leistung der Gruppe. Vor Allem aber die gute Leistung von Norbert Kerkel. Wir haben jetzt zwar gewusst, in Norbert einen geeigneten Lawinenhundeführer zu haben. Was wir aber nicht wussten war, dass aus Norbert Kerkel eines der führenden und fähigsten Mitglieder der Lawinenhundestaffel wurde.

Am jeweiligen Samstag, dem letzten des Wochenkurses auf der Hochalm, war meist großer Skibetrieb auf der Piste und kein Platz für die Lawinenhunde. So sind wir immer früh aufgebrochen, um mit der ganzen Mannschaft mit Hunden, eine Skitour mit Übung und einer Einkehr in der Selbstversorgerhütte am Stuiben zu machen. Würste und Brotzeit haben wir von der Hochalm mitgebracht. So begab es sich einmal, dass in der Stuibenhütte im Januar noch der Christbaum in voller Pracht dastand. Norbert entdeckte irgendwo in der Hütte eine Zither. Das einzige Lied, das er konnte, war „Stille Nacht,

Heilige Nacht" und so stimmte er es an und die ganze Mannschaft sang mit. So hat es sich eingeführt, dass der Christbaum auf der Stuibenhütte immer erst nach dem Besuch des Lawinenhundekurses und dem Singen von „Stille Nacht, Heilige Nacht" und der Begleitung von Norbert und der Zither entfernt wurde.

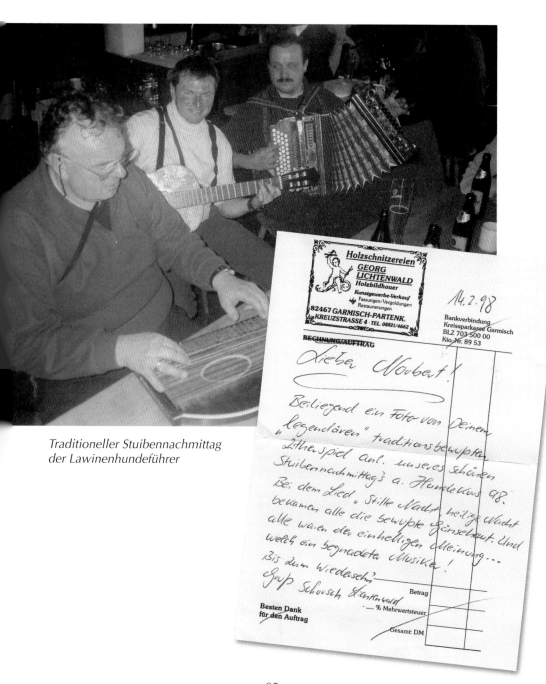

Traditioneller Stuibennachmittag
der Lawinenhundeführer

Einmal war Norbert beauftragt eine Lawinensuche vorzubereiten; d.h. auf einer Lawine Leute zu vergraben und einen Lawinenunfall vorzutäuschen. Es werden die Lawinenhundeführer verständigt. Zwei Lawinenhundeführer kommen zur Lawine. Norbert erklärt den beiden den Unfallvorgang und muss danach beide beurteilen, wie sie ihre Aufgabe lösen. Bei den beiden ist auch der Weigl Wastl, Polizist aus Lenggries, schwerhörig mit einem Hörgerät. Die beiden teilen die Lawine ein, bestimmen Norbert als Lawinenwarnposten und beginnen mit der Suche. (Der Lawinenwarnposten hat die Aufgabe die Suchmannschaft vor nachfolgenden Lawinen zu warnen.) Der Wastl war schon weit oben auf der Lawine, da wollte Norbert eine kleine Störung der Arbeit machen. Er sang laut und wirbelte mit den Armen. Der Wastl sah das und stürmte mit erhobener Schaufel auf Norbert zu. Norbert glaubte, der Wastl sei zornig, weil er ihn beim Suchen gestört hatte und rechnete mit einem tätlichen Angriff auf ihn. Kurz vor ihm bleibt der Wastl stehen, schaute hinauf zu seinem Kollegen, der ruhig weiter suchte. Zu Norbert gewandt sagte der Wastl: „Der kann's ja nicht hören, der hat ja kein Hörgerät!" Später stellte sich heraus, dass der Wastl „Lawine" verstanden hatte und sich schnellstens aus dem Gefahrenbereich entfernen wollte.

Das zeigt, dass Norbert trotz der schweren Arbeit Humor und Witz hatte und so lockerte er so manche Sache auf. Er war kein Mann von Traurigkeit. Bei den gemütlichen Abenden mit Unterhaltung, Musik und Gesang war Norbert mit Begeisterung dabei.

Vom ersten Tag an war Norbert Kerkel ein lernbegieriger und wissensdurstiger Teilnehmer. Bei allen Vorträgen – ob über Hunde oder Lawinen, Arztvorträgen – Norbert war immer mit großem Interesse dabei. Ich kann mich nicht erinnern, dass er je einen Vortrag versäumt hat oder zu spät kam. Auf der Lawine, beim Schaufeln von Löchern zum Vergraben von Opfern, er war immer der Erste. Er hat sich, wenn nötig auch immer eingraben lassen. Als Ausbilder hat er sich vor allem für die Schwachen eingesetzt. Er war in allen Dingen Vorbild für die ganze Staffel.

Auch ich hatte in Norbert einen Kameraden, der mir immer ein guter Berater war. Eine besondere Hilfe war mir Norbert bei der Vorbereitung und der Durchführung „25 Jahre eigener Lawinenhundekurs auf der Hochalm". (Vorher besuchten wir den Lawinenhundekurs in Tirol.) Er moderierte den Festabend in hervorragender Weise. Im überfüllten Raum der Hochalm mit Gästen der Lawinenhundestaffeln aus der Schweiz und Tirol; aus der Landespolitik, den Bürgermeistern einzelnen Gemeinden, den Ärzten vom Klinikum, den Bergwachtärzten, der gesamten Bergwachtspitze, Polizei, Rotes Kreuz, Feuerwehr, anderen Rettungsorganen, umliegenden Hüttenwirten, sowie Freunden und Gönnern der Lawinenhundestaffel. Dank Norbert wurde die Veranstaltung zum großen Erfolg.

In den drei Jahrzehnten als Lawinenhundeführer wurde Norbert zum Aushängeschild der Staffel. Seine bescheidene Art, sich nie in den Vordergrund zu stellen, seine Hilfsbereitschaft, sein Arbeitseifer, wie auch seine Kameradschaft zu allen, ob Jung oder Alt, Reich oder Arm, machten ihn zum Vorbild der ganzen Staffel.

Seine Krankheit löste bei allen große Betroffenheit aus. Aber auch hier zeigte Norbert sein Größe. Es gab kein Jammern und Klagen. Voller Energie und Hoffnung kam er immer wieder zurück.

In den letzten Jahren, als Du keinen Hund mehr hattest, warst Du der Lawinenhundestaffel eng verbunden. Für mich persönlich war es ein besonderes Glück, einen so großartigen Menschen getroffen zu haben, der mir immer ein Vorbild gewesen ist. Die Lawinenhundestaffel und ich möchten Dir für die drei Jahrzehnte der Zusammenarbeit ganz herzlich danken.

Martin Höfle (Bergwachtler)

Er oder ich?

Es war um das Jahr 1975 – ich war gerade Anwärter in der Rottacher Berg-wachtbereitschaft – als ich den Norbert kennen lernte. Neben seiner körper-lichen Präsenz, bei uns sagt man, a Prackl-Mannsbild halt, gewann einen der Norbert sofort durch seine offene und humorige Art für sich. Ein Pfunds-Kerl im wahrsten Sinne des Wortes! Und er lachte gern, und wie! Ein bayerisches, aus tiefstem Herzen kommendes, ansteckendes Lachen.

Nachdem wir, auch er als Anwärter, etliche Wochenenddienste auf den Diensthütten am Wallberg, am Blankenstein, auf der Sutten und am Ross- und Buchstein „geschoben" hatten, rückte im Jahr darauf die Anwärterprüfung im-mer näher, die aus uns vollwertige Bergwachtler machen sollte.

Die Prüfung an einem feuchten, nebligen Tag – ich glaube es war am Tau-benstein – führte uns durch unterschiedlichste Stationen: Seilknotentechni-ken, Anlegen einer Streckschiene, Versorgen eines Verletzten im Akia und et-liches mehr, was man als zukünftiger Bergretter halt so können musste. Die Prüflinge waren in kleine Gruppen eingeteilt, der Norbert, mein alter Freund Sepp und ich bildeten eines der Teams. Unaufhaltsam kam, zumindest für mich, die „Stunde der Wahrheit": Das Abseilen! Obwohl wir den Umgang mit dem neben den Bergstiefeln wichtigsten Utensil des Bergsteigers, dem Seil, oft genug geübt hatten, beschlich mich beim Übersteigen der Felskante zum Abgrund immer wieder ein kribbelndes Gefühl. So auch jetzt. Auch der Norbert, mit Brille und einem grauen, schwarz gesprenkelten Luis-Trenker-Hut gerüstet, geriet offensichtlich ins Schwitzen. Und das sicherlich nicht nur wegen der hohen Luftfeuchtigkeit! Galt es doch, sich im Klettergurt am Stahl-

Karikatur von Martin Höfle

seil in die Tiefe zu begeben. Und das noch mit dem Kameraden auf dem Rücken, der den „Verletzten" gab. Ein Gedanke, ein Blick zum Norbert, und der Atem stockte mir: Ich Bürschchen von gerade mal knapp über 60 Kilo sollte das ausgewachsene und gut über zwei Zentner schwere Mannsbild auf dem Rücken wohlbehalten in den Abgrund geleiten?

Es galt jetzt wirklich die essentielle Frage: Er oder ich? In Gedanken sah ich mein Prüfungsergebnis buchstäblich die Felswand hinuntergehen bis der Nagl Wick, unser Betreuer und Begleiter, das durch meine Nervosität und Aufregung verursachte Missverständnis klärte: Selbstverständlich wurde also ich auf Norberts stattlichem Rücken am Klettergeschirr befestigt und gemeinsam meisterten wir mit leicht nervösem Humor die Aufgabe.
Ergebnis: Prüfung bestanden!

Auszug aus Norberts Bergtagebuch

Rainer Küppers

Die Pendler

Mitte der 70er Jahre fing es für den Neuen an: 7 Uhr 15, Bahnhof Schaftlach. Jeden Tag, jedenfalls jeden Arbeitstag, der Zug zum Harras, nach München.

Dutzende Pendler warten in Schaftlach, dem höchsten Eisenbahnknotenpunkt Deutschlands, wie es immer hieß, auf zwei Züge. Dieselloks ziehen jeweils drei Waggons aus Tölz und aus Tegernsee in den Bahnhof, auf Nachbargleisen. Es wird rangiert wie anno dazumal. Im BOB-Zeitalter unvorstellbar: Das Ab- und Ankoppeln geschieht von Hand, die Rangierer balancieren dabei zwischen Schienen und Puffern – bei aller Routine doch ein banger Moment.

Viele Pendler nehmen den immer gleichen, „ihren" Waggon. Es haben sich im Lauf der Zeit regelrechte Fahrgemeinschaften gebildet. Drei Pendler steuern auf ein Abteil Erster Klasse zu, wo zwei andere schon warten. Der sechste Platz in diesem Abteil bleibt meist frei. Einer der Pendler ist der spätere Bürgermeister von Waakirchen, weitere drei Jahre später wird er Landrat des Landkreises Miesbach. Über ihn und sein Bahnabteil soll der letzte Abteil-Mohikaner schreiben, denn auch das Abteil gehörte zu Norbert Kerkels Leben.

Jeden Arbeitstag also Schaftlach – München. Dort trennten sich die Wege, man hatte unterschiedliche Ziele, Berufe. „Man", das waren vier Männer der Bahn, „Eisenbahner", und ein Exot.

Jakob B., nach Kriegsgefangenschaft bei der Eisenbahn gelernt, Aufstieg bis in die Direktion München der Deutschen Bundesbahn. Im Ort Waakirchen geboren und aufgewachsen, war er seit den Fünfzigerjahren im benachbarten

Tegernsee -
Schaftlach - München - Stuttgart -
Darmstadt - Mainz - Bonn - Köln -
Düsseldorf - Essen -

Dortmund

D 1716

Original-Zuglaufschild

Schaftlach zu Hause. Dort wurde er in den Gemeinderat gewählt. Nach der kommunalen Gebietsreform, die Orte zu größeren Einheiten zusammenfasste, wählten ihn auch die Bürger der neuen Gemeinde Waakirchen in ihr Parlament.

Norbert Kerkel war – man brauchte ihm nur zuhören – begeisterter Berg-wachtler, Hundeführer, Eisenbahner, Motorradfahrer, Fingerhakler, Theater-mann. Als Verkaufstrainer war er von seinen Schülern hochgeschätzt. Karriere bis in die Geschäftsführung einer Bundesbahn-Tochtergesellschaft in Mün-chen. Wie Jakob B. hatte er nicht weit zum Bahnhof. Dass er anders als sein Ratskollege mit dem Wagen kam und zeitbedingt oft mit Karacho, schmunzelt ihm seine Familie nach. „7 Uhr 15 ist 7 Uhr 15", mag er gedacht haben. Oder: „Kurz vorher ist auch rechtzeitig." Im Abteil jedenfalls erschien er ent-spannt, lachend, zufrieden, selbst wenn Schweißtropfen von der Granich-Kurve und vom Bahnsteigsprint zeugten.

Heinz L., der Bahn-Ingenieur mit Verantwortung im Gleisbau. Er hatte von seinem Wohnort Bad Wiessee aus mit Bus und Bahn den weitesten Weg nach München, musste oft noch weiter zu „seinen" Projekten fahren – genug Zeit, um auch über Scherze und Opfer jeder Art nachzudenken. Als Mann, der sich auf Späße verstand, ist er im Tegernseer Tal bei einigen noch lebhaft in Erin-nerung, auch als Mitorganisator zahlreicher Faschingsumzüge.

Benedikt S., früher ebenfalls Eisenbahner. Inzwischen war er ehrenamtli-ches Vorstandsmitglied einer genossenschaftlichen Bank, die der Bahn nahe stand. Er war mit seiner Familie von München nach Gmund gezogen, ging von seinem Haus regelmäßig zu Fuß zum Zug. S. war der Senior im Abteil, strahlte Ruhe und Seriosität aus – wie man sich einen Bankier alter Schule vorstellte.

Rainer K., 1976 mit Familie von Krefeld aus in Waakirchen zugewandert, mit Abstand Jüngster im Abteil, einziger Nicht-Eisenbahner und Nicht-Beam-ter, Rad-zur-Bahn-Fahrer (wenn das Wetter mitspielte), Angestellter einer Rückversicherungsgesellschaft. Ein Exot im Vergleich. Wie geriet er in das Ab-teil? Vergessen. Vielleicht war es Zufall, gegenseitige Neugier oder die Offen-heit, die vom Abteil ausging, sicher auch die gewinnende Ausstrahlung eines Norbert Kerkel.

Unvergessen, dass sich die Eisenbahner-Truppe gelegentlich ihren Spaß er-laubte mit dem Neuen, herzhaft und lautstark. So drang manchmal durch die Trennwand bis ins Nachbarabteil, wie der Preuße mit bayerischem Säbel (Marke Bad Wiessee) und Florett (Schaftlach) attackiert wurde. Einzelheiten sind nicht mehr bekannt. Er selbst hat vielleicht nicht einmal jeden Streich mitbekommen – seine Lernkurve in bayerischer Sprache und Kultur hatte ge-rade erst begonnen.

Die morgendlichen Fahrten im Abteil gehörten für alle Fünf fest zum Tagesablauf, man freute sich auf die Gespräche vor, während, nach der Zeitungslektüre. Die Themen pendelten mit den Reisenden; von Sport, Bergwacht und Hunden über Politik und Beruf bis zu Privatem. Wie es halt ist, wenn man sich eingerichtet hat auf gemeinsame 35 Minuten täglich zwischen Schaftlach und Harras.

Diskretion war Ehrensache, auch vor der Wahl des Waakirchner Bürgermeisters im Jahre 1983. So konnte sein Abteil mitunter zum Sparringpartner werden für Norbert Kerkel: Soll ich oder soll ich nicht kandidieren? Keine leichte Entscheidung.

Er trat an, wurde zum Bürgermeister der Gemeinde Waakirchen und drei Jahre später im Landkreis Miesbach sogar zum Landrat gewählt. Bei den vier im Abteil Zurückgebliebenen mischte sich in die Freude und in ein bißchen (unverdienten) Stolz von Beginn an das Bedauern, dass der erfolgreiche Lebensabschnittsgefährte nur noch per Zeitung dabei war.

Auch wenn man also entgegen der Gewohnheit morgens nicht mehr beisammen saß und in kommunalpolitischen Fragen, so wie man sie aus der Zeitung kannte, gelegentlich anderer Meinung sein mochte: Menschlich fühlte man sich ihm verbunden. Und umgekehrt war es offenbar ähnlich, das ließ er bei den natürlich selten gewordenen Begegnungen spüren.

Der letzte Mohikaner denkt gern an Norbert Kerkel und an die anderen bayerischen Weggenossen, die dem Neuen mit der Schiebetür zum Abteil auch ein Stück weit den Zugang in ihre Welt öffneten. Von ihnen lernte er Zug um Zug einiges über Land und Leute, bayerische Charaktere und Humor inbegriffen. Vielleicht konnte auch er von seiner Seite ein bisschen zur Völkerverständigung beitragen.

Nach diesen Erfahrungen ist den Pendlern von heute zu wünschen, dass das Leben im Zug ihnen ebenfalls schöne Geschichten schreibt!

Christa Mack
(ehem. Organistin und Chorleiterin des Schaftlacher Kirchenchors)

Fröhliche Keglerrunde

Als im Jahr 1978 in Waakirchen im Zusammenhang mit der Einweihung der Turnhalle auch drei Kegelbahnen eröffnet wurden, hatten einige Mitglieder des Schaftlacher Kirchenchors die Idee, auch außerhalb der kirchenmusikalischen Aktivitäten in geselliger, sportlich geprägter Runde beisammen zu sein. Schnell fanden sich einige interessierte künftige Hobby-Kegler – Pfarrer, Organistin, Sängerinnen und Sänger mit Partnern.

Vom ersten Startschuß an zählte Norbert als Ehemann unserer Altistin Käthi zu den „Gründungsmitgliedern". Einmal im Monat trafen sich fortan 12 eifrige Kegler zu vier Stunden Spiel und Spaß im Kegelstüberl. „Kegelbruder" Norbert erschien im legeren Freizeitlook, in lässig weiter Jogginghose. Mit großem Schwung und Elan betrat er wie wir alle das Neuland Kegelbahn und wagte den ersten Angriff auf die neun hölzernen Figuren. Mit sicherem Schritt marschierte er auf die Bahn zu, schnappte sich mit der linken Hand eine Kugel, schoß „mit links" und zielte mehr oder weniger treffsicher auf das volle Haus. Sehr oft war ihm das große Glück beschieden, daß nur noch ein einzelner Kegel auf ihn wartete. Welch ein Hallo der gegnerischen Mannschaft, wenn trotz gewaltigem Schwung und Ausholen des linken Arms der verbliebene Solist zwar leicht ins Wanken geriet, sich aber dennoch nicht zum Umfallen entschließen konnte und aufrecht stehen blieb.

Auch noch so viele hartnäckig die Stellung beibehaltende Kegel konnten Norbert nicht entmutigen. Allerdings spätestens nach einer Trainingsstunde bestätigte der kritische Blick auf seine Multifunktions-Armbanduhr den sicheren Alarm seiner „inneren Uhr"; sein untrügliches Magen- und Bauchgefühl verriet: die Zeit der Stärkung naht. Jetzt muß der drohenden Schwäche massiv entgegengewirkt werden. Wie leuchteten Norberts Augen bei der Verkündigung der Speisenkarte: Leberkäs, Wurstsalat, Milzwurst usw. Im geistigen Auge sah Norbert schon zwei verschiedene Gerichte oder zumindest eine doppelte Portion seiner Lieblingsspeise vor sich. Die aufgebrauchten Kraftreserven mußten ja schließlich schleunigst wieder voll aufgetankt werden. Ein weiterer sehnsüchtiger Blick auf Käthis halb leer gegessenen Teller ließ Norberts Gedanken erahnen: „Da muß ich unbedingt noch Käthi zu Hilfe kommen." Das lateinische Sprichwort: Plenus venter non studet libenter – ein voller Bauch studiert nicht gern – war für Norbert wohl nur in gegenteiliger Variante zutreffend, nämlich: „Ein volles Bäuchlein kegelt gern."

Das Besondere an unserer Kegelgruppe, die sich im Laufe der Jahre personell zum Teil veränderte, war nicht das alleinige Ziel, mit verbissenem tierischem Ernst „alle Neune" treffen zu müssen, so sehr sich natürlich jeder Einzelne bzw. seine Mannschaft über solch ein Keglerglück riesig freute. Wenn sich der erhoffte Erfolg trotz großer Anstrengung einfach nicht einstellen wollte, so konnte dies die allgemeine gute Laune und Stimmung keineswegs beeinträchtigen.

Unsere Kegelabende verliefen in gelockerter, unterhaltsamer, heiterer, harmonischer und unbeschwerter Atmosphäre. Norbert setzte in seiner einmaligen, unvergleichbaren, humorvollen und charmanten Art und seinen witzigen, lustigen, interessanten Schilderungen und Erzählungen verschiedener Begebenheiten und Episoden aus seinem Alltag jedes Mal Höhe- und Glanzpunkte, wobei oft unsere Lachmuskeln strapaziert wurden.

Wie sehr sich aber auch Norbert auf diese Abende freute, an denen er nach dem gewaltigen Alltagsstress voll und ganz abschalten und sich entspannen konnte, zeigt die Tatsache, daß er bei unausweichlichen, wichtigen dienstlichen Verpflichtungen nach Möglichkeit zu vorgerückter Stunde noch ins Kegelstüberl kam, um wenigstens noch einige Runden mitzuspielen.

Um bei seinem immer voll ausgebuchten Terminkalender unsere Kegelabende nicht zu verpassen, hat Norbert sogar jeweils zum Jahresbeginn in seiner Programmvorschau alle Kegeldaten für das kommende Jahr in seinem persönlichen Notebook vorgemerkt.

Neben den „normalen" Kegeltreffen gab es im Laufe des Jahres immer wieder „Highlights".

Fiel das Kegeln z. B. in die närrische Zeit, so war Faschingskegeln angesagt. Einmal überraschte uns dabei Norbert als „Aloisius". Zu aller Erheiterung wirkte er in seiner Lockenpracht und seinem die stattliche Figur umhüllenden weiß-blau gestreiften Hemd mit goldenen Flügeln und den passenden Sprüchen nicht nur originell. Man hätte fast denken können, „Original Aloisius" ist zu uns herabgestiegen und will mal eine ruhige Kugel schieben.

Trotz der ihm eigenen, ausgeprägt bayrisch genießerischen Lebenseinstellung konnte man Norbert ab Aschermittwoch von einer ganz anderen Seite erleben. Als gläubiger, praktizierender Katholik verordnete er sich selber eine extrem strenge Diät. Mit erstaunlicher Konsequenz, eisernem Durchhaltevermögen und äußerster Disziplin konnte man ihn nicht einmal zur Keglerstärkung zu einem zusätzlichen Häppchen animieren. Hatte die Waage zum Beginn der Fastenzeit noch mit einem Jubiläumsgewicht von z. B. 276 Pfund triumphiert bei einer Konfektionsgröße von 67, so schrumpfte sein Umfang sichtlich von Woche zu Woche. Nur gut, daß sein Kleiderschrank in kluger Voraussicht in drei Größen sortiert war. So kam bereits nach kurzer Zeit Größe 64 zum Einsatz. Nach 40-tägiger Minikalorienzufuhr präsentierte sich Norbert zur Osternacht als kaum wiederzuerkennendes hohlwangiges Leichtgewicht in Anzuggröße 60.

Bewundernswert war allerdings, daß die kolossalen Einschränkungen bzw. Entbehrungen lukullischer Genüsse keineswegs seine positive Wesensart beeinträchtigen konnten. Andererseits gab er unumwunden zu, wie sehr er sich nach der Osternachtsfeier auf den Verzehr der geweihten Speisen freute und den baldigen Festtagsschmaus herbeisehnte.

Während des Jahres sorgten bei verschiedenen Spielen die „Einlagen" für die Fütterung unseres Kegelschweinchens. Einmal im Jahr war dann „Schlachttag" des prall gefüllten Maskottchens. Fast schon ein Ritual war beim sog. Kegelessen Norberts intensives Studium der vielseitigen Speisenkarte. Schließlich konnte sich Käthi den Hinweis nicht mehr verkneifen: *„Was suchst du denn und liest noch immer, du ißt doch sowieso wieder einen Schweinsbraten."* Wußte sie doch seit Jahrzehnten: eine große Portion Schweinsbraten mit mehreren Knödeln war bei Norbert durch nichts zu überbieten.

In der Adventszeit stand das mit Spannung erwartete „Weihnachtskegeln" auf dem Programm. Zu einem vereinbarten Betrag brachte jeder Kegler sein liebevoll dekoriertes Weihnachtspäckchen mit geheimem Inhalt mit. Das „Ausschießen" und darauffolgende Auspacken wurde mit freudiger Überraschung und wachsendem Interesse verfolgt. Seitdem allerdings Norbert als Schirmherr die Aktion „Leser helfen Lesern" ins Leben gerufen hatte, wandelte unsere Kegelgruppe die bisherige Weihnachtspäckchenaktion in eine Spende für diesen guten sozialen Zweck um.

Die schwere Erkrankung von Norbert, der über 25 Jahre der beliebte Mittelpunkt und das Herzstück unserer Keglerrunde war, trübte bei uns allen die unbeschwerte Freude so sehr, daß wir uns zur Auflösung der Keglergruppe entschlossen.

Christian von Tluck

Bretter, die die Welt bedeuten

Es begann alles 1978 mit einem Anruf von Norbert Kerkel bei mir zu Hause in Schaftlach. Damals erkannte ich nicht wie sehr mich das Ergebnis mein Leben lang begleiten und meinen Lebensweg bis heute entscheidend prägen sollte. Norbert war zu der Zeit Theaterregisseur beim Trachtenverein.

„Mir brauchan noch an Mitspieler beim nächsten Theater vom Trachtenverein", war die Nachricht. Ich konnte Norbert nicht davon überzeugen, dass das wohl nichts für mich ist und so war ich schon eine Woche später bei den ersten Proben im Saal vom Gasthaus zur Post in Schaftlach.

Das Theaterspielen beim Verein hat richtig Spaß gemacht und noch heute sind es schöne Erinnerungen an die Zeit mit Norbert als Regisseur und den damaligen Theaterkollegen. Regelmäßig wurde in Schaftlach gespielt und es war jedes Mal ein besonderes Erlebnis. Allein schon die Theaterproben waren legendär. Nach jeder Probe gab es bei einem der Spieler eine Brotzeit sowie Kaffee und Kuchen sodass es jedes Mal bis zwei Uhr morgens oder noch länger dauerte. Humorvolle Geschichten aus vergangenen Theateraufführungen wurden dabei von unserem Regisseur vorgetragen. Wie z. B. von dem Schaftlacher der bei seinem ersten Auftritt auf der Bühne vor vollbesetztem Saal gesagt hat: *„Leck mich a.. A... De Schwiegermuatta is aa do – woaß ich schon nix mehr."* Das Publikum hat wohl gebrüllt vor Lachen. Die Vorstellung wurde abgebrochen und erst nach zehn Minuten konnte wieder neu begonnen werden.
Mit Fachkompetenz und viel Humor waren die von Ihm inszenierten Aufführungen jedes Mal ein tolles Erlebnis und ein schöner Erfolg für uns Spieler und den Trachtenverein Schaftlach.

Eines Tages war 1982 in der Zeitung ein Artikel in dem Nachwuchsschauspieler in München im Platzl gesucht wurden. Warum ich damals eine Postkarte geschickt habe, kann ich heute gar nicht mehr sagen, aber ich hatte Lust auf's Theaterspielen und schließlich war das Platzl eine Institution in Bayern. Zwei Wochen später kam eine Einladung zum Vorsprechen. Erste Reaktion: Oh je, was jetzt? Ich hatte überhaupt keine Ahnung, was ich machen sollte und so hatte ich die Idee, doch mal den Norbert zu fragen, ob er mir eventuell einen Tipp geben könnte.
Seine Reaktion war spontan und voller Emotion: *„Selbstverständlich helfe ich Dir"* war seine Antwort. Ich sollte zwei Tage später mal vorbeikommen, da er bis dahin was vorbereiten wollte.

Als ich ihn dann besuchte, wurde ich schon empfangen mit einem Stapel kleiner Bücher unter seinem Arm mit dem Hinweis: Hab schon was für Dich vorbereitet!!! Nach kurzer Sichtung war klar, dass ich das Gedicht vom zerbrochenen Krug in bayerischer Fassung lernen und vortragen sollte. Dann ging es los mit Lernen und den Privatstunden beim Norbert. Nach drei Wochen fuhr ich voller Aufregung zum Vorsprechen nach München. In der Jury saßen der Georg Blädl, Willy Harlander, Martin Prechtl und einige andere, die man mal im Fernsehen gesehen hatte. Insgesamt haben 650 Bewerber teilgenommen und obwohl mein Vortrag doch nach meinen Begriffen einigermaßen gut lief wurde ich entlassen mit den Worten: *Sie hören von uns.*

Norbert hat natürlich gleich gefragt wie's war und war mindestens so gespannt auf das Ergebnis wie ich selbst.

Nach 14 Tagen kam ein Brief aus München, in dem stand: Herzlichen Glückwunsch, sie haben im Nachwuchswettbewerb die zweite Runde erreicht und werden gebeten in zwei Wochen je eine heitere und eine ernste Theaterszene alleine auf der Bühne in München vorzutragen.

Wieder die Frage – was jetzt??? Natürlich sofort den Norbert angerufen, der sich riesig gefreut und mich sofort für den nächsten Tag eingeladen hat, um den nächsten Auftritt vorzubereiten. Wir haben intensiv geprobt und so fuhr ich wieder voll aufgeregt nach München zum Vorsprechen. Das Ergebnis war ebenso nüchtern wie beim ersten Mal. *Sie hören von uns.*

Erst einige Wochen später kam ein großes Kuvert aus München mit einer Urkunde, dass ich den 3. Platz erreicht hätte und einem Angebot zu einem 3-monatigen Engagement in der Platzl Gmoa in München. Der Bühne, bei der Marianne und Michael genauso begonnen und gearbeitet haben wie der Weiß Ferdl, Erni Singerl, Ludwig Schmidt-Wildy und viele viele andere bayerische Volksschauspieler.

Der Norbert hat sich unheimlich darüber gefreut, dass „wir" das geschafft haben. Aus den drei Monaten wurden zwei Jahre und es war eine wunderbare Zeit. Nach dem Platzl kamen Engagements beim Tegernseer Volkstheater und dem Alpenländischen Volkstheater. Anschließend über ein Jahr auf Tournee mit Peter Steiner's Theaterstadl und außerdem seit 1989 festes Mitglied beim Berchtesgadener Bauerntheater.

Wenn wir uns getroffen haben, hat er immer mal wieder nachgefragt, wie es denn mit dem Theaterspielen läuft, welche Stücke wir spielen und wo wir gerade auf Tournee sind.

Das alles war nur möglich weil Norbert Kerkel mit seiner Begeisterungsfähigkeit, seinem Humor und seiner uneingeschränkten Hilfsbereitschaft mich unterstützt hat.

Seit fünfzehn Jahren bin ich sein Nachfolger beim Trachtenverein als Theaterleiter und es ist mir eine Ehre, den Norbert Kerkel gekannt zu haben und eine Pflicht, sein Andenken zu erhalten.

Klaus Öckler (Bergwachtkamerad)

Bergurlaube mit Norbert Kerkel

Im Jahr 1982 unternahmen die Bergwachtler vom „Zug Kreuth" eine Bergtour zum Plattkofel in den Dolomiten und wir Waakirchner „durften" auch mit. Wir, das waren Norbert sen. und jun., seine Frau Käthi, meine Frau Christi und ich. Bei dieser Tour entwickelte sich eine – leider zu kurze – Freundschaft, die uns zu vielen schönen Bergtouren führte. Es begann aber auch ein ewiger Wettkampf über den Inhalt unserer Rucksäcke.

So ging es schon los am Einstieg des „Oskar-Schuster-Steiges" am Plattkofel. Er zog ein 40-m-Kletterseil mit 11 mm aus den Rucksack, ich ein ca. 20 m langes, 9 mm dickes Kletterseil. Da er aufgrund seiner stattlichen Figur einen Anorak benötigte, der mir als Mantel hätte dienen können, ich aber nur eine dünne Wetterhaut dabei hatte, war mein – wie er meinte – „Wimmerl" wesentlich kleiner und leichter. Auch was Brotzeit und Getränke anbelangt, haben sich unsere Rucksäcke wesentlich an Volumen und Gewicht unterschieden.

Als es nun beim Abstieg zu regnen begann und er einen Regenschirm aus seinen Rucksack zog, haben wir um eine Halbe Bier gewettet, dass ich auch einen Regenschirm aus meinen Rucksack zaubern könne. Er hat verloren. Wir haben übrigens noch öfter gewettet, mit wechselnden Gewinnern – immer um eine Halbe Bier und sofort einlösbar.

Am Auto angekommen, war der Autoschlüssel vom Norbert nicht mehr da. Es wurde alles durchsucht, auch von verschiedenen Personen. Er war weg. So musste ein Mechaniker von Wolkenstein herbeibeordert werden, der das Auto geknackt und das Schloss ausgebaut hat.

Der Schlüssel ist übrigens wieder hergegangen: Bei der Begehung des Jubiläumsgrates von der Zugspitze zur Alpspitze ist kurz vor dem Abstieg über die Griesscharte ins Matheisenkar ein überaus heftiges Gewitter gekommen. Wir mussten uns beeilen, um schnell von den Stahlseilen wegzukommen. Blitze und Donnerhall im Kar haben uns dazu veranlasst, möglichst nicht zu trödeln. Im Kar angekommen hat der Norbert in aller Seelenruhe seinen Regenschirm aus dem Rucksack genommen, während wir so schnell wie möglich zur Höllentalangerhütte strebten.

Auf die Frage, warum er bei diesem schrecklichen Gewitter noch den Regenschirm aufgespannt habe und relativ gemütlich zur Hütte ging, hat er gemeint: *„I wer ja sowieso vom Blitz daschlong, und dann mecht i scho drugga sterm."*

Er ist trotz alledem noch patschnaß geworden. Bei der anschließenden Trocknungsaktion fiel der gesuchte Autoschlüssel aus der Tasche, wo er auch hingehört hatte.

Diese Tour ist auch deswegen noch in starker Erinnerung geblieben, weil hier die Käthi durch einen kleinen Fehltritt ihrerseits ihren ersten, aber auch ziemlich ruppigen Hubschrauberflug erleben musste.

Eines unserer nächsten Ziele sollte der Langkofel (3181 m) werden. Im Vorfeld hat Norbert die Rollen so verteilt, dass er den theoretischen Teil und ich den technischen Teil übernehmen soll. D. h., er lernt den Führer so auswendig, dass wir uns nicht verlaufen sollten. Und so geschah es. Unterwegs sagte ich ihm, was ich im Voraus gerade sah und er zitierte wörtlich aus dem Führer, wie es weitergeht.

Aufgrund des Geländes gingen wir angeseilt in zwei Dreierseilschaften. Der Norbert, die Christi und ich; Noggi, Sepp und Franz. Am Schneefeld kam dann von Zeit zu Zeit der Hinweis vom Norbert: „langsamer, ich muss schnaufen", etwas später der Hinweis „schnaufen" und dann nur noch ein Ziehen am Seil.

Nach der verdienten Gipfelbrotzeit ging es an den Abstieg. Dafür mussten wir uns ca. 20 m abseilen. Aus Sicherheitsgründen habe ich empfohlen, eine sog. Kurzprusikschlinge mitlaufen zu lassen. Norbert seilte sich als erster ab. Was auch immer genau passiert ist, wissen wir nicht. Tatsache war aber, dass er nach ca. 10 m in der Prusikschlinge hing und nicht mehr vor und zurück konnte. Meinen Vorschlag, einfach einen Klimmzug zu machen und somit die Prusikschlinge zu entlasten, wies er empört zurück.

So blieb mir nichts anderes übrig, als mich mit einem Messer im Mund am zweiten Seil abzuseilen und die Prusikschlinge zu kappen. Was auch problemlos gelang.

Wie wir beim weiteren Abstieg wieder zu dem Schneefeld gekommen sind, ist kurz vorher ein riesiger Felsbrocken, den der Frost gelöst hatte, in tausend kleinere Felsstücke zerborsten und das Schneefeld hinuntergerast. Jetzt waren wir alle um den Abseilzwischenfall froh, denn sonst hätten wir sicherlich den Felssturz „hautnah" miterlebt. Dem Herrgott sei Dank.

Als bekennender Genießer und leidenschaftlicher Esser hat der Norbert auch bei seinen Bergtouren immer eine gewisse Angst gehabt, bei einem Notfall Hunger leiden zu müssen. Aus diesem Grund hat er in seinem Rucksack stets Notproviant mitgeführt. Und zwar eine ganze Salami!

Erschöpft aber glücklich

Nach der Besteigung der Rosengartenspitze (2981 m) saßen wir abends in der Vajolethütte. Während des Abendessens kamen überraschend noch junge Rottacher Bergwachtler, die er spontan zum Essen eingeladen hatte. Dabei kam uns die Idee, einen Angriff auf seinen Notproviant, den er wie seinen Augapfel gehütet hat, zu starten. So haben wir immer wieder anklingen lassen, dass eine Nachspeise schon noch notwendig wäre um die Nacht zu überstehen. Der Norbert hat auch immer wieder nach den Kellner gerufen, um eine Bestellung aufzugeben. Wir aber haben diese Bestellung bis 20 Uhr hinauszögern können, weil da erst die Küche schließt.

Es kam, wie es geplant war. Die Küche war zu und wir hatten Gelüste auf eine Nachspeise, und wenn es auch „nur eine Salami" wäre. Schweren Herzens und unter wüster Androhung, dass er sicherlich an den nächsten Tagen verhungern würde, hat er die Salami herausgerückt und eigenhändig aufgeschnitten.

Einer der Höhepunkte eines Bergsteigers wird wohl die Ersteigung eines Viertausenders sein. So haben wir uns aufgemacht, den Gran Paradiso (4061 m) zu besteigen. Es war ein wunderschöner Anstieg zur Rif. Vittorio Emanuele (2775 m) mit einem gemütlichen Hüttenabend. In aller Herrgottsfrühe sind wir bei besten Verhältnissen und schönstem Wetter gestartet. Bei einer unserer Pausen kommt auch ein Führer mit drei Gästen am Seil bei uns vorbei. Der Führer ging vorgebeugt, das Seil über die Schulter, die Gäste gingen aufrecht

Von links: Franz Forstner, Norbert Kerkel jun. und sen., Christi Öckler, Herbert Worm und Sepp Mang auf der Rosengartenspitze

hinten nach und das Seil war bis zum letzten Gast gespannt wie eine Zithersaite. Auf unseren Zuruf, ob er ein Muli sei, kam die Antwort postwendend zurück: *„si, mula!"*

Die Besteigung eines Viertausenders ist ja kein „Kindergeburtstag" und muss dementsprechend auch belohnt werden. Zum Gipfelsieg wurde Sekt, Orangensaft (pur oder gemischt) und natürlich auf Wunsch auch Eis, gereicht. Leider haben nicht alle Teilnehmer aufgrund des noch bevorstehenden Abstieges von dem Angebot Gebrauch gemacht. Übrig geblieben ist aber dennoch nichts.

Gipfel des Gran Paradiso

Unsere alljährliche Schitourenwoche ging diesmal ins Obernbergertal am Brenner. Das Wetter war gut, aber die Schneeverhältnisse waren eher bescheiden. Ca. 30 cm tiefer Firn, zum Teil auch tiefer. Bei der Abfahrt ist der Norbert in ein Luftloch bei einer Latsche eingebrochen und bis zur Brust versunken. Sein Hund, der Rex, ist wie wild um ihn herumgehüpft und hat permanent gebellt. Währenddessen hat er seinen Rucksack vom Rücken genommen und sich mit seiner Lawinenschaufel ausgeschaufelt. Seine „guten" Freunde haben ihm leider vor lauter Schadenfreunde nicht helfen können.

Zum fünfzigsten Geburtstag haben wir dem Norbert zwei Flaschen Rotwein geschenkt. Und zwar eine Flasche auf dem Rif. Contrin (2016 m) und eine Flasche im Rif. Fedaia (2080 m) über den Umweg der Marmolada-Überschreitung (3343 m). Aber nur in dieser Reihenfolge. Beim Abstieg über das Gletscherfeld hat er sich beschwert, weil er immer vorgehen musste. Wir haben ihm erklärt, das müsse so sein, weil, wenn ihn die Schneebrücken aushalten, halten sie auch uns aus. Es war eine wunderschöne Bergtour bei herrlichstem Wetter.

Der Hohe Dachstein (2995 m) war auch eines unserer Ziele. Über den Hunerkogel-Klettersteig erreichten wir die Bergstation der Dachstein-Südwandbahn. Nach einer ausgiebigen Brotzeit erkletterten wir den Gipfel über den Ostgrat und stiegen die Nordostflanke wieder hinab. Dieser Weg war ziem-

Käthi und Norbert am Klettersteig zur Marmolada

lich stark vereist, sodass wir hier sehr vorsichtig agieren mussten. Der Norbert stieg etwa zehn Meter vor mir ab und rutschte plötzlich in einer engen Felsspalte aus. Er stürzte so unglücklich in diese Spalte, dass er sich wie ein Keil darin verklemmte. Außer ein paar Schürfwunden und einem sehr tadelnden Blick seiner Käthi ging dieser Ausrutscher glimpflich ab.

Von links: Eckhard Schmitt, Christi Öckler, Käthi Kerkel, Klaus Öckler und Norbert Kerkel

Tags darauf wollten wir den Ramsauer Klettersteig bis zur Hohen Gamsfeldspitze (2655 m) begehen. Dieser zum Teil ausgesetzte Steig bietet herrliche Tiefblicke bis ins Ramsauer Tal. Bei einer eher leichten Passage habe ich gesehen, dass sich ein paar von uns nicht im Stahlseil mit dem Klettersteigset gesichert haben. Weiter habe ich gesehen, dass das Stahlseil vermutlich durch Blitzschlag am Ende nicht mit dem Fels verbunden ist und einfach so am Boden gelegen hat. Trotzdem habe ich dringendst empfohlen, die eigenen Karabiner ins Stahlseil einzuhängen, was auch brav geschehen ist. Beim Abendessen war ich eine Halbe Bier für diesen Hinweis schuldig.

„Entschuldigung. Da hab ich glatt aus Versehen die Brotzeit von der Käthi aufgegessen."

Käthi und Norbert auf dem Gipfel der Hohen Gamsfeldspitze

Gesäuse, Haindlkarhütte, Peternpfad – für den belesenen und alpinge-schichtlich interessierten Norbert sollte auch ein Traum in Erfüllung gehen. Zuerst aber wollten wir den Bergsteigerfriedhof von Johnsbach besuchen. Obwohl oder bzw. weil hier viele bekannte Bergsteiger begraben wurden, die im Gesäuse den Tod fanden, sind wir die geplante Bergtour über den Petern-pfad zur Planspitze (2120 m), Heßhütte zum Hochtor (2369 m) schon mit einem gewissen Respekt angegangen.

Beim Zustieg zum Peternpfad haben wir eine Gedenkminute für die „alten Wiener Kletterer" an der alten Haindlkarhütte verbracht und nach etwa einer Stunde hat der Norbert festgestellt, dass er sein Hemd in der Hütte vergessen hat. Für eine Halbe Bier wurde auch das geregelt.

Es war ein ziemlich heißer Tag und der Schweiß ist geflossen. Da meinte der Norbert beim Abstieg zur Heßhütte, nachdem er sich zum x-ten Male die Brille abgewischt hatte: *„I kim ma vor, ois war i im Aquarium."*

Der nächste Tag sah uns auf dem Gipfel des Hochtor und auf einem wunder-schönen Abstieg über den Wasserfallweg ging es ins Tal. Den Abschluß bilde-te noch ein Besuch im Benediktinerstift Admont mit seiner größten Kloster-bibliothek der Welt.

Auch seinen Sechziger haben wir mit einer Bergtour verbunden. Durch seinen regelmäßigen Aufenthalt mit Wanderungen auf der Seiser Alm hat ihn der Laurenzi-Klettersteig am Molignon (2852 m) gereizt. Mit seinen Nachbarn Heidrun und Eckhard haben wir ihm eine Überraschung auf dem Gipfel versprochen. Dort angekommen wurden unsere Rucksäcke ausgepackt. Ein Tischtuch mit Sets und Servietten wurde ausgebreitet, Speck, Käse, Vinschgerl und Rotwein verteilt, nicht ohne vorher einen Aperitif mit Sekt ausgeschenkt zu haben. Die Augen wurden immer größer und als zum Schluss das Angebot für einen Cappuccino – natürlich mit heißem Wasser – kam, war die Überraschung perfekt.

Laurenzi-Klettersteig

Um das Glück vollständig zu machen, haben wir beim Abstieg über die Rif. Antermoia, der mit einem Wiederaufstieg zum Tierser Alpl verbunden ist, zufällig ein Taxi getroffen, das uns den anstrengenden Fußmarsch erspart hat.

Die letzten drei Bergferien haben wir zusammen mit der Umrundung der Drei Zinnen, in Vöran mit dem Besuch des Knottn-Kinos und in Alta Badia verbracht. Es waren wunderschöne Tage, an denen wir noch kleinere Wanderungen im nahen Umkreis haben machen können.

Nicht unerwähnt sollte bleiben, dass wir zwar jedes Jahr eine Bergtour geplant haben, auch wenn es manchmal terminlich nicht leicht war. Das Problem war aber, dass es in der Familie Kerkel durchaus vorgekommen ist, dass ein unvernünftiges Bienenvolk, eine ungünstig fallende Hundefutterdose oder eine plötzliche Erkrankung die eine oder andere jährliche Bergtour hat ausfallen lassen.

Die doch zu seltenen Bergurlaube haben sich stets als unglaublich stressfrei und erholsam gestaltet. Obwohl er mit Leib und Seele Landrat war, haben wir so gut wie nie politisiert. Es sei denn, wir hatten eine besondere Frage zur Landkreispolitik oder, was auch mal vorgekommen ist, dass es ihm nicht „so hinausgegangen" ist, wie er sich es vorgestellt und er den gesunden Menschenverstand bei seinen Gegnern in Frage gestellt hatte.

Die Unterhaltungen bei einem Bier bzw. Glas Wein waren immer unglaublich unterhaltsam. Hatte er doch die besondere Gabe, einem jeden Menschen, egal ob „prominent oder primitiv", bei einem Gespräch zu zeigen, dass sein Gegenüber im Augenblick sein wichtigster Gesprächspartner sei.

In der ersten Reihe des Knottn-Kinos

Ilse Wagner

Erster Eindruck

Es war im März 1987, an einem ungemütlichen Werktagnachmittag. Neben dem Haupteingang zum Schlierseer Kurzentrum stand ein stattlicher Mann, bekleidet mit einem grauen Lodenmantel, mit Bundhose, schweren Stiefeln und einer blauen Strickmütze auf dem Kopf. Eine abgegriffene Ledermappe lehnte neben ihm an der Hauswand.

Und dieser Mann verteilte Prospekte für die anstehende Miesbacher Landratswahl, ganz ohne den sonst üblichen Helfertross an seiner Seite. Offen und selbstsicher und doch natürlich und bescheiden ging er auf die Eintretenden zu und hatte für jeden – ob Jung oder Alt – ein freundliches Wort. Er wirkte nicht aufdringlich, sondern schien in sich zu ruhen.

Es war Norbert, dem ich hier begegnete. Auf mich wirkte er so authentisch und mit Bodenhaftung, dass ich ihn mir gut als neuen Landrat vorstellen konnte.

Bis heute habe ich dieses Bild vor mir; mein erster Eindruck hat sich bewahrheitet: Wir hatten in Norbert einen wunderbar menschlichen Landrat bekommen.

Karl Limmer jun. und Toni Demmelmeier

Norbert Kerkel
und die Freiwillige Feuerwehr Schaftlach

Vom 1. Oktober 1958 bis zu seinem Tod im Juni 2008, also fast 50 Jahre, gehörte Norbert Kerkel der Freiwilligen Feuerwehr Schaftlach an. Bei der Jahreshauptversammlung am 2. Januar 1999 wurde er für 40-jährige Mitgliedschaft geehrt. In seiner Amtszeit als 1. Bürgermeister der Gemeinde Waakirchen vom 01.05.1984 bis zum 30.04.1987 hatte Norbert Kerkel als oberster Dienstherr der Schaftlacher Floriansjünger stets ein offenes Ohr für die Belange der Wehr.

So überließ die Gemeinde im Jahr 1984 der Feuerwehr eine bislang vom gemeindlichen Bauhof genutzte zweite Garage am Schaftlacher Feuerwehrhaus. Ebenfalls 1984 wurde das Gerätehaus umgebaut, wobei unter anderem ein Waschraum geschaffen wurde. Im Jahr 1985 wurde von der Feuerwehr Holzkirchen ein gebrauchtes Tanklöschfahrzeug TLF 16 vom Typ Magirus gekauft, welches viele Jahre seine Dienste in der Schaftlacher Wehr und in der Gemeinde versah. Norbert Kerkel bezeichnete dieses Fahrzeug, dessen Baujahr 1958 identisch war mit seinem Beitrittsjahr zur Freiwilligen Feuerwehr Schaftlach, oft scherzhaft, aber auch respektvoll als „unser Großvater". 1985 wurde eine Heizung im Feuerwehrhaus eingebaut. Im Jahr 1987 überließ die Gemeinde der Freiwilligen Feuerwehr den sogenannten „Erker-Raum" im ersten Stock des ehemaligen Rathauses in Schaftlach als Schulungsraum.

Bei der Fahrzeugübergabe des TLF 16 im Jahr 1987, links: Karl Limmer jun. rechts: Reinhold Busse sen.

Auch nach seiner Wahl zum Landrat blieb Norbert Kerkel der Schaftlacher Feuerwehr verbunden. Als unmittelbarer Nachbar verfolgte er die Aktivitäten seiner Feuerwehrler sozusagen hautnah. Mit großem Interesse begleitete er den Abriß und Neubau des Schaftlacher Feuerwehrhauses ab dem Jahr 2007. Oft schaute er nach seinem Dienst im Landratsamt an der Baustelle vorbei und unterhielt sich intensiv mit den ehrenamtlichen Helfern. Und so ließ er es sich auch nicht nehmen, die Kosten für die Hebfeier der neuen Unterkunft zu übernehmen und den Abend mit einer seiner brillanten, humorvollen Ansprache zu bereichern.

Als das neue Feuerwehrhaus im Dezember 2007 mit der Lesung der „Heiligen Nacht" von Ludwig Thoma der Bevölkerung vorgestellt wurde, fasste Norbert Kerkel seine Anerkennung und seine Begeisterung für das Geschaffene in einem offenen Brief in Worte: *„Als Euer Nachbar weiß ich, was Ihr geleistet habt. Noch in der letzten Woche glich Eure Baustelle einem Bienenhaus und bis tief in die Nacht hinein brannte das Licht. Das Ergebnis Eurer freiwilligen Arbeit ist einfach großartig... Durch Euren unglaublichen Einsatz mit unzähligen ehrenamtlichen Arbeitsstunden habt Ihr ein Werk geschaffen, das weit über die Gemeindegrenzen hinaus strahlt!"*

Leider konnte Norbert Kerkel die Einweihungsfeier des neuen Schaftlacher Feuerwehrhauses am 29. Juni 2008 nicht mehr miterleben.

Nachbar Norbert bei der Hebfeier des neuen Schaftlacher Feuerwehrhauses im Juni 2007

Olaf Aschenbrenner

Der etwas andere Unfall
oder wie man aus etwas lernt

Es war so Anfang/Mitte der Achtziger (des letzten Jahrhunderts) als ich die Begeisterung für die Berge entwickelte. Hierzu ist zu sagen, dass mich die Bergwachtaktivitäten von Norbert sen. und Norbert jun. damals dazu verleiteten, ebenfalls dieser Organisation beizutreten, da ich im Vorfeld schon vielfältig von beiden eine Begeisterung für die Berge vermittelt bekommen habe. Nun hatte Norbert ja eine ausgewählte Bibliothek, wo ich mir auch das Tourenbuch „Klettern im schweren Fels" von Walter Pause in einer älteren Ausgabe ausleihen konnte. *„Gib bitte acht auf das Buch"* war das einzige, was Norbert mir ans Herz legte.

Nach anfänglichem Studium der dort aufgeführten Routen wurde das Buch dann doch einmal zur Seite gelegt und nicht mehr beachtet. Einige Zeit später erinnerte mich Norbert an die Rückgabe, was dazu führte, das Buch dann doch zu suchen. Es kam wie es kommen musste, ich fand es nicht mehr.

Da ich nun doch nicht „acht" gegeben habe, war es mir sehr peinlich, dies zu gestehen und habe das Thema einmal elegant zur Seite geschoben. Nur Norbert blieb hartnäckig, zu Recht.

Wie es der programmierte Zufall haben wollte, erlebte ich einen verregneten Sommerurlaub, beim Packen für die Heimfahrt griff ich wie zufällig unter den Beifahrersitz und ertastete einen dort nicht vermuteten Gegenstand, der sich einwandfrei als das Gesuchte identifizieren ließ. Einzig der Zustand war nicht mehr der Gleiche. Vielmehr hielt ich dank des durchgerosteten Autobodenblechs ein aufgeweichtes, aufgewelltes und angemodertes Stück Etwas in der Hand. An das was kommen musste, wollte ich gar nicht denken, da dieses Buch ja scheinbar für Norbert etwas Besonderes war.

Mein erster Rettungsversuch war das Absuchen von Büchereien, ob ich im Tausch gegen ein Neues so ein Antiquarisches bekommen konnte. Das war jedoch zum Scheitern verurteilt, die Möglichkeit über Internetauktionshäuser ein solches zu ersteigern lag noch sehr fern.

Die zweite Idee führte mich nach München in die Theresienstraße. Dort gab es eine Buchbinderei. Positiv gestimmt betrat ich den Laden, welcher zugleich eine Werkstatt war, in der mehrere Mitarbeiter im gedämpften Licht uralte Bücher restaurierten. Nach einer intensiven Prüfung durch einen Spezialisten wurde mir versichert, dass man da etwas tun könnte aber den Erfolg nicht garantieren kann. Auf alle Fälle würde es eine Zeit dauern und sicher nicht billig werden. Der Preis hierzu ließ mir das Blut in den Adern gefrieren, jedoch war dies der einzige Weg aus der selbstverschuldeten Misere zu kommen. In dem tiefen Glauben, vielleicht doch noch halbwegs ungeschoren aus der Angelegenheit zu kommen, trat ich den Rückweg an.

Nach einiger Zeit kam der Anruf, das Buch sei fertig. Gespannt auf das Ergebnis fuhr ich zur Abholung nach München. Was ich dort in Empfang nahm, war eine buchbinderische Höchstleistung. Das gebundene Buch wurde komplett zerlegt, Seite für Seite wurde chemisch behandelt, gedämpft und geglättet und neu gebunden. Der mehr als verärgerte Buchbinder versicherte mir noch, dass der Aufwand doppelt so hoch war, weil hier die Kunst aufs Höchste gefordert war. Das glaubte ich in Anbetracht des nicht mehr wiederzuerkennenden Buches sofort. Glücklich, dass er sich an die Vereinbarung gehalten hatte, glücklich auch darüber, dass ich das Buch sorglos zurückgeben konnte, machte ich mich auf den Heimweg.

Die Rückgabe selber gestaltete sich sehr einfach, Norbert war mehr als erfreut darüber, dass er das Buch wieder zurückbekam. Zielgerichtet blätterte er die vorderen Seiten freudig um, legte die Stirn in Falten, blätterte noch mal mit versteinerter Miene und sagte dann, es fehle die Seite mit der sehr persönlichen Widmung seiner Mutter. Den Blick, den er mir dabei zuwarf, werde ich in meinem Leben nie vergessen, es war eine Mischung aus Entsetzen, Ärger, Vorwurf, Hilflosigkeit und Enttäuschung. In all den Jahren habe ich Norbert nie schlecht gelaunt gesehen, nie fiel ein böses Wort, immer war der Humor auf seiner Seite. Damit war auch sofort klar, dass jeder Erklärungsversuch das Geschehene nicht wieder gutmachen konnte, fehl am Platze war und ich Norbert maßlos enttäuscht habe.

Nun, ich habe versucht, in der Buchbinderei noch das fehlende Blatt zu finden. Bis heute verstehe ich nicht, warum gerade die eine, alles entscheidende Seite, in der ganzen Aktion untergegangen ist. Es ging Norbert nicht um das Buch, es ging um die Widmung, und die war für immer verloren.

Jeder macht Fehler, diese Enttäuschung hätte ich ihm aber gerne erspart.

Wolfgang Haidorf

Auch Freundschaft geht durch den Magen

Unser erstes „richtiges" Zusammentreffen fand im Sommer 85 statt. Norbert war seit gut einem Jahr unser Bürgermeister und ich hatte mich nicht viel länger davor in Waakirchen niedergelassen. Uns beiden waren die eigentlichen Urheber der Geschichte nicht recht bekannt. Ein älteres Ehepaar aus Schaftlach wollte die Winterkälte des Oberlandes mit der Wärme der französischen Seealpen eintauschen und zog in ein kleines Dorf oberhalb von Nizza. Anhänglich an die alte Heimat konnten sie die dortigen Bürgermeister für den Gedanken an eine Gemeindepartnerschaft erwärmen. Prompt kündigten die Herren auch schon ihren Besuch im Voralpenland an, um mit Genuss und in einer gemieteten bayerischen Luxuslimousine Waakirchen kennenzulernen. Warum Norbert meine Französischkenntnisse so hoch einschätzte, wurde mir nie so ganz klar. Auf jeden Fall bat er mich um Dolmetscherhilfe: Im Laufe des Tages wurden meine Übersetzungskünste zwar nicht flüssiger, aber dafür zum Glück immer überflüssiger.

Natürlich zeigten wir den Herren unsere Perlen: Miesbach, den Tegernsee, Bad Tölz. Aber es musste auch noch die Zugspitze sein und so blieb in Wallgau nur noch ein Höhepunkt offen: die bayerische Küche. In der Gaststube der alten Wallgauer Post waren die schnell servierten Weißbiere noch gut vermittelbar. Erste Probleme entstanden bei der Lektüre der Speisekarte: „Böfflamot" war gut zu erklären, Wiener Schnitzel auch in Frankreich bekannt, aber: „Schweinshaxe"? Vom Leberkäse ganz zu schweigen! Wenn man Norberts Freude an diesen urbayerischen Genüssen erlebte, wurde klar, dass er zur Erklärung kulinarischer Köstlichkeiten keine Französischkenntnisse brauchte, sondern mit seinem Charme, seiner offenen, liebenswürdigen Art sehr wohl zum Mitmachen auffordern konnte. Die Suppe schmeckte unseren Gästen wohl, zumindest schluckten sie tapfer. Die Freude auf die Haxe wich jedoch einem ungläubigen Staunen. Getreu der französischen Küche eher an übersichtliche Portionen gewöhnt, benötigten sie längere Zeit und intensive Anleitung, das gewaltige Stück Fleisch in Angriff zu nehmen und gar zu kosten. Der Krautsalat wurde argwöhnisch beäugt und dann vorsichtig von einer Backentasche in die andere geschoben. Die vollständige französische Kapitulation aber geschah bei den Semmelknödeln.

Genau in dieser Situation kam Norberts liebenswürdige Frage, ob die Herren Probleme hätten...

Obwohl die Sprache der Diplomatie ja Französisch ist, versuchten wir die aufgewühlten Mägen und die nicht minder aufgewühlten Vorurteile gegenüber bayrischer Esskultur mit Verdauungsobstler und Bayrisch Creme zu beschwichtigen. Umsonst. Die angestrebte Partnerschaft kam wegen grundsätzlicher Geschmacksdiskrepanzen nicht zustande.

Drei Dinge bestimmen für mich bis heute diesen Tag: Erstens hatten unsere beiden Hunde einen guten Tag, nachdem uns die „Reste" eingepackt worden waren. Zumindest die beiden Vierbeiner konnten diesen Tag als „voll zufriedenstellend" verbuchen.

Darüber hinaus hatte ich das Vergnügen, einen Menschen näher kennenzulernen, dessen Charme auch ohne Worte jede Situation meisterte, der mit seiner Offenheit jede Stimmung und Aussage wortlos formulieren konnte, andererseits aber auch von jedem Gegenüber verstanden wurde. Zu guter Letzt hatten wir beide entdeckt, dass eine brave Schweinshaxe für zwei g'standene Männer zu einer soliden Freundschaftsbasis werden kann.

Josef Bichler
(Mitglied des Kreistags Miesbach und des Bezirkstags Oberbayern)

Begegnungen von zwei Schaftlachern

Begegnung in der Trachtenbewegung

Norbert Kerkel war ein Trachtler wie aus dem Bilderbuch, eine imposante bayerisch-barocke Erscheinung in der Tracht seines Heimatvereins Schaftlach-Piesenkam. Aber das war nur das äußerlich Sichtbare. Viel wichtiger ist, dass er ein Trachtler aus innerer Überzeugung, aus vollem Herzen war. Er engagierte sich im Ausschuss des Oberlandler Gauverbandes und war viele Jahre Theaterleiter im Schaftlacher Trachtenverein. Als ich 1987 nach seiner Wahl zum Landrat das Amt des Spielleiters im Verein übernehmen durfte, war er trotz der Belastung durch seine neue Aufgabe jederzeit mit Rat und Tat zur Stelle und ich konnte so von einem echten Profi in Sachen Theaterinszenierung viel lernen.

Insgesamt gehörten die Trachtenbewegung und unser schönes Oberland für ihn einfach zusammen. Als wir nach einem Gaufest in Gmund einmal nach dem Festgottesdienst unter freiem Himmel über die große Schar von Miederdirndln und Schalkfrauen, über die vielen Musikanten und Männer mit Gamsbart, Spielhahnfeder, Adlerflaum, Adlerfeder und „Roagaspitz" blickten, im Hintergrund der See und die Berge, entfuhr es ihm: *„Schau dir des o, des is doch a Bild wia im Paradies!"*

Begegnung in der Bergwacht

Wer kennt es nicht, das Bild des Bergwachtmanns Norbert Kerkel mit seinem Lawinensuchhund Rex. Aber wer ihn erst bei der Arbeit mit dem Hund im Gelände erlebt hat, wird dieses innige Team von Mensch und Hund nie mehr vergessen.

Es war eine groß angelegte, durch Hubschrauber unterstützte Lawinenübung am Stolzenberg im Spitzinggebiet. Norbert Kerkel war mit seinem jungen Hund natürlich auch dabei. Obwohl Norberts Körpermaße nicht ganz ideal waren für eine zügige Suche bergauf in schwierigem Gelände war es für uns beobachtende Bergwachtler eine Augenweide, zu sehen, wie zielstrebig und erfolgreich das Team Norbert/Rex den vergrabenen Rucksack fand.

114

Das enge Vertrauensverhältnis zwischen den beiden war zuvor schon sichtbar geworden. Als sich der Hubschrauber näherte, der uns zum Einsatzgebiet bringen sollte, zitterte der Hund vor Angst oder Aufregung am ganzen Körper. Norbert beruhigte ihn: *„Brauchst di net fürcht'n, i bin ja bei dir!"* Es war schon erstaunlich, wie ruhig Rex daraufhin den Flug absolvierte und mit Interesse das Innere unseres „Transporters" betrachtete.

Begegnung in der Politik

„Unser Landkreis Miesbach, gesicherter Lebensmittelpunkt für Jung und Alt, für Menschen mit und ohne Behinderung, auf Tradition gebaut, für die Zukunft offen, freundlich, liebenswert und gastlich." Wie ein Missionar hat Norbert Kerkel in seiner Eigenschaft als Landrat in Sitzungen und auf Veranstaltungen diesen Leitsatz immer wieder gepredigt. Und wer ihn je dabei erlebt hat, weiß, dass er dies auch mit vollem körperlichen Einsatz tat, gemäß dem Motto „Wer ein Feuer entzünden will, der muss selber brennen."

Legendär ist auch sein aus dem innersten Herzen kommendes Bemühen im Kreistag um einen fraktionsübergreifenden Konsens sowohl in der Runde der Fraktionsführer als auch im Kreistag als Ganzes. Er hat es immer wieder betont und in seinem Umgang mit den Mitgliedern der verschiedenen Gremien auch vorgelebt: „Jede gute Idee, ganz egal von welcher politischen Seite sie kommt, verdient es, dass sie geprüft wird und wenn möglich in Entscheidungen einfließt."

Mit dieser Einstellung und dem entsprechenden Verhalten hat Norbert Kerkel die politische Kultur im Landkreis Miesbach wesentlich geprägt.

Ich danke dem Herrgott, dass ich diesen wunderbaren Menschen kennenlernen und mit ihm in ganz unterschiedlichen Bereichen freundschaftlich zusammenarbeiten durfte.

Markus Seestaller
(Vorstand Heimat- und Volkstrachtenverein Schaftlach-Piesenkam)

Der Trachtler

Ich kenne Norbert schon aus meiner Kindheit beim Trachtenverein. Er führte bei vielen Veranstaltungen wie Heimatabenden und Theateraufführungen durchs Programm. Als ich 1988 zum Vorstand vom Heimat- und Volkstrachtenverein Schaftlach-Piesenkam gewählt wurde, war Norbert schon ein Jahr unser Landrat und leitete wie so oft vorher und später durch die Wahl. Natürlich war das Amt für mich nicht nur wegen meinen erst 21 Jahren eine schwere Aufgabe. Norbert sprach mir Mut zu: *„Des griag ma scho hi."*

Unvergessen sind uns die Weihnachtsfeiern im Trachtenheim. Die legendären Weihnachtsgeschichten von Norbert waren immer ein Zugpferd für die Veranstaltung. Wenn Norbert gelesen hat – eigentlich müsste man sagen mit der passenden Stimme gestaltet hat – wurden die Geschichten lebendig und alles war staad. Es war immer eine gefühlvolle Stimmung, das war einfach Weihnachten.

Norbert stand wie schon vor meiner Amtszeit auch seit meiner Wahl dem Trachtenverein zur Verfügung. Als Wahlleiter hat er schnell noch Kandidaten überredet und unschlüssige mit Charme überzeugen können. Er hat Heimatabende zusammengestellt und mit Wort und Witz die Beiträge verbunden. Beim 75-jährigen und 90-jährigen Vereinsjubiläum war Norbert uns eine Riesenhilfe. Er führte kurzweilig durchs Programm und hat kleine Pannen überbrückt, so als ein Plattler beim Auftritt durch die Bühne brach. Leider war es Norbert 2004 beim 100-jährigen Jubiläum wegen seiner Krankheit nicht vergönnt, durch den Festabend zu führen.

Norbert hat 1976 beim Bauen des Trachtenheims mitgeholfen. Für die Trachtenbewegung war er beim Gauausschuß als stellvertretender Schriftführer tätig. Von 1977 bis 1984 war Norbert als Theaterregisseur für den Verein aktiv. Unter seiner Regie wurden jedes Jahr bayrische Theaterstücke in der alten Post in Schaftlach aufgeführt. Zu Weihnachten hat er mit der Trachtlerjugend Hirtenspiele einstudiert. Beim Waldfest organisierte Norbert seit den 70er Jahren den Angelstand, wo Wein geangelt wurde. Er verstand es, mit seiner Redegewandtheit Jung und Alt zu begeistern. Dieses Amt hat Norbert an seinen Junior weitergegeben. Das ist das Schöne beim Trachtenverein: Du hast die ganze Familie dabei.

Norbert und Käthi beim Gaufest

Die Trachtenbewegung lag Norbert am Herzen. Er ist, obwohl er Bürgermeister und später Landrat war, immer mit ausgerückt und hat sich aktiv beteiligt.

Für mich ist besonders die Rede von Norbert im November 2007 zur Nominierungsveranstaltung der Freien Wähler in Waakirchen in Erinnerung. Er hat trotz seiner angeschlagenen Gesundheit über eine Stunde mitreißend über die 21-jährige Amtszeit im Landkreis und über die Arbeit der Freien Wähler erzählt.

Selbstverständlich war es für uns und alle Ortsvereine, am 18. Juni 2008 seinen letzten Gang und die Familie Kerkel zu unterstützen. Die Bereitschaft war sofort von allen da und der Zusammenhalt der Ortsvereine war ein überwältigendes Zeichen.

Anonym
(von einem Abiturienten des Jahrgangs 1989; Gymnasium Miesbach)

„Der Hausmeister hilft dem Landrat aus!"

Juni 1989, Glückaufsaal in Hausham, früher Abend, rund hundert Abiturienten des Gymnasiums Miesbach samt Eltern, Freunden, Lehrern und Honoratioren warten gespannt auf die Rede des noch recht neuen Landrats Norbert Kerkel. Die meisten kennen „den Neuen" nämlich noch nicht persönlich. Plötzlich gibt es Unruhe hinter der Bühne, laute Stimmen, Wortfetzen. Die Festgemeinde merkt erst allmählich, dass etwas nicht stimmen kann. Der Uhrzeiger ist schon bei zehn nach. Längst hätte der Festakt eröffnet werden sollen, aber es kommt niemand auf die Bühne. Plötzlich huscht, ja schleicht ein mit einem dunkelblauen Arbeitskittel bekleideter stattlicher Mann mittleren Alters, auf gut bayerisch ein g'standnes Mannsbild auf die Bühne, stellt sich so halb hinter und halb neben das Rednerpult und neigt seinen Kopf etwas unsicher und verlegen Richtung Mikrofon. Die Gäste schauen interessiert nach oben. Was ist denn jetzt los? Wer ist denn der, denkt sich so mancher. Mit der flachen Hand klopft er auf das Mikrofon, dass es gleich richtig kracht. *„Ja, oisooo. Ja, I bin da Hausmoaster vom Glückaufsaal. Und I soi aich ausrichdn, dass da Landrat a bißl spaada kimmd."*, sagt der Mann in einer Mischung aus „Ein Münchner im Himmel" und dem von Gehard Polt bestechend imitierten Stammtischbruder. Ganz so halt, wie jeder sich einen Hausmeister vorstellt. Er verläßt jetzt aber nicht die Bühne, sondern übernimmt wie die wartenden Gäste schnell merken, die Rolle des „Zeitüberbrückers". Und wie es sich für einen Menschen gehört, der in der Rede vor mehr als zweihundertfünfzig Leuten ungeübt ist, stopselt er so vor sich hin und redet und redet, verhaspelt sich, bricht mitten im Satz ab, macht völlig unverständliche Gedankensprünge, erzählt einen Schwank aus seinem Leben... Er hat wohl den Auftrag, keine peinliche Stille entstehen zu lassen. Doch gerade durch seine Rede entsteht immer mehr Peinlichkeit. In Wirklichkeit rutschen nämlich schon die Festgäste auf ihren Plätzen hin und her, schauen sich zum Teil belustigt, zum Teil befremdet untereinander an, und hören nolens volens den Hausmeistergeschichten weiter zu. Und der redet immer weiter. Die Eröffnung hatten sich die Gäste und Organisatoren wahrlich anders vorgestellt. *„Ja, und weil I scho da bin, woid I eana eh scho imma sagn..."* Herrschaft Zeitn, wann kommt jetzt endlich der neue Landrat? Der hat ja schon einen guten Start, wenn der alle warten läßt! Während des unendlich scheinenden Redeflusses des sehr pflichtbewußt seinen Auftrag ausführenden Hausmeisters, kommt es an verschiedenen Stellen auf dem mit Tischen und Stühlen festlich bestückten Parkett zu Getuschel und immer lauter werdender Unruhe. Plötzlich kamen nämlich dem einen oder anderen Zweifel. Geht hier alles mit rechten Dingen zu? Ist das hier wirklich ernsthaft? In Windeseile macht nämlich plötzlich folgende Information die Runde: *„I glab, des is ned da Hausmoaster"*. Offensichtlich merkt auch der Hausmeister das größer werdende Durcheinander unten auf dem Parkett. Und völlig unvermittelt beginnt dieser auch noch seinen Kittel auszuziehen, sagt ganz lapidar: *„Ja, jetzt is a da, da Landrat!"* und lacht herzhaft die völlig verdutzten Gäste mit einem schelmischen Grinsen an. Und wie die Geschichte weiterging, erfahren Sie am besten von einem der vielen damaligen Teilnehmer. Norbert Kerkel, ein begnadeter Laienschauspieler mit einzigartiger Originalität, spielte sich mit diesem Schwank und vielen anderen Auftritten in die Herzen seiner Landkreisbürger! Noch kurz vor seinem Tod schwärmte er über dieses Husarenstück der Täuschung und Überraschung! *„Lieber Norbert, vielen Dank für Deine begnadete Schauspielkunst und Deine tief beeindruckende Liebe zu Volk und Heimat! Du bleibst für unseren Abijahrgang und viele andere unvergesslich!"* sagt ein Abiturient von damals!

Abiturfeier in der Hanns-Seidel-Stiftung in Wildbad Kreuth

Dr. med. Manfred Kratzer

Auf dem Gran Paradiso

(4061 Meter)

Als ich 1985 in die Bergwacht Rottach-Egern eintrat, lernte ich kurz darauf Norbert Kerkel kennen. Es war anlässlich der üblichen Jahreshauptversammlung, zu der er aufgrund seiner politischen Erfahrung natürlich immer zum Wahlleiter bestimmt wurde. Und so nahm ich als Neuling zum ersten Mal seine raumgreifende Wirkung mit seinem vitalen und freundlichen Wesen wahr. Seit dieser Zeit kreuzten sich unsere Wege oft bei öffentlichen Anlässen, aber auch medizinischen Veranstaltungen, zu denen er sich aufgrund der Vorbereitung der Fusion der örtlichen Krankenhäuser im Landkreis Miesbach zum geplanten Großklinikum Agatharied persönlich sehr engagierte. Ich war stets stolz und dankbar ihn aufgrund der Bergwachtkameradschaft zum Duz-Freund zu haben und natürlich auch seine liebe Frau Käthi, die mir auch als Arzt bald ihr Vertrauen schenkte.

Um so mehr freute es mich, als uns 1991 unser Bergwachtkamerad Klaus Öckler von einer geplanten Tour auf den Gran Paradiso berichtete, die sich Norbert Kerkel – zu dieser Zeit schon Landrat im Landkreis Miesbach – schon lange wünschte. Die Einladung zu diesem Abenteuer in den Italienischen Alpen, die Besteigung eines der schönsten Viertausender unter sachkundiger Führung unseres Bergwachtkameraden Klaus Öckler nahm ich natürlich sofort an. So kam es, dass sich eine Gruppe von insgesamt neun Leuten um Klaus Öckler und Norbert Kerkel scharte, als da waren: Norberts Frau Käthi, Christi Öckler, die Nachbarn von Kerkel, Schmidt Eckard und Frau, Gloggner Georg aus Kreuth, sowie Forstner Franz, ebenfalls Bergwacht Rottach-Egern und meine Wenigkeit. Am 21. August war es dann soweit, wir fuhren über Aosta und steuerten am Abend, von Pont aus, die Rif. Vittorio Emanuele auf 2800 Meter an. Das Wetter war trocken aber wolkig und oben erwarteten uns zahlreiche Steinböcke auf den Almwiesen unterhalb des Gletschers. Zufrieden und erwartungsvoll kamen wir in die Hütte und hatten Hunger auf eine deftige Alpenmahlzeit.

Und wieder einmal musste ich schmunzelnd erleben wie Norbert, ohne dass er sich dessen bewusst war, durch seine vitale Art die Aufmerksamkeit der Menschen im kleinen Hüttenraum auf sich zog. Der kleine Italiener der in der Hütte bediente, Norbert Kerkel an Körpergröße weit unterlegen, turnte wie selbstverständlich auf das Geheiss Norberts um uns herum und brachte die von Norbert bestellten Weinkaraffen eine nach der anderen. Er hatte sofort begriffen, dass Norbert auch sonst in der Mitte des Lebens stand.

Leider zogen zunehmend dichte Wolken über der Hütte und dem über uns liegenden Gran Paradiso-Gletscher auf und es war ungewiss, ob wir den

Anstieg schon am nächsten Morgen versuchen konnten. Aus diesem Grund blieben wir in geselliger Runde, zu der Norbert viele Erinnerungen und Anekdoten aus seinem Bergsteigerleben beitrug, bis uns die Hüttenruhe ins Lager zwang.

Nach zu kurzer Nacht weckte uns Klaus Öckler erbarmungslos zum Aufbruch bei sternenklarer Nacht. Die Hüttentoilette war so winzig klein, dass mir heute noch nicht klar ist, wie Norbert, der uns alle mit seiner Körpergröße übertraf, damit klar kam. Anfangs mit Stirnlampen stapften wir über riesige Granitplatten mit tosenden Gletscherbächen dem Gletscher entgegen, folgten den Anweisungen und Spuren unseres Führers Klaus Öckler und erreichten am Schluss über ein spektakulär schmales ausgesetztes Felsband den Gipfel. Norbert ließ es sich nicht nehmen mit einigen schwungvollen Schritten zur Madonna hinaufzukraxeln und es war klar, dass wir alle zusammen ein wundervolles Bergabenteuer überstanden hatten. An diesem Tag war der Wunsch gereift, nochmal ein solches ähnliches Unternehmen zu planen.

Anstieg zum Gran Paradiso am 22. August 1991

Leider sollte es bei diesem einen gemeinsamen Bergabenteuer bleiben. Die viele Arbeit und später die Erkrankung von Norbert Kerkel sollten uns einen Strich durch die Rechnung machen. Norbert hatte jetzt einen noch schwierigeren Weg zu bestreiten, wohl den größten Berg seines Lebens, und er hat ihn beispielhaft für uns alle meisterhaft geschafft. Ich selbst bin durch die Begegnung und Freundschaft mit Norbert Kerkel, seiner Frau Käthi und natürlich allen anderen aus der Gruppe reicher geworden und möchte das Erlebnis niemals missen.

Marinus Weindl

Rom zu Fuß

Eine Pilgerreise mit Hindernissen

Bei zwei Pilgerreisen unseres Pfarrverbandes Waakirchen und Schaftlach durfte ich in Begleitung von Norbert dabei sein: nach Israel und 1995 nach Rom.

Schon bei der Landung auf dem Flughafen in Rom hat uns die Fluggesellschaft Alitalia eine Kostprobe vom Bummelstreik ihres Bodenpersonals vermittelt. Wir warteten mehr als eine Stunde auf unsere Koffer und kamen dementsprechend spät zum Mittagessen. Am Abend, bei Wein und Gemütlichkeit wurde angesagt, dass am anderen Morgen um sieben Uhr in der Kirche Campo Santo neben dem Petersplatz der hochwürdige Herr Kardinal Josef Ratzinger für bayerische Pilger eine Frühmesse feiert. Als ich am Morgen zur Rezeption kam, wurde mir gesagt, vor ein paar Minuten habe eine Gruppe das Hotel verlassen. Ich überlegte nicht lange, hab mir ein Taxi bestellen lassen und hab so den Petersplatz erreicht.

Allein schon die schmeichelhaften Ausdrücke des Taxifahrers den anderen Verkehrsteilnehmern gegenüber waren den Fahrpreis wert. Um dreiviertel sieben Uhr war ich ganz alleine auf dem Petersplatz. Ein Erlebnis, das ich nie vergesse, wenn man bedenkt, dass diesen Platz oft bis zu zweihunderttausend Menschen füllen.

Dann kam von weitem eine kleine Gruppe von zwölf Personen (die meisten hat das Bett nicht losgelassen). Voran ein Schwergewicht mit festem Schritt, es war der Norbert. Als er mich sah, rief er: „Des is ja da Marini, wo kimmst denn du her?"

Unsere Pilgergruppe und Teilnehmer aus ganz Bayern feierten mit Kardinal Josef Ratzinger die heilige Messe. Mit einer kurzen, auf die bayerischen Pilger abgestimmten Predigt bekamen wir für die kommenden Tage die richtige Stimmung.

Nach dem Gottesdienst waren wir im Garten zu einem ungezwungenen Ratsch beisammen.

Josef Kardinal Ratzinger und der Norbert kannten sich persönlich von der Einführung des Deutschen Ordens in Weyarn, so dass die Unterhaltung eine familiäre Atmosphäre in sich hatte. Unsere Reise, Rom zu Fuß, ist unter der Führung unseres Herrn Pfarrers Klaus Wernberger sehr schön verlaufen. Auch schöne Tage vergehen, und so mussten wir die Heimreise antreten. Unser Flugzeug von der Alitalia ist in Mailand zwischengelandet. Der Bummelstreik, von dem ich schon berichtet habe, hat sich in der Zwischenzeit zu einem Streik aller Bediensteten im Flugverkehr und der Bahn ausgeweitet. Die Flughalle in Mailand, 1. und 2. Stock, war voll von Reisenden und immer wurden es mehr. Die eingeblendete Abflugzeit nach München wurde immer wieder um eine Stunde verschoben, bis schließlich um 22 Uhr alles abgeschaltet wurde.

Die Reisenden öffneten ihre Koffer und holten Kleidungsstücke als Unterlage und Kopfkissen hervor, und suchten eine Gelegenheit, das müde Haupt zu lagern. Unser Landrat Norbert Kerkel hatte für den Montag wichtige Termine im Kalender, so war es um sieben Uhr in der Frühe die erste Tat, seine Chefsekretärin Frau Marianne Silbernagel anzurufen und den Tagesablauf neu zu besprechen. Unser Reiseleiter, Herr Pfarrer Klaus Wernberger, war in der misslichen Situation nicht untätig. Um Mitternacht läutete beim Busunternehmen Wedam in Waakirchen das Telefon. Hans Wedam und der aus dem Bett geholte Maurermoaster Miggi aus Schaftlach fuhren los und waren um halb acht Uhr in Mailand am Flughafen.

Am Abend gegen 17 Uhr kamen wir Rompilger, mit einem nicht mehr taufrischen Heiligenschein auf dem Kopf, mit neuen Eindrücken und etwas müde in der Heimat an.

Mit Marinus Weindl in Rom

123

Marcus H. Rosenmüller (Regisseur)

Leser helfen Lesern

Wochenlang habe ich zu Beginn meiner Büttenred-Erfahrung an meinen Texten geschrieben und gefeilt. Selten war ich zufrieden mit dem was vor mir auf meinem Zettel stand. Nach dem Feilschen um Kalauer und lokal-/weltpolitische Zeilen habe ich gebüffelt: Mindestens vier Tage hat es gedauert, bis ich den 15-minütigen Text Wort für Wort in- und auswendig konnte. Am ersten Wochenende nach dem 11. November war es dann soweit. Die Elferratssitzung im Gewerkschaftshaus stand an. Vor lauter Aufregung machte ich mir jedes Mal fast in die Hose und stand oft schon eine halbe Stunde vor meinem Auftritt neben der Technik. Und dann wiederholte sich alljährlich folgendes: Vor der Bütt wurde noch die Politikprominenz auf die Bühne geholt und nahezu jedes Mal in den 14 Jahren stand Norbert Kerkel somit vor meinem Auftritt auf der Bühne und hielt eine Rede, scheinbar aus dem Hemdsärmel geschüttelt, mit Witz und Effet, stets einem schönen Spannungsbogen, im schlimmsten Fall mit Themen, die ich gleich ein wenig fader erzählen würde, so dass ich eifersüchtig und noch aufgeregter hinter der Bühne zitterte. Ich beneidete ihn darum. Bei ihm kam schon einiges zusammen: die Rhetorik, Mimik und Gestik, das Wichtigste aber, und das war auch der Grund, warum er so gut ankam: er war herzlich und wirklich. Die Lust an dieser Freude zu erzählen kam echt aus ihm und war nicht aus irgendeinem Kalkül heraus entsprungen. Das Schönste war natürlich, wenn er mich dann in der Pause traf und mich aufrichtig für meine Verse lobte. Da bin ich dann schon ein bisschen gewachsen.

Einmal wurde ich gefragt ob ich wohl ein paar Gedichte bei der Benefiz-Aktion „Leser helfen Lesern" vortragen könnte. Auch dieser Abend war im Gewerkschaftshaus. Doch dieses Mal war der Landrat zwar als Gast anwesend aber er hielt keine Rede vor mir. Spontan kam mir der Einfall dass, wenn ich schon Gedichte lese, und wir hier bei „Leser helfen Lesern" sind, müsse doch jemand dem Leser lesen helfen, und bat also den Landrat zu mir auf die Bühne um mich zu unterstützen. Ohne zu zögern stand er auf und setzte sich neben mich an den Tisch. Schon war ich wieder aufgeregt, ist doch das eine oder andere Gedicht von mir ein bisschen schlüpfrig und eben nicht wirklich politisch korrekt. Also hatte ich mir vorgenommen ihm stets die eher derben Pointen wegzunehmen um ihn nicht vorzuführen. Aber schon nach wenigen Gedichten konnte ich beruhigt sein. Er las sie alle mit solch einer Inbrunst und einem Charme, dass es eine rechte Freude war und wir mit den Zuhörern eine richtige Gaudi hatten. Wie er schmatzend und schnaubend ein äußerst mittelmäßiges Gedicht von mir mit dem Titel „Buße" vortrug, in dem es um die wärmende Wirkung von Sauerkraut geht, und das Gedicht so zum Zenit seines lyrischen Daseins hob, wird mir unvergessen sein. Als ich Jahre später den bayerischen Filmpreis gewonnen habe war die Krönung ein Brief von ihm. Darin gratulierte er mir herzlichst und schrieb wie stolz er ist, mit mir auf der Bühne gewesen zu sein. Und wie stolz bin ich erst!!

Jedesmal wenn ich heute bei einem Gedichteabend die Zeilen lese

> „mampf mampf mampf
> es wird schon warm,
> vor Freude pfeift sogar der Darm,
> mampf mampf,
> Sauerkraut befreit von Schmerzen,
> mampf mampf,
> ach gäbs auch Sauerkraut für unsere Herzen!"

da denk ich an ihn, da sitzt er bei mir auf der Bühne.

Ingrid Versen
(Gründerin und Vorsitzende der „Sir Edmund Hillary-Stiftung Deutschland e.V.")

Wie Norbert Kerkel Ehrenmitglied wurde

Nachdem ich mit Sir Edmund Hillary 1990 erstmals im Himalaya/Nepal unterwegs war, wo er mir seine privaten Hilfsprojekte (Krankenhäuser und Schulen) für die Sherpas am Fuße des Mount Everest zeigte, habe ich ihm ganz spontan meine Hilfe angeboten und nach Rückkehr in Bad Wiessee die Stiftung Deutschland gegründet. Der finanzielle Grundstock war mein großer Farbbericht „Mit Edmund Hillary zum höchsten Hospital der Welt" in der europaweit erscheinenden Zeitschrift „Medizin Heute", wobei ich mein Honorar zur Verfügung stellte. Diese Zeitschrift übergab ich unserem damaligen Landrat Norbert Kerkel und berichtete ihm, dass ich den Mt. Everest-Erstbesteiger (zusammen mit dem Sherpa Tensing Norgay) zu einem Vortrag von Neuseeland nach Deutschland holen könnte, um Geld für die Stiftung zu sammeln. Damals antwortete Kerkel begeistert: „Wenn Sie es schaffen, den berühmtesten Bergsteiger der Welt erstmals nach Bayern zu bringen und dann noch in unseren Landkreis, werde ich die Schirmherrschaft übernehmen und den Festabend auch moderieren." Im Oktober 1991 war es dann so weit: Die Eintrittskarten für den Vortrag im großen Postsaal wurden in nur einem Tag verkauft. Der Ansturm aus ganz Bayern war überwältigend – wir hätten das Kartenkontingent vielfach verkaufen können. Fernseh- und Rundfunkstationen erschienen und sogar die Deutsche Presse-Agentur (dpa) reiste mit mehreren Journalisten an. Um dem neuseeländischen Gast einen Einblick in bayerisches Brauchtum zu geben, trat im Vorprogramm der Heimat- und Volkstrachtenverein Bad Wiessee auf, was Hillary sichtlich Spaß machte. Anschließend zeigte er seine historischen Fotos von der Everest-Erstbesteigung 1953, die er mit seinem britischen Humor würzte. Gemeinsam mit Bürgermeister Herbert Fischhaber moderierte Landrat Kerkel den Abend, wozu auch bekannte bayerische Bergsteiger eingeladen waren, allen voran Hans Engel aus Waakirchen, der 1978 als erster Deutscher den Mt. Everest im Himalaya ohne künstlichen Sauerstoff bestieg. Auch wenn die Dolmetscherin ob der Besuchermassen im Postsaal die Nerven verlor und trotz bester Vorbreitung immer wieder „Aussetzer" hatte, tat das der Veranstaltung insgesamt keinen Abbruch. Anschließend konnten wir 10.000 DM an Spenden für unser Krankenhaus in Paphlu (2.650 m hoch) verbuchen.

In den Folgejahren hatte Landrat Norbert Kerkel für die Belange der Hillary-Stiftung stets weiterhin ein offenes Ohr. 1999 empfing er Hillary's einzigen Sohn Peter, der auf der Route des Vaters bereits 1990 den Mt. Everest bestiegen hatte.

2001 sollte Sir Edmund Hillary für einen Vortrag zu Gast in Bad Tölz sein. Seine kurzfristige Erkrankung erschreckte vor allem den Veranstalter, aber auch unsere ganze Stiftung, denn die einjährigen Vorbereitungen waren abgeschlossen. Spontan fand sich Peter Hillary bereit, seinen eigenen Vortrag in Japan zu verschieben, um den Vater in Bad Tölz zu vertreten. Auf Vorschlag von Journalist Michael Pause (BR bergauf-bergab), langjähriges Mitglied in unserer Hillary-Stiftung, wurde die klassische Vortragsrede von Hillary ins Deutsche übersetzt und Landrat Norbert Kerkel fand sich bereit, den Part der „deutschen Stimme" von Edmund Hillary zu übernehmen. Wegen der zahlreichen bergsteigerischen Fachausdrücke war das natürlich eine „Knochenarbeit". Mit stehendem Applaus bezeugten die Vortrags-Besucher am Schluss ihren Respekt und die Hillary-Stiftung konnte wiederum 10.000 DM an Spenden verbuchen.

Nachdem ich der Familie Hillary telefonisch von dem erfolgreichen Abend berichtete und bemerkte, dass Norbert Kerkel die zeitaufwändige Leistung vollbrachte ohne Mitglied in unserer Stiftung zu sein, antwortete Edmund Hillary spontan: „Dann macht ihn doch zum Ehrenmitglied". So geschah es dann anlässlich der Jahreshauptversammlung im Februar 2002.

Herbert Fischhaber, Norbert Kerkel, Ingrid Versen, Peter Hillary, Georg Bromme und Jakob Kreidl im Jahr 1999

Dr. med. Günther Jeske

Der Patient

Gemeinsam in Schaftlach aufgewachsen, war ich langjähriger Hausarzt unseres Landrats Norbert Kerkel.

Von Dezember 2003 bis zu seinem Tod am 12.06.2008, habe ich ihn bei seiner Tumorerkrankung begleitet. Wie es unser Norbert oft selbst ausdrückte, war es eine Bergwanderung mit vielen steilen, unwegsamen und steinigen Aufstiegen, unzähligen Vorgipfeln, abgrundtiefen Tälern und dem Risiko jederzeit abstürzen zu können. Dass er trotz der Krebserkrankung nie seinen Lebenswillen und seinen Humor verlor möchte ich in der folgenden Anekdote schildern:

Während der Chemotherapie waren wiederholte Blutbildkontrollen erforderlich und bei einem dieser Hausbesuche sagte der Landrat: *„Weißt du, lieber Günther, irgendetwas stimmt in deiner Praxis nicht! Die Leukozytenzahl ist im Klinikum Großhadern stets höher als bei dir und könnte es sein, dass du auf dem Weg in die Praxis weiße Blutkörperchen verlierst?"*

Am nächsten Tag schrieb ich unserm Landrat folgenden Brief:

„Lieber Norbert,

mit großer Besorgnis habe ich Deine Bedenken zur Kenntnis genommen und mich sofort mit meinem Leukozytensuchhund Nelli auf den Weg gemacht und zu meinem größten Entsetzen haben wir im Straßenstaub stark verschmutzte, aber noch wiederverwertbare weiße Blutkörperchen gefunden. Ich habe sie so gut es ging gereinigt und als Entschädigung einige Rote und Segmentförmige hinzugefügt."

Diesen Brief habe ich ihm mit einem Päckchen Konfetti per Post zugeschickt. Laut Auskunft seiner Frau Käthi soll sich der Landrat köstlich amüsiert haben.

Kurz vor Ende der Legislaturperiode war es unserm Landrat eine besondere Herzensangelegenheit, den Kreisrat entsprechend zu verabschieden. Durch seine Krankheit gezeichnet fragte er mich wiederholt, ob er diese Verabschiedung noch durchführen könne. Wir einigten uns darauf, es letztendlich von einer Blutprobe am Vortag abhängig zu machen. Als er mich nach dem Ergebnis fragte, versicherte ich ihm, die Leukozytenzählung eigenhändig durchgeführt zu haben und es sei alles im grünen Bereich. Ich wusste, was er hören wollte und er wusste, was ich ihm sagen würde.

Am 21. 04. 2008 fand der Dankgottesdienst in der Heilig-Kreuz-Kirche in Schaftlach statt und die letzte große Rede unseres Landrats bei der Verabschiedung seiner Kreisräte in Gut Kaltenbrunn wird allen unvergesslich bleiben.

Wenige Wochen später stellte sich dann das gefürchtete leukozytopenische Fieber ein und ich wusste, dass ich nicht nur einen langjährigen Patienten sondern auch einen guten Freund verlieren würde.

Dagmar Mayer
(Die Mieterin)

Lieber Norbert,

der Bitte nachzukommen, besondere Begebenheiten mit Dir zu Papier zu bringen, fällt mir schwer.

Wie ich jetzt weiß, war eigentlich die ganze Zeit, die wir uns kannten, etwas Besonderes für mich und meinen verstorbenen Mann Winni. Seit nahezu vierzig Jahren lebten wir, dann nur ich „Tür an Tür" als Mieter in deinem Haus.
Nie gab es ein ungutes Wort, kleine Probleme haben wir immer gemeinsam gemeistert. Du hattest auch nie eine Distanz zwischen uns aufkommen lassen, als Du Bürgermeister und dann Landrat wurdest. Im Gegenteil: Du hast uns durch Einladungen immer wieder in besondere Ereignisse einbezogen, obwohl wir dafür eigentlich nur Danke sagen konnten.

Unvergesslich und zu Herzen gehend war Deine Reaktion, als sich Dir mein neuer Lebenspartner Helmut vorstellte: *„Da bin ich aber froh, dass Dagmar nicht mehr alleine ist"*, hast Du gesagt. Welche Größe!

Norbert, Du warst und bleibst in unserem Leben jemand ganz Besonderes!

Danke, dass es Dich gab.

Martin Unterrainer
(Nachfolger von Norbert für die Weihnachtslesungen)

Lesungen am Wendelstein

Norbert Kerkel lernte ich persönlich insbesondere jenseits seines politischen Amts im Rahmen seiner karitativen Weihnachtslesungen kennen.

Jeder, der Gelegenheit hatte, eine seiner Lesungen zu besuchen, wird es bestätigen: Norbert Kerkel wusste wie kein anderer, sein Publikum zu begeistern und in den Bann zu ziehen. Seine sorgfältig ausgewählten heiter bis besinnlichen Weihnachtsgeschichten, vorgetragen in Mundart mit seiner natürlichen und ungezwungenen Art, zauberten eine Atmosphäre in den Raum, in der man die berühmte Stecknadel fallen hören konnte (sofern der Saal nicht gerade vor Lachen bebte, weil Norbert die Geschichte vom „Brunchen" vorlas).

Egal, ob ich Norbert auf dem Schaftlacher Waldfest, sonntags nach der Kirche oder zehn Minuten vor einer seiner Lesungen traf: er nahm sich immer die Zeit für ein Gespräch und unterbreitete mir Tipps und Vorschläge für Veranstaltungen, die ich stets dankend annahm. In Erinnerung bleiben wird mir von Norbert Kerkel insbesondere seine einzigartig menschliche und vertrauensvolle Art sowie sein unendlicher Optimismus bis über alle Grenzen hinaus.

Wendelsteingipfel

131

Prof. Dr. med. Ralf Huss

Noch ein politischer Löwe...

Ich schreibe diese Zeilen über den Altlandrat Norbert Kerkel an dem Tag, als Senator Edward Kennedy in Boston bzw. auf dem Arlington National Cemetery in der Nähe seiner Brüder John F. und Robert „Bobby" Kennedy beerdigt wird. Während ich die Beerdigung für Norbert Kerkel persönlich direkt in Schaftlach verfolgen konnte, habe ich die Trauerfeier für Ted Kennedy natürlich nur auf CNN sehen können. Aber dennoch gibt es viele Parallelen. Beide Politiker starben an einem Krebsleiden, das sie tapfer und beispielhaft erduldet haben. Beide waren beispielhafte Demokraten und daher war auch die Politprominenz aller Lager glei-

Foto: Max Rinner

Das Oberländerdenkmal in Waakirchen mit dem Bayrischen Löwen

chermaßen vertreten. Beide Männer standen im Interesse der Sache meist über dem parteipolitischen Kalkül und an beiden Tagen hat es in Strömen geregnet. Beide Politiker waren gläubige Katholiken, liebten ihre Heimat (der eine Oberbayern, der andere Massachusetts in den USA), deren Menschen und unter denen besonders die, denen es nicht so gut ging. Während Ted Kennedy zeit seines Lebens für eine Gesundheitsversorgung aller Amerikaner kämpfte, baute Norbert Kerkel einen gesundheitspolitischen Leuchtturm: das Kreiskrankenhaus Agatharied zusammen mit dem Bezirkskrankenhaus. Es blieb allerdings zeit seines Lebens auch ein Traum, dass es einen gemeinsamen Eingang sowohl für somatisch wie auch psychisch Kranke geben würde. Somit konnten beide, Senator Ted Kennedy und Landrat Norbert Kerkel, ihren letzten Traum nicht mehr persönlich verwirklichen.

Ich kann mich nicht mehr genau an den Tag erinnern, als ich Norbert Kerkel das erste Mal persönlich kennengelernt habe. Entweder war es bei einer der zahlreichen Familienfeiern im Haus seiner Tochter Monika oder vielleicht als wir alle durch lautes Geknatter vor unserer Haustür aufgeschreckt wurden, wenn Norbert Kerkel mit seinem BMW-Motorrad die Strecke von Schaftlach nach Hauserdörfl zurücklegte.

Allerdings kann ich mich noch sehr genau an den Moment seiner Krebsdiagnose erinnern. Inzwischen waren wir „per Du" und er teilte mir mit, dass man ihm einen auffälligen Lymphknoten entfernt hatte. Zu dieser Zeit arbeitete ich noch als Pathologe an der Universität München und zusammen mit meinem Chef stellte ich damals die Diagnose. Leider konnten wir die eigentlich günstige Prognose nicht sehr lange aufrechterhalten, denn neuere Untersuchungen zeigten schließlich ein deutlich düsteres Bild. Im Verlauf der verbliebenen vier Jahre haben wir viele Stunden über seine Krankheit, Krebs und die Nebenwirkungen der Therapie gesprochen. Dabei hat er sich als gelehriger und interessierter Schüler gezeigt. Ich wünschte, ich hätte nur solche Studenten!

Trotz seines Leidens vertrat Norbert Kerkel weiterhin unbeirrt die Interessen seines Landkreises und deren Menschen. An einem Wochenende im Herbst 2007 hatte ich ein paar Freunde und Kollegen zu einem Gedankenaustausch nach Wildbad Kreuth eingeladen. Es waren eine gute Handvoll Unternehmer, Geschäftsführer oder leitende Angestellte aus großen Unternehmen der Medizintechnik, Biotechnologie und Pharmazeutischen Industrie. Üblicherweise finden diese lockeren Treffen alle vier Monate in unterschiedlichen Gegenden der Bundesrepublik statt, diesmal halt in Oberbayern. Trotz meiner sehr vorsichtigen Einladung, kam der Landrat in Tracht mit Joppe und kurzer Trachtenlederhose zu dem vereinbarten Treffpunkt ins „Alte Bad", mit einem Stapel Bücher unter dem Arm. In den nächsten zwei Stunden plauderten wir bei Weißbier und Kuchen gemeinsam über die Möglichkeiten und Grenzen des Gesundheitssystems in Deutschland, aber besonders hier im Landkreis Miesbach. Zum Abschluß schenkte er jedem von uns einen Bildband über den Landkreis, den er selbst verfaßt hatte. Sein Tod machte später alle Beteiligten sehr betroffen, auch wenn sie Norbert Kerkel nur zwei Stunden kennengelernt hatten.

Wie Ted Kennedy war Norbert Kerkel ein überzeugter und überzeugender Demokrat und politischer Löwe im besten Sinne des Wortes. Jedes Jahr am Morgen des Heiligen Abends stand Norbert Kerkel in der Mitte seiner Heimatgemeinde Waakirchen zusammen mit seinen Gebirgsschützen unter dem Oberländer Löwendenkmal im Gedenken an die Sendlinger Mordweihnacht 1705. Auch so bleibt er mir in Erinnerung.

Bürgermeistertreffen des Landkreises 1985

*stehend von links: Martin Auracher (Bayrischzell), Arnfried Färber (Hausham),
Norbert Kerkel (Waakirchen), Engelbert Panzer (Weyarn), Albert Seiler (Holzkirchen),
Josef Mayr (Valley), Adalbert Lang (Schliersee), Peter Zellermair (Gmund),
Bartholomäus Göttfried (Fischbachau), Hans Schubeck (Miesbach),
Landrat Wolfgang Gröbl, Adreas Stockmeier (Otterfing), Quirin Höß (Irschenberg),
sitzend von links: Max Engelsberger (Rottach Egern), Karl Mayer (Kreuth),
Peter Rixner (Tegernsee), Herbert Fischhaber (Bad Wiessee)*

BERUFLICHE BEGLEITER

Ilse Faltermeier

Ein Mensch ohne Vorurteile

Zur ersten Begegnung mit Norbert Kerkel kam es während des Wahlkampfes im Jahre 1986. Als politisch interessierte Bürgerin besuchte ich Wahlveranstaltungen. Recht schnell begeisterte er mich mit seiner natürlichen und offenen Art, mit der er trotz Wahlkampfstress auf alle Fragen und auch Kritik einging. Er behandelte auch seine, anfänglich drei Konkurrenten fair und ohne Polemik.

Es blies ihm wahrlich der Wind ins Gesicht, doch er verlor selbst bei Angriffen, die schon etwas unter die Gürtellinie gingen, nie seine Haltung. Mein Mann und ich entschieden uns daraufhin, für ihn in unserem Bekannten- und Freundeskreis zu werben.

Nach der Wahl kamen wir ins Gespräch und Norbert schlug mir vor, ihm ein Freund zu sein und ihn, sollte er mal die Bodenhaftung verlieren auch darauf hinzuweisen.

Als nächstes erinnere ich eine denkwürdige Veranstaltung zum Thema „Heimat". Im Bräuwirt fand eine Podiumsdiskussion statt, beteiligt war auch unter anderen Christian Ude, der damals noch nicht OB von München war.

Norbert Kerkel überzeugte mit seinem deutlichen Bekenntnis zu Familie, Heimatgemeinde und Glauben, ohne langschweifige, philosophische Abhandlungen. Es zeigte sich, dass er ganz selbstverständlich in seiner Heimat verwurzelt war. Diese Verankerung gab ihm die Sicherheit, offen und ohne Absicherung durch Vorurteile, auf Menschen zuzugehen und sich immer wieder neuen Herausforderungen zu stellen. Sie gab ihm Wurzeln und Flügel zugleich. Eine sichere Fundierung in seiner Heimat eröffnete ihm die Möglichkeit zur Weite, darüber musste er nicht philosophisch nachdenken. Er lebte es.

Die nächsten Begegnungen hatten dann jeweils mit meiner Arbeit für die Lebenshilfe zu tun. Dabei wurde eins ganz deutlich: Für Norbert war gleichberechtigtes Zusammenleben etwas ganz Normales. Er begegnete jedem Menschen auf gleicher Augenhöhe. Das tat er, ganz sicher, ohne sich darum zu mühen, auch mit Menschen mit Behinderung. Ich erinnere noch gut, wie er den besonders schwerbehinderten jungen Menschen im Haus Bambi begegnete. Sofort war Nähe da. Zu jeder Person fand er einen ganz eigenen Zugang und dabei zeigte er das richtige Maß an Nähe und Distanz. Ich bin mir sicher, dass er sich darüber keine Gedanken gemacht hat, sondern dass er jedem Menschen als gleichberechtigter Partner begegnete. Durch diese überzeugende Haltung gelang es auch, Ablehnung und Vorurteile in der dortigen Nachbarschaft zum Schweigen zu bringen.

Dank dieser Einstellung wurde dann auch beim Krankenhausneubau die Einrichtung einer Psychiatrie möglich.

Während es in anderen Landkreisen große Vorbehalte beim Ansiedeln von Schwerbehinderten- oder Psychiatrischen Einrichtungen gibt, die sogar zu Zivilprozessen führen, ging das in unserem Landkreis beide Male ohne großes Spektakel über die Bühne. Einen wichtigen Beitrag dazu leistete dabei Bürgermeister Färber, gemeinsam mit unserem Landrat Norbert Kerkel. Sie nahmen den Protestierenden den Wind aus den Segeln.

Ich konnte bei meinen persönlichen Gesprächen mit Gegnern auf völlige Unterstützung beider bauen. Das führte dazu, dass aus ehemaligen Gegnern Nachbarn wurden.

Überhaupt konnte die Lebenshilfe das Projekt Haus Bambi nur stemmen, weil der gesamte Kreistag, auch durch die eindeutige Unterstützung „unseres Landrats", dahinter stand und auch bei der Zwischenfinanzierung half.

Diese uneingeschränkte Unterstützung der Menschen mit Behinderung hat Norbert Kerkel immer praktiziert. So kam es in unserem Landkreis zu immer selbstverständlicherem Zusammenleben von Menschen mit und ohne Behinderung.

Gut erinnere ich noch den schwierigen Schritt, die Werkstatt für Behinderte in eine GmbH zu überführen. Als Mitglied im Werkstattausschuss erlebte ich, wie alle dort, auch aus Angst vor Veränderung und wegen bisheriger schlechter Erfahrungen, keine Trägerschaftsänderung wollten. Norbert ging diesen Prozess ganz behutsam an. Er nahm jeden mit auf den Weg. Sicher spürte er sehr bald, dass nur ein Zusammenschluss in einer GmbH der Werkstatt eine gute Zukunft sichern konnte. Er lotete alle Vorschläge aus. Letztendlich übernahm er dann als Verwaltungsrat für die besorgten Eltern die Verantwortung, und gab ihnen so das Vertrauen, dass es gut gehen könne. Diese Verantwortung nahm er ernst. Die Eltern wussten, sie hatten in ihm einen unermüdlichen Fürsprecher.

Ich erinnere da einen ganz speziellen Elternabend am 11. September 2001. Ja, gerade dieser weltpolitisch so erschütternde Tag war zufällig als Elternabend terminiert. Nach den erschreckenden Ereignissen des Tages dachte ich, unsere kleinen Sorgen sollten nun zurücktreten und wir lassen das Gespräch. Doch Norbert kam ganz selbstverständlich, obwohl auch er sichtlich erschüttert war über die Ereignisse des Tages. Trotzdem schaffte er es, sich noch voll auf die „kleinen" Sorgen der Eltern einzustellen und sie ernst zu nehmen. Er brauchte keine psychologischen Erklärungen des Tatbestandes, dass für Eltern ihre erwachsenen Kinder immer Kinder bleiben und die Eltern deshalb etwas zur Überbehütung neigen.

Ganz natürlich erklärte er den Eltern, dass bestimmte Herausforderungen in der Werkstatt, für die erwachsenen Kinder eher fördernd als überfordernd seien. Gleichzeitig nahm er berechtigte Bitten um Abhilfe ernst und führte auch Veränderungen herbei. Da ging es z.B. um das starke Rauchen im Eingangsbereich der Werkstatt. Eltern machten sich Sorgen um die Gesundheit und eine mögliche Nachahmung ihrer Kinder, während die Mitarbeiter Rauchen als Normalisierung und Erwachsensein sahen. Norbert vermittelte einen von alle Seiten akzeptierten Kompromiss. Tragfähige Kompromisse zu erreichen, war eine seiner herausragenden politischen Begabungen.

Ich erinnere noch gut, wie wichtig für die behinderten Mitarbeiter der Werkstatt das Wissen war: „Unser Landrat ist für uns da". Mehrere Mitarbeiter schilderten ihm ihre Wünsche und Probleme. Kein Brief blieb ohne Reaktion. Hier zeigte sich wieder die Begegnung auf gleicher Augenhöhe.

Als es darum ging, die Einrichtungen der Regens-Wagner-Stiftung in Erlkam zu unterstützen, war er sofort bereit sich einzusetzen, so dass dort das Wohnen und die Förderstätte für Menschen mit schwererer Behinderung verwirklicht werden konnten.

Ganze zweimal habe ich von dem Angebot Gebrauch gemacht, mich an ihn zu wenden, wenn er die Bodenhaftung verlöre. Norbert hatte nie die Bodenhaftung verloren, doch zweimal war zumindest ich der Meinung, dass etwas noch mal überdacht oder überprüft werden sollte, obwohl alles so offensichtlich und eindeutig erschien. Obwohl meine Einlassungen recht kühn waren, Norbert hat sie ernst genommen und die Dinge nochmals überprüft und zum Teil verändert.

In der Zeit seiner schweren Erkrankung hatten wir immer mal wieder kurze Gespräche oder entsprechenden Schriftwechsel. Er wusste von Anbeginn an sehr wohl um die Schwere seiner Krankheit. Er hat aber alles getan, auch schwere Behandlungen auf sich genommen, um weiterhin für seinen Landkreis, seine Familie und alle die Menschen, die ihm nahe standen, da zu sein. Im Vertrauen auf Gott hat er die Krankheit angenommen.

Keiner, der bei der letzten Kreistagsfahrt oder bei der Abschlusssitzung des Kreistages in Kaltenbrunn dabei war, wird seine Menschlichkeit und seine Nähe vergessen, so konnte er selbst in seinen schweren Stunden noch Hoffnung geben.

Ich bin dankbar, dass ich Norbert begegnen durfte. Er hat etwas mehr menschliche Wärme in unseren Landkreis gebracht. Für mich ist das Auftrag, weiter in diesem Sinne zu wirken, besonders dass wir auch in kälter werdenden Zeiten zusammenstehen. Er hat ganz selbstverständlich zuerst den Menschen gesehen und Menschen nicht nach oberflächlichen Leistungskriterien bewertet. Er hat jedem seiner Gegenüber ihren eigenen Wert erleben lassen.

Es gehört zu den schönen und den schweren Dingen im Leben, dass wir wertvollen Menschen begegnen, mit ihnen ein Stück des Lebensweges gehen dürfen und dass sie uns dann viel zu früh verlassen.

Marianne Silbernagl
(Frühere Sekretärin von Landrat Norbert Kerkel)

Der Chef

Am 12. April 1987 kam der frischgewählte Landrat Norbert Kerkel mit einem schönen Blumenstrauß ins Landrats-Vorzimmer. Nach der Begrüßung und Gratulation versicherte er mir, dass er sich auf die Zusammenarbeit mit mir freue. Wir kannten uns schon aus seiner dreijährigen Tätigkeit als Bürgermeister von Waakirchen.

Landrat Kerkel war in den zehn Jahren, die ich als Sekretärin für ihn tätig war, immer auf Harmonie bedacht – sei es im Kreistag, in den verschiedenen Ausschüssen oder im Amt selbst. Jeder Antrag, der abgelehnt werden musste, bereitete ihm einen körperlichen Schmerz. Zum ersten gemeinsamen Weihnachten schenkte ich ihm das Buch „Die Kunst des Nein-Sagens". Aber auch dieser Leitfaden war ihm kein Anhaltspunkt. Landrat Kerkel wollte es immer allen recht machen. Er hatte ein weiches Herz. Einmal sah ich ihn mit Tränen in den Augen, als er seinen treuen Bergwachthund Rexi zum Tierarzt bringen musste, um ihn einschläfern zu lassen.

Bei meiner Verabschiedung in den Ruhestand habe ich in meiner Rede die drei Landräte, für die ich als Sekretärin arbeitete, sinngemäß so charakterisiert:

„Landrat Dr. Walter Königsdorfer war ein hervorragender Jurist und Verwaltungsfachmann, Landrat Wolfgang Gröbl war ein Politiker mit Leib und Seele, Landrat Norbert Kerkel war ein warmherziger Mensch."

Toni Engelhard (Sportreferent, Landratsamt Miesbach)

Ein Landrat zum Anfassen

In meiner 36-jährigen Tätigkeit beim Landratsamt Miesbach, als Referent für Sport und Organisation, hatte ich das große Glück, einen besonderen Menschen als Chef zu bekommen. Ich kannte Norbert Kerkel bereits aus seiner Tätigkeit als Bürgermeister der Gemeinde Waakirchen und so sagte er gleich bei seiner Amtseinführung, am 06. Mai 1987, durch Regierungspräsident Raimund Eberle: *„Du Toni, es bleibt fei beim Du, gell."* Gerade das „Du" war es, das mir über die 21 Jahre enger Zusammenarbeit großen Respekt und Anerkennung für seine menschliche Art vermittelte. Von der Amtseinführung bis zur bittersten Stunde für den Landkreis Miesbach, nämlich der großen Trauerfeier am 18.06.2008, war ich seitens des Landratsamtes in die Organisationen eingebunden.

Da das Oberland schon immer ein besonderer Anziehungspunkt für Staatsoberhäupter, Künstler und Politiker war, blieb es nicht aus, dass auch der chinesische Ministerpräsident, Yang Zemin, zur Visite von der Staatskanzlei angemeldet wurde. Auf der Wunschliste stand der Besuch eines Bauernhofes im Oberland. Also zimmerten wir für den hohen Besuch, der mit einer großen Delegation und mit noch mehr Pressevertretern anreiste, ein Programm zusammen.

Der Tegernsee war das Hauptziel und beim Glaslbauer in Dürnbach, einem prächtigen landwirtschaftlichen Anwesen, das auch große Erfolge in der Viehzucht aufweisen kann, war eine Stippvisite vorgesehen. Eine große Anzahl an Sicherheitskräften schirmte das Gebiet weiträumig ab. Die Familie Glasl war tagelang mit den Vorbereitungen beschäftigt und wir alle waren natürlich bemüht, diesem mächtigen Politiker ein positives Bild abzugeben. Der gesamte Besuchsablauf wurde exakt protokollarisch festgelegt und für den Bauernhofbesuch war eine halbe Stunde vorgesehen.

Dann war es soweit. Eine schier endlos lange Schlange von Staatskarossen bewegte sich zum Glaslhof. Alles war feinstens herausgeputzt und Landrat Norbert Kerkel stand freudestrahlend mit seinem Gastgeschenk, nämlich einem Tegernseer Hut, mit den Wirtsleuten am Eingangstor. Der Landrat begrüßte freudig den Ministerpräsidenten des bevölkerungsreichsten Landes der Erde. Dieser setzte sofort den Tegernseer Hut auf, der ihm exakt passte und begab sich zum gedeckten Kaffeetisch, wo es Schmalznudeln und Ausgezogene gab. Norbert Kerkel stellte in seiner unnachahmlichen, wortgewaltigen und zitatenreichen Art den Landkreis Miesbach vor, wobei der Dolmetscher gehörig ins Schwitzen geriet und der chinesische Ministerpräsident sich immer mehr fürs Detail interessierte. Er drängte darauf, persönlich in den Stall zu gehen und das Miesbacher Alpenfleckvieh hautnah kennen zu lernen. Die Sicherheitskräfte waren verunsichert, schließlich war der Stallbesuch im Protokoll nicht vorgesehen. Die Zeit drängte und aus der geplanten halben Stunde wurden schließlich zwei Stunden, was den Zeitplan natürlich gehörig durcheinander brachte.

Die Medienaufmerksamkeit bundesweit drehte sich mehr um die Bedeutung der voralpenländischen Landwirtschaft als um die große Weltpolitik. Als Landrat Norbert Kerkel von Journalisten gefragt wurde wie er denn den Besuch empfand, sagte dieser verschmitzt: *„Sengs, des is unser Beitrag an der globalen Völkerverständigung, do glangt scho a Huat, a Bauernhof und a paar Rindviecha."*

Noch eine kleine Geschichte

Die zwischenmenschlichen Beziehungen, der gegenseitige Respekt und das Miteinander der Kommunalpolitiker standen für Norbert Kerkel auf der Agenda ganz oben. So hielt er es auch mit dem Kreistag. Zum besseren Kennenlernen und zum Informationsaustausch war eine Fahrt nach Levico, der Partnergemeinde von Hausham geplant.

Zur Vorbereitung fuhren Bürgermeister Arnfried Färber und ich ins Trentino, um diese Reise zu organisieren. Natürlich stand auch ein Besuch der Jugendbegegnungsstätte in Ruana Cesuna, dieser bayerischen Sprachinsel, auf dem Programm.

Das Mittagessen war in Cesuna im Hotel Joc für 70 Personen mit dem Hoteldirektor fest vereinbart. Die Reise begann und alle waren begeistert.

In Levico, in dieser herrlichen Kurstadt, fanden wir viele Freunde von Hausham. Am nächsten Tag stand Cesuna auf dem Programm. Nach längerer Fahrt und Besichtigungen kamen wir schon etwas hungrig zum Hotel Joc und freuten uns auf das Mittagessen. Doch dann kam der Schock für Arnfried Färber und für mich. Das Hotel war geschlossen. Kein Mensch war aufzufinden. Was tun mit 70 hungrigen Mägen. Nach längerem Nachfragen wurde uns in dieser etwas einsiedelhaften Gegend eine Berghütte empfohlen. Sofort setzten wir uns telefonisch mit den Wirtsleuten in Verbindung, die zwar über die Anzahl der Besucher etwas überrascht waren, aber uns zusagten, uns einfach zu verpflegen. Mit dem Bus also rauf auf den Berg, die letzten zwei Kilometer zu Fuß auf die Berghütte, und noch hungriger aber glücklich, kamen die Kreistagsvertreter mit Landrat Norbert Kerkel auf dem hochgelegenen Wirtshaus an.

Im Bewusstsein, dass es nur eine einfache Verpflegung gibt, also Spaghetti, informierte ich meinen Chef Norbert Kerkel. Dieser hatte Verständnis und meinte: *„Hauptsach, mia kriegn wos."* Der Landrat, bekannt als kein Kostverächter in Sachen Essen, ließ sich eine ordentliche Portion Nudeln auftischen. Die Stimmung wurde immer besser als ich bekannt gab, dass die Wirtsleute mit trentinischen Spezialitäten noch aufwarten werden. Und dann gings los: Salat, Polenta, Hähnchen vom Grill, Lammkeulen, Schweinshaxen, ein Essensangebot, das alle Erwartungen weit übertraf.

Norbert Kerkel, der sich ja vorher schon mit Nudeln ganz gut eingedeckt hatte, sah diese Leckereien und sagte zu seiner Käthi: *„Du, liebe Frau, das ist hier zu eng, ich setz mich zum Essen an diesen freien Tisch."* Mit Messer, Gabel und Serviette bewaffnet saß er nun alleine am Tisch, etwas verschwitzt durch die kurze Bergtour, aber mit blitzenden Augen und in freudiger Erwartung, was da alles so serviert wird. Mit dem Essen kommt bekanntlich auch der Appetit und den entwickelte Norbert jetzt im besonderen Maße. Käthi rief nur noch: *„Norbert, pass auf Deine Linie auf"* und er antwortete *„Is scho guad liebe Frau."*

So erwuchs für alle aus der vorausgegangenen Enttäuschung eines geschlossenen Hotels eine nicht zu überbietende Stimmung, in der so manche Kreisräte und Bürgermeister zur Höchstform aufliefen und sich sodann als Bedienungspersonal verdingten.

Wir alle freuten uns über das gute Wohlbefinden unseres Landrates, der zu mir dann sagte: *„Toni, Du Hundling, dass die Spaghetti das Hauptgricht san, des wer i Dia nie vergessn"* und klopfte mir freudestrahlend und anerkennend auf die Schulter.

Jedenfalls hatten Arnfried Färber und ich alle Hände voll zu tun, um den nunmehr „zünftigen Haufen" zur Weiterfahrt zu animieren. Eine zusätzliche Übernachtung war nämlich nicht eingeplant.

Anmerkung:
Als fürsorglicher Hundebesitzer sammelte ich für meinen Hund und für Rex (den Hund von Kerkel), die Reste der Kalbshaxen ein, tat diese in meinen Rucksack und war der festen Überzeugung, dass ich für Hund und Mensch das Beste tat. Im Bus angelangt, noch mal ein Blick auf die ordentliche Verwahrung meiner Lebensmittel, stellte ich voll Erstaunen fest, dass nur noch Holzscheite sich im Rucksack befanden. Die Schandtat war dann sehr schnell gelüftet, wie könnte es anders sein, die zwei Tegernseer, Toni Staudacher und Georg von Preysing waren die Übeltäter, die sich aber die Kalbshaxen durch einen Blaubeerlikör wieder auslösen ließen.

Norbert Kerkel war nicht nur ein Landrat mit Herz und Verstand, er war ein geachteter und geliebter Chef, mehr noch, er war auch ein väterlicher Freund.

Einweihung Radweg Holzkirchen – Bayrischzell
von links: Helmut Schneider, unbekannt, Robert Feldner,
Arnfried Färber, unbekannt, Norbert Kerkel, Manfred
Glanz, Jakob Kreidl, Friedrich Haug, Michael Pelzer, Toni
Engelhart, Hubert Gaull, Gerhard Brandl, Dr. Gerd Maier

1994 bei einem Benefiz-
fußballspiel in Miesbach

„Zu zwoat wern ma eana scho Herr"; Norbert Kerkel und Michael Pelzer mit vollem
Einsatz

Robert Feldner (Fahrer)

Heimatfilm

Termin Seeberg-Begehung in Sachen Lawinen- und Murenverbauung: Landrat, Bürgermeister, Wasserwirtschaftsamt, Naturschutz und der Bayrische Rundfunk waren geladen. In der Einladung wurde leichte Bergausrüstung und festes Schuhwerk empfohlen. Um neun Uhr am Parkplatz zum Seeberg in Bayrischzell angekommen, folgte eine Begrüßung und dann Abmarsch Richtung Seeberg. Das Fernsehteam, bestehend aus drei Mann, war nur mit Jeans und Turnschuhen bekleidet. Diese waren nämlich der Überzeugung, dass der Landrat und der Bürgermeister mit einem Geländewagen auf den Berg gefahren werden. Tja, falsch gedacht!!!

Mit großer Kamera und einem stabilen Stativ machte sich das Kamerateam mit uns auf den zweistündigen Seebergsteig zur Besichtigung der Lawinenstriche. Das Gelände war ziemlich steil und schwer zu begehen. Nachdem ein paar Aufnahmen getätigt wurden, drehte sich schon das erste Mal einer vom Fernsehteam bergwärts und nahm seine Hände zum Halt, da er einen leichten Schwindel verspürte. Weiter ging es zur Besichtigung alter Murenabgänge. Dort angekommen folgten weitere Filmaufnahmen und eine Besprechung. Plötzlich und völlig unerwartet kräftige Donnerschläge hinter dem Gipfel. Der Landrat sagte: *„Wir müssen abbrechen und uns auf den Weg machen, da kommt ein starkes Gewitter!"* Daraufhin erwiderten einige Teilnehmer: *„So schlimm wird es nicht werden, es dauert noch bis uns das Gewitter einholt!"* Der Landrat sagte abermals: *„Wir müssen aufbrechen!"* Gesagt und schon geschehen, ruck zuck war das Gewitter da. Wir suchten den kürzesten Weg ins Tal. Dieser war jedoch sehr steil und steinig. Schon lief uns das Wasser vom heftigen Regen aus den Schuhen. Da das Fernsehteam nicht richtig für die Bergtour ausgerüstet war und nur Turnschuhe trug, war es für diese doppelt so schwer den steilen Abstieg zu meistern. Einer der Filmmänner schrie laut auf: *„Nie mehr wieder Heimatfilm!!!"* und warf das Stativ den Hang hinunter. Der Landrat holte das Stativ, ich nahm dem zweiten vom Fernsehteam die große Kamera ab und wir zwei trugen die Fernsehausrüstung ins Tal. Total verschmutzt und durchnässt übergaben wir die Ausrüstung dem völlig „fertigen" Fernsehteam. Diese drei fuhren erst einmal in den Ort und besorgten sich Trainingsanzüge, um trocken an der Schlussbesprechung teilnehmen zu können. Der Landrat und ich zogen uns in unserem Geländewagen um.

Plötzlich klopfte mir der Landrat bei der Abfahrt auf die Schulter und sagte: *„Robert, i bin da Norbert!"* Dies war der Anfang einer tollen und ewigen Freundschaft. Wir fuhren zur Schlussbesprechung in einen Gasthof wo wir das Fernsehteam und den Rest der Truppe trafen. Diese konnten auch schon wieder lachen.

Der Film aber wurde leider nie gesendet!

Die Verabschiedung

Herr Direktor Held von der Sparkasse Miesbach wurde im Arabella-Hotel Spitzingsee in den Ruhestand verabschiedet. An diesem Morgen sagte der Landrat: *„Robert, da machen wir einen Spaß. Besorge gleich zwei große Kartons, einen mit Sachen die richtig Krach machen wie Glas, Bleche und Schrauben, den anderen mit dem eigentlichen Geschenk und zwar einem schönen Computer."* Nachdem ich dies erledigt hatte, machten wir uns auf den Weg. Am Hotel angekommen folgten die Begrüßung und der Empfang. Nun kam der offizielle Teil. Der Landrat hielt eine schöne, humorvolle Rede, die er mit dem Satz: *„Robert bring mir doch bitte das Geschenk"* beendete. Ich reichte ihm den großen Karton. Er nahm ihn entgegen und plötzlich purzelte das reich verpackte Geschenk zu Boden.
Es krachte und klirrte fürchterlich. Der Landrat fand nur folgende Worte: *„Oha, jetz isa hi!"* Entsetzen bei den Gästen und Herr Direktor Held wurde etwas bleich im Gesicht. Nach kurzer Stille lachte der Landrat laut auf und bat mich den zweiten Karton zu bringen. Erleichterung bei den Gästen und auch Direktor Held nahm wieder Farbe an. Nun überreichte der Landrat feierlich den Karton mit dem schönen Geschenk. Diese lustige Verabschiedung wird dem Direktor immer in Erinnerung bleiben.

Norbert Kerkel mit seinem Chauffeur

Erste-Hilfe-Leistung

Der Landkreis, alle Gemeinden und die Polizei veranstalteten Informationsabende für Fahranfänger und Verkehrsteilnehmer, da die Zahl der Unfälle gestiegen war. Eines Abends machten der Landrat und ich uns auf den Weg nach Tegernsee zu einer dieser Veranstaltungen. Es schneite kräftig. Kurz nach dem Ortsausgang Miesbach stand ein Auto unterhalb der Böschung, die Spur war ganz frisch. Der Landrat sagte: *„Da müssen wir schnell anhalten und nachsehen, ob noch jemand im Wagen sitzt!"* Tatsächlich, es saß ein Mann im Auto. Wir stiegen durch den kniehohen Schnee die Böschung hinab und fragten den Insassen, ob wir behilflich sein können. Dieser schaute uns sehr skeptisch an, da wir eine Behördenautonummer hatten. Kurz darauf antwortete der Mann: *„Ja, schieben!!!"* Dies war jedoch zwecklos, da das Auto total im tiefen Schnee festsaß und wir ohne Abschleppwagen keine Chance hatten. Der Landrat fragte ihn, wo er hin müsse. Der Fahrer antwortete: *„In die Nähe von Warngau."* Da dies ganz und gar nicht unsere Richtung war, machten wir den Vorschlag, ihn mit zur nächsten Tankstelle zu nehmen. Von der sollte er sich dann abholen lassen, da er auf uns keinen so nüchternen Eindruck mehr machte. Daraufhin nickte er nur. Die Tankstelle lag 300 Meter vom Unfallort entfernt. Diese Strecke war dem Mann jedoch viel zu weit, da ihm auf dem kurzen Weg eine richtige Ladung in die Hose ging. Am Ziel angekommen stieg er ohne ein Wort des Dankes aus. Mit großer Verspätung setzten wir unsere Fahrt zum Informationsabend fort. Der Duft der hinteren Sitzbank holte uns bis zur Ankunft in Tegernsee immer wieder ein. Das war auch eine Erste Hilfe!

Landräte-Tagung Ebersberg

Abfahrt um acht Uhr in Schaftlach ins Ebersberger Landratsamt. Die Tagung dauerte länger als geplant. Der Landrat hatte im Anschluss einen wichtigen Krankenhaustermin in Sachen Neubau Agatharied. Er kam aus der Sitzung in Ebersberg und sagte: *„Mensch, jetz hama spad dro!"* Ich erwiderte: *„Es gibd an schneien Weg hindnrum über Glonn!"* Ab ins Auto und los ging es. Auf den schönen breiten Straßen ohne Häuser und Menschen kamen wir richtig schnell voran. Plötzlich ein dunkelroter Blitz. Radar!!!! Ich sagte nur: *„Des wars! Aba an Termin schaff ma drozdem no!"* So war es auch, den Termin konnten wir gerade noch rechtzeitig wahrnehmen, doch für mich waren vier Wochen Rad fahren angesagt, da mein Führerschein weg war!

Norbert sagte: *„Nimms locker, i hoi di in da Fria ob und fahr di am Omd wieda hoam!"* Ja, so war er!

Besuch beim Partnerlandkreis Zwickau

Landrat Otto hatte uns zur Krankenhauseinweihung in seinen Landkreis nach Zwickau eingeladen. Wir fuhren früh morgens los. Es war ein sehr interessanter Tag, da auch bei uns ein Krankenhausbau ansteht. Am späten Abend traten wir die Rückfahrt an. Nach einigen Kilometern machte sich's der Landrat bequem und schlief. Wir kamen ziemlich schnell voran da die Straßen frei waren. Kurz vor der Autobahnausfahrt Holzkirchen wachte Norbert auf, streckte sich und fragte wo wir denn sind. Ich antwortete: *„Woas i ned, bin a grod aufgwacht!"* Der Landrat erwiderte: *„A ja, wooooosssss!"* Über den „Schmarrn" haben wir noch bis zur Ankunft in Schaftlach gelacht.

Die Sitzung

Einmal kam der Landrat völlig verärgert und auf 180 aus einer Sitzung. Das kam sehr selten vor. Auf der Fahrt zum nächsten Termin ließ er richtig Dampf ab. Am Ziel angekommen stiegen wir aus, ich klopfte ihm auf die Schulter und sagte: *„He, in da Ruhe liegt die Kraft!"* Er lachte herzhaft. Dieser Satz begleitete uns über die ganzen schönen gemeinsamen Jahre.

Prof. Dr. med. Berthold Höfling

Pragmatiker und Visionär
der kommunalen Krankenhausplanung

Unsere Gesellschaft braucht Pragmatiker, die es verstehen, Projekte und Konzepte umzusetzen. Wir brauchen „Macher". Aber wir benötigen auch Visionäre, Menschen, die über Verstand und Intelligenz verfügen und mit der Fähigkeit ausgestattet sind, in die Zukunft zu blicken und Entwicklungssprünge vorherzusehen.

Ganz besonders hilfreich wird es, wenn Menschen auftreten, denen gleichzeitig die Kreativität des Visionärs gegeben ist und die noch dazu die Effektivität und Kraft des Pragmatikers besitzen. Eine solche seltene und außergewöhnliche Doppelbegabung hat Norbert Kerkel auf dem Gebiet der kommunalen Krankenhausplanung in beispielhafter Weise repräsentiert.

Inwiefern war Norbert Kerkel ein Visionär?

Als andere Landkreise noch versuchten, gemütliche – aber ineffektive – Kleinkrankenhäuser um jeden Preis zu erhalten, um es „jedem recht zu machen", hat Norbert Kerkel in die Zukunft blickend klar erkannt: Der beste Weg ist die Errichtung einer einzigen Klinik; diese dafür umso leistungsfähiger und wirklich hilfreich für eine medizinische Versorgung seiner Landkreisbürger. Diese lag ihm, dem Bergwachtler, wirklich am Herzen.

Krankenhaus Agatharied

Im Nachhinein erkennt jeder, dass es unmöglich gewesen wäre, auch nur zwei Kreiskliniken bedarfsgerecht auszustatten, von vier Krankenhäusern in unserem Landkreis ganz zu schweigen.

Karl Schmid (Kreisbaumeister bis 2000)

Kreisheimatpfleger

Als Norbert Kerkel sein Amt als Landrat antrat, war ich bereits seit 15 Jahren in dieser Behörde als Kreisbaumeister tätig. Ich hatte demgemäß logischerweise einen erheblichen Erfahrungsvorsprung, nicht nur meinen Fachbereich betreffend, sondern auch in der Kenntnis der Menschen, der Geschäftsordnung und der Art und Weise, wie mit hierarchischen Strukturen umgegangen wurde. Der neue Landrat, der mir ja kein Unbekannter war, den ich als so sympathischen, kompetenten und kooperativen Bürgermeister von Waakirchen kennengelernt hatte, kam als Zuhörender, als Lernender, als Aufnahmebereiter, nicht als „deus ex machina", der qua Amt und Macht plötzlich alles ganz anders und vor allem viel besser als je einer vor ihm macht. Es gab vom ersten Moment an eine Vertrauensbasis, ein offenes, stets ehrliches und verständnisvolles Aufeinanderzugehen, getragen von dieser ganz eigenen Bonhommie, die Norbert Kerkel immer ausstrahlte, auch in den düstersten Momenten seines Lebens. Er war kein Gutmensch, aber ein guter Mensch, durch und durch.

Er hatte Zeit, mit mir durch den Landkreis zu fahren, nicht nur einmal, und sich dabei erklären zu lassen, was eine Kulturlandschaft ist, was diese im Besonderen auszeichnet, was zu beachten ist, damit diese nicht zerstört wird. Er öffnete seine Augen und Ohren ganz bereitwillig dem, was ich ihm zeigen und erklären wollte, die verschiedenen Formen der Besiedlung, die vorkamen, die verschiedenen „Bebauungsregionen", in die ich den Landkreis einzuteilen pflegte, und er verstand, was mir wichtig war, was zu beachten war, um das immer noch sehr schöne Antlitz des Landkreises, der ja nun der „Unsere" war, zu erhalten. Wir waren in diesen Momenten ganz sicherlich das, was man ein Herz und eine Seele nennt und so kam es auch, daß es in all den Jahren, die wir zusammenarbeiteten, nie eine ernsthafte oder gar bösartige Konfrontation gegeben hat. Wir konnten alle Fälle, auch die problematischsten, so lösen, daß wir zwar dem Gesetz Genüge taten, aber das Menschliche, das Soziale stets im Vordergrund stand. Wir waren uns in den Dingen, auf die es ankam, stets einig; es verband uns ganz sicherlich ein sehr freundschaftlicher Ton, ohne daß wir je in eine Art von Kumpanei verfielen, und so siezten wir uns auch ganz selbstverständlich über all die Jahre.

Es wird wohl niemand bestreiten, daß der Bau des Kreiskrankenhauses in Agatharied zu den großen Herausforderungen der Ära Kerkel gehörte. Es war eine Kraftanstrengung, die ihm persönlich sehr viel abverlangte. Er wußte das und ließ es deshalb zu, daß ich ihm dabei sehr helfen konnte. Es gab Anfech-

148

tungen und Anfeindungen genug, selbstverständlich Eifersüchteleien der Landkreisgemeinden und extrem schwierige, auch zwischenmenschliche Situationen, die auszugleichen waren. Ich habe ihn damals für seine Gelassenheit und stete Freundlichkeit sehr bewundert, wobei mir klar war, daß vieles seiner Contenance zu verdanken war, die es einfach nicht zuließ, unflätig oder grob mit anderen Menschen, auch wenn sie es verdient hätten, umzugehen. In solchen extremen Stresszeiten kann sich so manche Krankengeschichte manifestieren. Mit Sicherheit ist es aber so gewesen, daß er sich psychisch und physisch so manches Mal überforderte, was ihm, dem großen, bärenstarken Mannsbild aber so leicht niemand unterstellen wollte.

Wir suchten gemeinsam ein passendes Grundstück für den Krankenhausbau, hatten dabei acht Möglichkeiten zur Auswahl, verdichteten die Möglichkeiten auf vier und einigten uns schließlich auf die Einbettung über Agatharied. Damals gaben uns nicht alle recht, heute erweist sich diese Wahl als die bestmögliche. Das Architekturbüro Nickl-Weller aus München ging als Sieger im Wettbewerb hervor, auch dieses eine Wahl, die sich bis heute bewährt hat. Ein Haus des Lichtes sollte es werden, extrovertiert, der Landschaft zugewandt, mit raffinierten Außenanlagen, mit einer sehr schönen Kapelle, die der Bildhauer Blasius Gerg aus Glonn bei München gestaltete, ebenso wie den Wasserlauf in Foyer des Hauses, ebenso wie die Sonnenuhr, die sich auch im Foyer findet und die Norbert Kerkel zur Einweihung des Hauses im Oktober 1989 als Geschenk des Landkreises erhielt. Sie zählt nun seine Stunden nicht mehr, ebenso wenig wie die des Künstlers, der inzwischen ebenfalls gestorben ist. Auf dem Platz vor dem Krankenhaus, der Norbert-Kerkel-Platz benannt wurde, steht nun auch eine Büste desjenigen, der sich so für dieses wunderschöne und inzwischen weit über den Landkreis hinaus renommierte Haus eingesetzt hat. Wer weiß, ob dieses Renommee heute nicht wesentlich geringer wäre, wenn das Kreiskrankenhaus seinerzeit privatisiert worden wäre, wie man von so mancher Seite es dringend für ratsam hielt. Auch hier hat Norbert Kerkel Format und politischen Instinkt bewiesen, indem er sich solchem Ansinnen standhaft widersetzte und das Haus im kommunalen Besitz beließ.

Mir persönlich lag immer schon der Denkmalschutz besonders am Herzen, eine Aufgabe, die nur zum Guten gedeihen kann, wenn ein fruchtbarer Boden dafür bereitet ist. Und das war so damals im Landratsamt mit einer Geschäftsverteilung, bei der das Kreisbauamt die Befugnisse und Autorität hatte, die es braucht, um auf möglichst unbürokratische Weise Positives zur Bewahrung von Bausubstanz und Landschaft zu bewirken. Auch heute noch, als Kreisheimatpfleger, gehört der Denkmalschutz zu meinen wichtigsten Anliegen. Norbert Kerkel war es, der ganz dezidiert wollte, dass ich dieses Amt nach meinem Ausscheiden aus dem offiziellen Dienst übernehmen sollte.

Ich tat es gern und tue es immer noch gern, dabei stets seiner gedenkend, auch wenn mich die „Machtlosigkeit" dabei hin und wieder zur Verzweiflung treiben möchte.

Als Dankeschön nach 30-jähriger doch recht anstrengender Tätigkeit im Dienste des Landkreises hat mir Norbert Kerkel zusammen mit dem Landkreis einen sehr festlichen Abschied im schönen Rahmen des Barocksaales des Tegernseer Schlosses geschenkt. Das war im Jahr 2000, lange her, niemand wäre damals auf die Idee gekommen, daß ihm nur noch so wenige Jahre bleiben sollten.

Er fehlt. Und mit großer Rührung denke ich bis heute an die Rede, die er in seiner so uneitlen, so authentischen, so witzigen, humorvollen, so treffenden Art gehalten hat. Ich meinte damals in meiner manchmal recht unverblümten Art, das sei ja wie eine vorgezogene Rede am Grabe eines Verstorbenen gewesen. Das war auch eine seiner so einzigartigen Eigenschaften, daß er, vor welchem Auditorium auch immer, die jeweils genau richtigen Worte fand, in freier Rede präludierend, man merkte, daß es ihm nicht Last war, sondern pure Lust, die Menschen zu unterhalten und wenn möglich zum Lachen zu bringen. Und er konnte das, mit einem so echten, aus dem Herzen kommenden Mutterwitz, daß es eine Freude war. Nie schräg, nie peinlich, nie aufgesetzt, immer ein originaler Kerkel, so wie er leibte und lebte. Er ist einer, der im Gedächtnis bleiben wird!

Prof. Hans Nickl (Architekt)

Erste Episode

Im August 1992 erhielten wir einen Anruf vom damaligen Landrat des Kreises Miesbach, Herrn Norbert Kerkel – ich muß kurz ergänzen – vorangegangen war ein zweistufiger Wettbewerb für den Neubau des Kreiskrankenhauses, in den wir all unsere Überlegungen zur humanen funktionellen Architektur, primär auf den Menschen bezogene Architektur, eingebracht haben. Wir verfolgten hartnäckig unseren Weg, ohne zu wissen, wohin er führt.

Landrat Kerkel teilte uns mit, er hätte eine schlechte und eine gute Nachricht für uns. Wir waren geschockt, denn schlechte Nachrichten bei Wettbewerbsergebnissen beinhalten meistens, dass unsere Entwürfe nicht für die weitere Planung ausgewählt werden. Er fuhr fort, beginnend mit der schlechten Nachricht: der Urlaub wäre für die nächsten sechs Jahre gestrichen. Die gute Nachricht war der Gewinn des Wettbewerbs.

So war unser erstes Kennenlernen bereits ein Einstieg in eine sehr konstruktive Zusammenarbeit, die durchaus von Humor und Zielgenauigkeit geprägt war.

Eingangsbereich Kreiskrankenhaus Agatharied

Zweite Episode

Dass am neuen Haus die Kunst einen besonderen, ja wichtigen Stellenwert einnehmen sollte, darüber waren sich alle Beteiligten, d. h. der Krankenhausausschuss, an der Spitze Herr Landrat Kerkel, der Kreisbaumeister und wir, die Architekten, gleichermaßen einig. Nur, wie kommen wir zu den richtigen „Künstlern"?

Unser Wunsch bestand darin, nur einen Künstler für den Innenbereich und weitere Künstler für den Außenbereich zu finden.

In kürzester Zeit lagen unzählige Vorschläge auf dem Tisch. Um eine gerechte Auswahl zu treffen, wurde eine Kommission gebildet und auf Empfehlung des ehemaligen Kreisbaumeisters Herrn Schmid, wie üblich bei öffentlichen Bauvorhaben, ein Kunstwettbewerb ausgeschrieben, wobei – und das war nicht üblich – die ausgesuchten Künstlerinnen und Künstler in ihren jeweiligen Ateliers aufgesucht werden sollten.

So ergab es sich, dass sich der gesamte Bauausschuss einschließlich der Planer gemeinsam auf die Reise begab. Auf unserem Wunschzettel stand u. a. der Bildhauer Blasius Gerg, zu dessen Arbeiten die Ausgestaltung der Kapelle in Reit im Winkel zählt. Ein Bildhauer also, der die Synthese von Architektur und Kunst meisterlich beherrschte.

Das Wohnhaus des Ehepaares Gerg steht auf einem Berghügel in der Nähe von Glonn, ein Haus der sogenannten klassischen Moderne, zurückhaltend asketisch. Bei unserer Ankunft wurden wir vom Ehepaar Gerg freundlich begrüßt und die Einladung, nach dem Atelierbesuch würde ein Weißbier und Brezn bereitstehen, wurde wohlwollend zur Kenntnis genommen.

Das Atelier, ein einfaches flaches Gebäude, 120 Stufen abwärts, war für uns eine Ernüchterung. Wir fanden einen aufgeräumten Raum vor, am Rande stand ein großer Zeichentisch mit Reißschiene, gespitzte Bleistifte, Winkel, Dreiecksmaßstab – von Kunst war nichts zu sehen. Blasius Gerg erklärte den staunenden Besuchern seine Arbeitsweise, dass alles gezeichnet werden muß und nur dann kann erst mit der künstlerischen Arbeit begonnen werden. Die Verwunderung, von einem Bildhauer dies zu hören und nicht von einem Architekten, war groß, was aber unserer Intention voll entsprach.

Nach diesem relativ kurz gehaltenen Vortrag begaben wir uns zur angekündigten Brotzeit. Kaum im Wohnraum angekommen, entdeckte Landrat Kerkel an einer schwarzen Schieferwand eine astronomische Uhr, Größe ca. 180/180/45, perfekt im Design, faszinierend im technischen Räderwerk. Dieses Kunstwerk begeisterte Landrat Kerkel so sehr, das sogar das bereitgestellte Weißbier keine Anziehungskräfte mehr entwickeln konnte. Rasch entfachte sich ein intensives Gespräch über das Wesen dieser Kunstmaschine. Zum Schluß kam dann die unausweichliche Frage, was das Kunstwerk kosten würde, wenn es zu erwerben wäre.

Lächelnd aber unmissverständlich kam eine absolute wie eindeutige Ablehnung: „Nie mehr würde er so eine Uhr bauen" teilte Blasius Gerg uns mit. Bedrückt verließ der gesamte Tross das Wohnhaus als wäre etwas Eigenartiges geschehen. Zur Einweihung des Kreiskrankenhauses am 02. Oktober 1998 überreichte der Freundes-, Bekannten- und Verehrerkreis des Landrats zur Verwunderung aller Anwesenden die Astronomische Uhr – never say never again – die ihren endgültigen Platz in der Eingangshalle des Gebäudes gefunden hat.

Dritte Episode

Eine weitere Begebenheit, die uns im Gedächtnis bleibt, war die Art und Weise, wie Norbert Kerkel für das neue Krankenhaus geworben hat. Wir hatten und haben viele Bauherren oder Bauherrenvertreter, die sich für ihre Bauaufgabe engagieren, aber mit so einer Überzeugung und innerer Hingabe – das war einzigartig.

Um alle Bevölkerungsteile des Landkreises mit in das Projekt einzubinden, wurden unzählige Veranstaltungen abgehalten, ob es die Feuerwehr, der Trachtenverein, die Gebirgsschützen waren, um nur einige zu nennen. Immer dabei anwesend waren abwechselnd Norbert Kerkel und wir. Die Rolle des Vortrags war abgestimmt. In der Regel beschrieb Norbert Kerkel die Ziele und Wichtigkeit des Bauvorhabens für den Landkreis und die absolute Notwendigkeit, dass es jetzt geplant und gebaut werden muss, und uns blieb dann die Aufgabe, unsere Zeichnungen und Modelle zu erläutern. Nach der dritten Veranstaltung, ich erinnere mich genau, begann Norbert Kerkel mit einer Überzeugungskraft von der außergewöhnlichen Architektur zu referieren – 90 Minuten lang. Alle Anwesenden hörten gebannt zu und waren überrascht von „ihrem" Landrat diesen als perfekten Architekten kennen zu lernen. Am Ende der Vorstellung fragte er mich überraschend, ob ich alles verstanden hätte. Ich konnte mich nur lobend äußern. Eines, sagte er, hätte er nicht so richtig wiedergeben können: das ist das mit den Krankenzimmern.

Die Form und der Zuschnitt der angedachten Zimmer war bis zu diesem Zeitpunkt etwas Neuartiges. Unsere Absicht war, dass die Patienten nicht wie in einer „Legebatterie" nebeneinander liegen sollten, sondern jeder Patient soll seine eigene Wand haben. In unterschiedlichen Modellmaßstäben versuchten wir dieses Prinzip allen Beteiligten näherzubringen, aber das Verständnis dafür war sehr zurückhaltend. Der Vorschlag, das Zimmer im Originalmaßstab zu bauen, erweckte bei Landrat Kerkel sofort Vertrauen und somit entstand neben der bereits begonnenen Baugrube das Zimmer in seiner wahren Größe. Beim großen Besichtigungstermin mit den politischen Ausschüssen waren bei einigen Kreisräten nachdenkliche Mienen zu erkennen. Es war doch anders, als bisher so üblich bekannt. Auf die Frage eines Kreistagsmitgliedes an Landrat Kerkel: „Du Norbert, die Wände sind schief" (Anmerkung: nicht im rechten Winkel), antwortete er blitzschnell: „Geh mal durchs Gebirge, dort ist alles schief, und wie gern gehst du dort."

Dies sind einige Episoden zur Erinnerung an einen fairen Partner, einen großartigen Vermittler und überzeugten Bauherrn.

Wolfgang Asprion (Polizeipräsident a.D.)

Der Pate

In meiner siebenjährigen Dienstzeit von 1989–1996 als Leiter der Polizeidirektion Rosenheim hatte ich viele interessante Begegnungen, Gespräche und Erlebnisse mit dem damaligen Miesbacher Landrat Norbert Kerkel. Meine Einschätzung des Menschen Norbert Kerkel lässt sich am besten an einer Begebenheit aus dem Mittelalter darstellen.

Ein Reisender begegnet auf seinem Weg drei Steinmetzen und fragt jeden von ihnen, was er da tue.

Der Erste antwortet: *„Ich bearbeite Steine."*

Der Zweite: *„Ich behaue gerade einen Eckstein."*

Der Dritte gab zur Antwort: *„Ich baue eine Kathedrale."*

Norbert Kerkel hätte der dritte Steinmetz sein können. Denn er sah immer das Ganze, hatte Visionen und war ein begnadetes Kommunikationstalent und Motivator.

Diese bemerkenswerten Eigenschaften fielen mir bei ihm gleich nach meinem Antrittsbesuch als junger Polizeidirektor im Landratsamt Miesbach auf. Seine sprichwörtliche Herzlichkeit meinen Mitarbeitern und mir gegenüber war von der ersten bis zur letzten Begegnung spürbar.

Als Chef der Sicherheitsbehörde Landratsamt Miesbach war er an „seiner Polizei im Landkreis" sehr interessiert. Die oftmals schwierige Personalsituation, Verkehrsprobleme, Betäubungsmittelmissbrauch oder die damals gravierenden Probleme der Unterbringung der Polizeidienststellen im Landkreis Miesbach sind hier beispielhaft zu nennen.

Unvergessen sind unsere Jour fixe im Landratsamt Miesbach. Landrat Kerkel nahm die Problemaufrisse der Polizei in seine Besprechungsmappe und trug sie im Rahmen seiner Gespräche dem damaligen Staatsminister des Innern, Dr. Edmund Stoiber, vor. Vieles hat er so mit auf den Weg gebracht. Ich denke dabei insbesondere an den Bau der Polizeidienststellen in Miesbach und Bad Wiessee. Ein herzliches „Vergelt's Gott", lieber Norbert Kerkel, an dieser Stelle für Deine stille aber wirksame Hilfe.

Besondere Aufmerksamkeit und Interesse fanden bei Landrat Kerkel die „Exoten" der Polizei: Die Dienstpferde und Diensthunde der Rosenheimer Polizeidirektion. Seine Liebe zu den Tieren – er war u. a. Lawinenhundeführer – war sprichwörtlich. So setzte sich 1990 Landrat Kerkel massiv für die Aufstockung der Rosenheimer Dienstpferde von vier auf fünf ein. Dieses 5. Dienstpferd war ausschließlich für den Landkreis Miesbach vorgesehen. Es war für ihn selbstverständlich, die „Patenschaft" für das Pferd zu übernehmen. Zu seinem 50. Geburtstag waren dann auch folgerichtig Diensthunde und Dienstpferde zum Empfang anwesend.

Die jährlichen Sicherheitsgespräche des Landrats Norbert Kerkel und aller Bürgermeister des Landkreises mit uns waren zweifellos der Höhepunkt der guten und vertrauensvollen Zusammenarbeit. Den Abschluss der Gespräche bildete in der Regel die „Leberkasbrotzeit" und das Bürgermeisterschießen, das meistens den Cheffahrer des Landrats, Robert Feldner, an der Spitze sah.

Gute Kommunikation, kurze Wege in der Zusammenarbeit, Vertrauen und eine herzliche Beziehungsebene waren das eine, das andere, dass Landrat Norbert Kerkel bei schwerwiegendsten Kapitalverbrechen im Landkreis, wie Anfang der 90er Jahre in Enterrottach, immer zu Stelle war und Hilfestellungen leistete.

Sieben Jahre gemeinsamen Weges – eine erfüllte, fruchtbare Zeit. Ich lernte als junger Polizeidirektor eine Menge von Landrat Kerkel. Er hat mir viel für meine späteren dienstlichen Positionen mitgegeben. Seine Fähigkeiten, auf Menschen zuzugehen, aktiv zuzuhören, sehr sensibel auf Veränderungen zu reagieren, Not zu erkennen und Hilfe anzubieten, werden mir immer in Erinnerung bleiben. „Willst Du den Charakter eines Menschen erkennen, so gib ihm Macht." Diese Worte Abraham Lincolns treffen im positiven Sinne auf den Menschen und Alt-Landrat Norbert Kerkel zu.

Die Landkreisbürgermeister bei der Verabschiedung von Werner Asprion 1996
Stehend von links: Arnfried Färber (Hausham), Toni Scherer (Schliersee), Franz Sellmayr (Fischbachau), Quirin Höß (Irschenberg), Hans Schaal (Otterfing), Peter Finger (Waakirchen), Peter Zellermair (Gmund), Konrad Niedermaier (Rottach Egern), Martin Auracher (Bayrischzell), Claus Cnyrim (Tegernsee), Herbert Fischhaber (Bad Wiessee), Lorenz Aigner (Warngau)
Sitzend von links: Sepp Mayr (Valley), Manfred Glanz (Holzkirchen), Dr. Gerhard Maier (Miesbach), Polizeidirektor Wolfgang Asprion, Landrat Norbert Kerkel, Michael Pelzer (Weyarn), Sepp Hatzl (Kreuth)

Dr. med. Peter Vogel (Chefarzt Tegernsee)

Der verhinderte Lebensretter

Kurz vor Weihnachten gab es für unseren Landrat Norbert Kerkel vier Termine, von denen sich dieser Menschenfreund durch nichts abbringen ließ, die Weihnachtsvisiten in seinen vier Kreiskrankenhäusern Hausham, Miesbach, Holzkirchen und Tegernsee.

So eine Visite in Tegernsee lief normalerweise wie folgt ab. Auf der weihnachtlich geschmückten Station, die Kerzen brannten auf dem Weihnachtsbaum im Stationsgang, in den abgedunkelten Patientenzimmern leuchteten die Weihnachtsgestecke, ein Chor sang im Gang Weihnachtslieder, wandelte eine Prozession mit feierlichen Gesichtern von Zimmer zu Zimmer. Vorneweg gingen kleine Engel aus dem Kindergarten mit ihrem Oberengel und wünschten den Patienten gute Weihnachten.

Dahinter erschien unser Landrat mit dem Bürgermeister der Gemeinde, dem Chefarzt der Abteilung, dem Oberarzt und Stationsarzt der Station und allen Schwestern, die dort tätig waren. Wir alle taten es den kleinen Engelchen gleich und versuchten Weihnachtsstimmung aufkommen zu lassen.

Insbesondere unser Landrat lief dabei immer zur Höchstform auf. Seine Herzlichkeit, sein Gefühl für die Sorgen seiner Mitmenschen, seine Gabe, Trost zu spenden und seine besondere, heute seltene Eigenschaft, zuhören zu können haben vielen unserer Patienten sehr wohl getan. Diese letztere Eigenschaft wurde aber von etlichen, meist vereinsamten älteren Patienten, weidlich ausgenutzt. Aus den für die Visite vorgesehenen zwei Stunden wurden drei, schließlich vier Stunden.

Der Landrat hielt eisern durch. Seine vorher geschilderten Eigenschaften erlitten keine Einbußen, im Gegenteil er wurde immer munterer. Anders war es bei uns „Mitläufern". So in der dritten Stunde wurden die Blicke leerer, die Knie weicher und der hübsche Chorgesang lullte manchen von uns ein.

Und wie das so ist, in stillen, etwas trägen Phasen sausen plötzlich krumme Gedanken durch den Kopf. So auch bei mir und als der Landrat gerade voll Temperament einem Patienten, der ähnliches durchgemacht hatte, erklärte, dass er bei der Bergwacht einen Rettungskurs gemacht und später einen Sitzungsteilnehmer, der bei einer länger dauernden unangenehmen Sitzung umgefallen war, eigenhändig wiederbelebt hatte, war es um mich geschehen.

Ich drehte mich zu einem meiner hinter mir stehenden Assistenten um und flüsterte ihm etwas zu. Der schaute mich zuerst etwas zweifelnd an, schmunzelte dann und verschwand heimlich.

Nun muß ich einschieben. Damals hatte ich gerade von Spendengeldern einen medizinischen Dummy gekauft. Das war eine dem Menschen gleich große und ähnliche Puppe, an der die jungen Ärzte das Wiederbeleben von Patienten lernen konnten. Dieser Dummy hatte ein reiches Innenleben, unter anderem einen elektrischen Generator, der dem Menschen abgeguckte Herzströme produzierte, die dann wie in einer Intensivstation auf einem Monitor abgelesen werden konnten. Mit einer Funksteuerung waren nun alle möglichen Herzrhythmusstörungen abrufbar, die von den „Doktorlehrlingen" beseitigt werden mussten. Eines dieser Programme war „Herzstillstand".

Meinem Assistenten hatte ich geflüstert: er soll den Dummy auf der nächsten zu visitierenden Station in das Bett eines sonst nicht belegten abgedunkelten Zimmers legen lassen und so verhüllen, dass man ihn nicht gleich als Puppe erkennen kann. Alle Geräte sollten wie bei einem Schwerkranken laufen. Nun warteten wir, was da kommen würde.

Vor diesem Zimmer erzählte ich dann meinem Landrat: „Jetzt kommt ein besonders schwer herzkranker Patient. Er ist sehr schwach, kann nicht reden und hat die Augen geschlossen. Er versteht aber jedes Wort, das Sie zu ihm sagen." Wir betraten das dunkle Zimmer. Da lag die Puppe, bis zum Halse zugedeckt, den Kopf mit einer Mullbinde umwickelt, nur die geschlossenen Augen und die wachsig gelbe Nasenspitze schauten aus dem Bett. Am Kopfende flackerte als einzige Beleuchtung eine kleine Kerze. Rechts und links kamen unter der Bettdecke obskure Schläuche hervor. Sogar einen Urinbeutel hatten die Schwestern nicht vergessen. Über all dem thronte gespenstisch ein Monitor, der das EKG anzeigt, das im Moment noch normal war. Das Ganze war so echt, dass selbst ich, der ja alles wusste, einen Moment stutzte.
Der Landrat trat ganz leise und vorsichtig an das Bett und mit seiner freundlichen, wohlklingenden Stimme versuchte er dem „armen Kranken" Trost zu spenden und Hoffnung zu geben. Der blieb allerdings regungslos. Die Szene war richtig rührend und mein Gewissen fing bereits an, mir Stiche zu versetzen und bevor ich meine Seele einer größeren Gefahr aussetzte gab ich meinem Assistenten das vereinbarte Zeichen.

Er drückte auf den Funkknopf, das EKG zeigte Nulllinie und der Monitor stimmte sein bekanntes, jämmerliches Alarmgeheule an, das uns Doktores im Notfall durch Mark und Bein geht. Der Assistent rief laut: „Herzstillstand – Reanimation".

Der Landrat wurde schlagartig blass vor Schreck, rumpelte einen Schritt zurück, zerrte aber gleich an seiner Trachtenjoppe, um sie sich vom Leib zu reißen. Man sah, der Kurs der Bergwacht wirkte noch immer. Er wollte wiederbeleben.

Mir wurde Himmelangst um meine teure Puppe. Wenn sich dieser Hüne von einem Mann auf sie stürzen würde, dann bekäme der Dummy wohl ein zusätzliches inneres Leiden. Soweit kam es aber nicht. Die Umstehenden, die in den Vorgang eingeweiht waren, konnten sich nicht mehr halten und brachen in ein schallendes Gelächter aus. Der Landrat schaute erst verdutzt, erkannte aber rasch, was da los war und lachte am lautesten von uns allen.

Später, wenn er die Geschichte erzählte und ich in der Nähe war, sagte er mit einem schelmischen Blick zu mir:

„Wie nahe er dran war, beinahe – beinahe – mitten in der Klinik ein Leben zu retten und den Doktores mal zu zeigen wie man das macht"

Angelika Hettinger (Sekretärin)

Mein Chef

„Guten Morgen Madln", mit diesen Worten betrat Landrat Norbert Kerkel meistens um 9.00 Uhr sein Vorzimmer im Landratsamt. Stets war er bepackt. In der einen Hand seinen Aktenkoffer gefüllt mit Postmappen und unter dem Arm auch noch Schriftstücke, die er im Auto oder am späten Abend zu Hause durchgearbeitet hatte, weil im Büro wieder einmal keine Zeit dafür blieb. In seinem Büro am Schreibtisch angekommen leerte er zuerst seine Jackentaschen. Hier hatte er verschiedene Stifte, Füller, Schlüssel und seinen elektronischen Terminkalender verstaut. Die Taschen vom Sakko waren von der Vielzahl der Utensilien teilweise richtig ausgebeult. Oft stand ich schon gleich zu Tagesbeginn mit dringenden Unterschriften an seinem Schreibtisch. Einmal, als er seinen Füller aus der Jackentasche nehmen wollte, konnte er ihn nicht finden. Vor der Tür warteten schon die ersten Bürger, die einen Termin bei ihm hatten – doch der Landrat suchte geruhsam seinen Füller. Als er ihn dann endlich doch unter dem zerrissenen Unterfutter der Jackentasche fand, brach er in schallendes Gelächter aus und meinte nur: *„Mei oh mei, na gibt's den so waas."* Er war eben so angenehm uneitel!

Auf seinem Schreibtisch stand ein Bild von seiner Frau Käthi, immer in seinem Blickfeld. Sonst stapelten sich hier meist in einem geordneten Chaos Akten, Broschüren und Zeitungsausschnitte oder Zitate, die er immer wieder gekonnt in seine launigen Reden einbaute.

Herr Kerkel gehörte zu jenen Menschen, die sich schwer von Dingen trennen können. Beim Versuch meinerseits, einige Schriftstücke oder Broschüren von seinem Schreibtisch zu entsorgen, waren seine Worte meistens: *„Das möchte ich noch lesen und vielleicht kann ich das eine oder andere ja doch noch brauchen."* Trotzdem hatte er immer den Überblick und wusste in welchem Stapel er suchen musste.

Wer meint, sein Büro war ein schillerndes Mekka eines Landkreisfürsten, der irrt sich gewaltig. So großzügig er anderen gegenüber war, so bescheiden war er bei sich selbst. Es war für ihn schon Luxus, als er nach fast zwanzig Jahren seinen heiß geliebten zerschlissenen, beigen Schreibtischsessel gegen einen schwarzen Lederstuhl austauschte. Dies bedurfte schon einiger Überredungskunst. Er meinte: *„Der tuat's scho no."*

In seinem Fundus im Schrank befanden sich, neben Büchern von verschiedenen Autoren aus dem Landkreis und CDs, auch meistens Präparate von der Firma Sixtus aus Schliersee. Ein ganz wichtiges Utensil war hier die „Gesäßcreme", die er zu verschiedenen Veranstaltungen mit lustigen Worten („...förderlich für gutes Sitzfleisch oder eignet sich hervorragend um Probleme auszusitzen ...") zum Einsatz brachte. Oder ein Kompass, der durfte auch nicht fehlen. Gerne verschenkte er diesen mit passenden Gags an Persönlichkeiten, die entweder aus dem Dienst ausschieden oder die ihn gerade angetreten hatten.

Ein ganz besonderer Genuss waren seine Reden aus dem Stegreif. Je nach Situation mal launig, mal tiefsinnig, immer die richtige Stimmung treffend. Mal begrüßte er sein Publikum mit „maba hu" was er aus dem Philippinischen mit Gesundheit, Glück und Erfolg übersetzte oder er beendete seine Rede mit „auf guad boarisch – ad multos annos" (auf viele Jahre). Wir im Büro wurden mit dem Schreiben seiner Reden kaum strapaziert. Er hat sich oft selbst – immer im letzten Moment – Notizen dafür gemacht.

Es kam auch schon mal vor, dass sein Fahrer, dem Sonderaufgaben zukamen, auf die Reise geschickt wurde, um eine echte große Kuhglocke zu besorgen. Diese hat er dann am Abend mit Witz und seinem sprichwörtlichen Humor bei einem Konzert für „Leser helfen Lesern" unter Applaus an den Dirigenten des Luftwaffenmusikcorps überreicht.

Sein schauspielerisches Talent konnte er schon in seinen jungen Jahren unter Beweis stellen, als er bei der Fernsehserie „Isar 12" mitwirkte. Mit dieser schauspielerischen Fähigkeit erfreute er später als Landrat bei verschiedenen Auftritten, wie z.B. als singender Pavarotti bei der Geburtstagsfeier von Bürgermeister Färber, sein Publikum.

Mit Begeisterung erzählte er von seinen Lawinenhundelehrgängen auf der Hochalm unterhalb der Alpspitz-Nordwand mit seinem Hund Sambo. Beim Erzählen von Erlebnissen mit seinen Berg- und Bergwachtspezln leuchteten seine Augen. Ich denke, das waren handfeste Männerfreundschaften. Die Gemeinschaft mit den Kameraden war es, was ihn freute. Hier war er der Mensch Norbert Kerkel und nicht der Landkreischef und Behördenleiter. Diese Gemeinschaft war ihm sicher sehr wichtig, denn es ist ja in Positionen mit großer Verantwortung und Termindruck wohl so, dass Freundschaften zu allererst an den Rand gedrängt werden, wenn es darum geht, all die Pflichten und Aufgaben zu erfüllen.

Viele Menschen und wichtige Persönlichkeiten gingen in seinem Büro ein und aus, und es gab durchaus auch Termine, bei denen Spannungen zu spüren waren. Schwere Tage und Enttäuschungen, auch das gab es im politischen Alltag des Landrats. Er hat es geschafft, einem Klima aus Misstrauen unerschütterlich den Geist der Versöhnung und des Vertrauens entgegenzustellen. Mit seiner Fähigkeit auf andere zuzugehen und seinem Gespür für die jeweilige

Situation schaffte er es immer wieder, dass man im Konsens auseinander ging. Oft hörte man während schwierigen Besprechungen ein Lachen durch seine Tür. Wir haben ihn stets gut gelaunt erlebt. Vor allem hatte er diese innere Ruhe und konnte zuhören. Es war seine Art, dem Anderen seine Würde zu lassen – in jeder Situation. Dies war und ist mir immer ein Vorbild.

Ob arm, ob reich, er liebte die Menschen und machte keine Unterschiede. Ich erinnere mich an einen Tag, an dem der Terminkalender voll war, Bauwerber bereits im Besprechungszimmer auf das Eintreffen des Landrats warteten, Mitarbeiter Rücksprachen wünschten und der Landrat eigentlich in einer halben Stunde zu einer wichtigen Sitzung nach München musste, als eine kleine ältere Frau ins Vorzimmer kam. Die Haare hatte sie streng aus dem Gesicht gekämmt und zu einem Zopf geflochten am Kopf festgesteckt. Unangemeldet und unbedingt noch an diesem Tag wollte sie mit dem Landrat ihr Anliegen besprechen. Wir im Vorzimmer waren gerade dabei, ihr höflich verständlich zu machen, dass heute aufgrund des vollen Terminkalenders kein Gespräch mit dem Landrat mehr möglich sei. Da kam unser Chef aus seinem Büro und begrüßte die Dame mit den Worten: *„Ja griasdi Resi, wia geht's da denn, was hast'n aufm Herzn, kim schnell an Sprung eina."* Uns standen die Schweißperlen auf der Stirn, weil wir nicht wussten, wie wir noch alle weiteren Termine koordinieren sollten – aber er ließ sich nicht aus der Ruhe bringen, nahm sich Zeit für die Resi – na ja, irgendwie ging es dann doch immer.

Es war eben sein besonderes Talent, sich auf die Menschen einzustellen, dass sie ihn verstanden und sich gut aufgehoben fühlten. Ein Volksmensch im wahrsten Sinne des Wortes.

Die kleinen Dinge seines Handelns waren es, die ihn für mich als Menschen ausgezeichnet haben.

In den Jahren, als im Landratsamt ein Jurist arbeitete, der im Rollstuhl saß, war es für ihn eine Selbstverständlichkeit, dass er mit anpackte wenn dieser samt Rollstuhl über die Treppen zu einer Besprechung getragen werden musste. *„Danke, das haben Sie gut gemacht",* auch das waren keine seltenen Worte oder Floskeln, die er als Chef seinen Mitarbeitern im Landratsamt, Krankenhaus, Schwaighof oder Tourismusverband gegenüber äußerte. Für ihn gehörten sie alle zum gut funktionierenden Team der gesamten Landkreisfamilie.

Es lastet eine enorme Verantwortung auf den Schultern eines Landrats. So lange die Dinge gut laufen kommt keiner zum Chef, aber wenn Probleme auftauchen ist eine weise Entscheidung der obersten Führung gefordert. Er hatte für jeden ein offenes Ohr, ob Bürger, Mitarbeiter, Unternehmer oder auch andere Führungspersönlichkeiten. Ich habe ihn nicht beneidet, wenn er als Chef und Behördenleiter unpopuläre Entscheidungen zu treffen hatte. Mir wurde klar, da oben ist die Luft dünn und man wird in schwierigen Entscheidungslagen sehr sehr einsam.

Als Österreicherin im Vorzimmer eines oberbayerischen Landrats zu arbeiten ist wahrscheinlich auch nicht alltäglich, aber ich denke ein österreichisches „Grüß Gott" ist den Bayern allemal näher als ein über dem Weißwurstäquator verwendetes „Guun Tach"! Allerdings, eine Prüfungsfrage bei meinem Einstellungsgespräch ist gründlich daneben gegangen. Man stelle sich ein sechsköpfiges Gremium vor, in der Mitte der Landrat als Vorsitzender. Alle mit ernsten Gesichtern und wichtigen Fragen, nur der Landrat sitzt gelöst in seinem Stuhl und versucht mir mit seiner väterlichen Art meine Nervosität zu nehmen. Nachdem ich meinen beruflichen Werdegang und meine Fähigkeiten dargelegt habe, erklärt er mir zum Schluss des Gesprächs, dass – neben den Aufgaben im Büro – auch das Servieren von Weißwürsten zu meinen Pflichten gehören wird. Ich darauf hin, nun am Ende des Gesprächs auch schon etwas gelöster: *„Na ja, ein paar Weißwürste kochen werd ich schon hinkriegen."* Worauf er listig und mit einem Schmunzeln im Gesicht meinte: *„Ja wenn'sas kocha werds nix wern."* Der Fauxpas wurde dann doch nicht als Ausschlusskriterium gewertet und Weißwürste richtig servieren habe ich in der Zwischenzeit auch gelernt.

Nach dem Motto „lass die Nahrung meine Medizin sein" hat er seine Leberkassemmel genossen.

Meistens war ja wenig Zeit zum Essen und so gab es um die Mittagszeit, wenn er im Büro war, eine Leberkassemmel. Wenn mehr Zeit war, eine Scheibe Leberkas – ca. 300 Gramm – serviert am Teller mit Senf und einer Breze. Vor der Faschingswoche, also kurz vor der Fastenzeit, sagte mein Chef: *„Heute reicht eine Scheibe mit 200 Gramm."* Meine Bestellung beim Metzger Holnburger lautete daher 200 Gramm Leberkäse. Die Verkäuferinnen wussten von der Vorliebe des Landrats und meinten es gut, daher wog die Scheibe dann doch 310 Gramm. Ich habe diese dem Landrat wie immer serviert und nach dem Verzehr war sein Kommentar: *„Sehgn's, jetzt hab'n 200 Gramm aa greicht und satt bin i a wor'n."* Gerne habe ich ihn in dem Glauben gelassen und bin mit einem Schmunzeln wieder an meine Arbeit gegangen.

Im Januar, nach sicher einigen hervorragenden Plätzchen seiner Frau – von deren Güte auch ich mich jedes Jahr überzeugen durfte – und gewiss einigen Scheiben von seinem heiß geliebten Schweinsbraten, konnte man seinen Lebensgenuss und seine Lebensfreude durchaus an seiner Leibesfülle ablesen. Da waren die Trachtenhemden schon etwas enger und so passierte es:

Bei einer Terminbesprechung – ich saß am Schreibtisch vor dem Landrat – machte es auf einmal blubb und ein Knopf von seinem Hemd konnte dem Druck nicht mehr standhalten und „spritzte" auf den Boden. Ich war in dieser Situation eigentlich schon etwas peinlich berührt. Vor dir sitzt ja dein Chef! Aber dieser fing an zu lachen, sprang auf, suchte den Knopf am Boden, verdeckte die Stelle am Hemd mit seiner Krawatte und meinte: *„Naa, naa, jetzt werd's Zeit, dass die Fastenzeit kimt."* In dieser Zeit war den Fettpölsterchen dann wieder der Kampf angesagt. Sein Fitnesspartner war sein Hund Sambo, der ideale Begleiter um eine Badehosenfigur zu erreichen. Im Büro gab es in dieser Zeit täglich nur einen Joghurt! Der Erfolg war dann doch immer beachtlich: „10 Kilogramm weniger", die er dann bis zum nächsten Weihnachtsfest wieder zunehmen konnte.

Die Adventszeit – die so genannte staade Zeit – war immer die stressigste im ganzen Jahr. Eine Sitzung jagte die andere und der Landrat war unterwegs im ganzen Landkreis. Von Nord bis Süd und von Ost bis West. Jeden Abend Termine, selbst die Wochenenden waren total ausgebucht und es blieb kaum Zeit zum Erholen und Kraft tanken. Am Montag im Büro angekommen leerte er dann seine Jackentaschen und dabei kamen nicht selten beschriebene Bierdeckel oder Servietten zum Vorschein. Diese verwendete er als Gedankenstütze, wenn er bei den verschiedenen Veranstaltungen von Bürgern mit deren Anliegen angesprochen wurde. Manches Mal konnte er selbst nicht mehr entziffern was er in der Eile gekritzelt hatte.

Trotz Termindruck erfreute er viele Jahre, immer Anfang Dezember, die Besucher im Panorama-Restaurant auf dem Wendelstein mit seinen heiteren und besinnlichen Geschichten, Gedichten und Anekdoten. Viele Zuhörer waren so begeistert von seinen lustigen und gut pointierten Vorträgen, dass wir noch Tage danach Geschichten vom „Höllischen Zehennagl", „Der Brunch" oder die „Türkenweihnacht" an interessierte Besucher versandten.

Trotz wenig Freizeit und Engagement in unzähligen Vereinen war ihm seine Familie wichtig. Wie und was er von Ihnen erzählte, ließ für mich einen eingeschworenen, engen Familienverbund mit einem intakten Familienleben erkennen. Nur mit diesem Rückhalt war es wohl auch möglich, dieses Amt so auszufüllen wie er es tat.

„Rossnatur mit Hang zur Harmonie", so lautete eine Schlagzeile über Kerkel im Miesbacher Merkur. Bis zu seiner schweren Erkrankung im Dezember 2003 schien es auch so.
Als die Diagnose Krebs feststand, haben alle Mitarbeiter und viele Menschen auch über die Landkreisgrenzen hinweg mit ihm gebangt, ihm gute Wünsche zukommen lassen oder auch für ihn gebetet. Er sprach von einer „schweren Bergtour" die er zu meistern habe. Die Genesungswünsche, Karten und guten Ratschläge die im Büro ankamen, füllten mehrere Kartons.

Nach seiner Rückkehr Anfang Juni 2006, bedankte er sich bei allen „die ihm in dieser Zeit halfen den schweren Rucksack zu tragen".

Mit dem Bayerischen Defiliermarsch, seinen beiden Stellvertretern und einem Spalier aus vielen seiner Mitarbeiter wurde er unter anhaltendem Beifall im Landratsamt empfangen. Er nahm seine Arbeit wieder auf und die ganze Landkreisfamilie hoffte mit ihm, dass die Krankheit nicht mehr zurückkehrt.

Es kam anders, im Juli 2006 musste er wieder auf „Patientenfortbildung", wie er es nannte. Auch diese Hürde hat er genommen und im März 2007 saß er wieder an seinem Schreibtisch. Bei jeder Untersuchung, die er zu durchlaufen hatte, haben wir mitgebangt und gehofft, dass seine Blutwerte stimmen und seine Leukozyten wieder ansteigen. Leider kam die Krankheit ziemlich schnell ein drittes Mal zurück.

Seine letzten Bürostunden am Schreibtisch verbrachte er an einem arbeitsfreien Faschingsdienstag alleine. Uns Vorzimmermädels hinterließ er einen persönlichen, für uns sehr wertvollen Brief und ein Kalenderbild mit seinen geliebten Südtiroler Bergen mit seinem handschriftlichen Vermerk: „War ich oben, Erinnerung an schöne Tage." Diese Zeilen sind heute ein kleines Heiligtum.

... und für den Ruhestand unseres Landrats hatten wir gemeinsam schon einen Plan:
Herr Kerkel, sein Fahrer und wir bei einem ausgiebigen Ratsch im Tegernseer Bräustüberl. Wer die Heimfahrt übernimmt war noch offen ...
So haben wir uns das vorgestellt!
„Der Mensch denkt und Gott lenkt", das hätte er als gläubiger Christ dazu gesagt.

Es war für mich ein Geschenk für und mit diesem außergewöhnlichen Menschen arbeiten zu dürfen.

30. 04. 2008

Hallo Madln,
einen wunderschönen
guten Morgen!
Heute verabschiede ich mich
von Euch – aber nur als Chef.
Danke für alles! Pfia God!
Macht ses guad.
Euer
Norbert Kerkel

Abschied von seinen Sekretärinnen Angelika Hettinger und Christiane Braun an seinem letzten Arbeitstag

Susanne Schramm
(Mitarbeiterin Regierung von Oberbayern,
ehemalige Mitarbeiterin Landratsamt Miesbach)

Der blaue Brief

In den fast zehn Jahren meiner Zeit als Abteilungsleiterin am Landratsamt Miesbach habe ich so mancherlei Anekdoten mit Landrat Kerkel als meinem Chef erlebt, von denen ich berichten könnte. Doch nun, wo ich hier sitze und die zehn Jahre noch einmal im Schnelldurchgang Revue passieren lasse, überkommt mich eine große Traurigkeit, weil der unwiederbringliche Verlust dieses wunderbaren Menschen Kerkel in Verbindung mit dem gemeinsam Erlebten um so bedrückender wirkt. Warum müssen uns immer die Besten so früh verlassen?

Als ich 1998 von München zum Landratsamt versetzt wurde, eilte Landrat Kerkel sein guter Ruf schon voraus. Die zuständige Personalreferentin im Innenministerium sagte mir, dass ich in Miesbach zwar eine schwierige Aufgabe übernehmen würde, ich dafür aber einen tollen Chef hätte, der bei allen, die einmal ans Landratsamt versetzt wurden, sehr beliebt sei. Und genauso war es dann auch.

Landrat Kerkel hatte all die Eigenschaften, die eine erfolgreiche und beliebte Führungspersönlichkeit ausmachen. Einfach ausgedrückt, er hatte Charisma. Es hat großen Spaß gemacht, mit ihm zusammenzuarbeiten, besonders deswegen, weil er seine Fürsorgepflicht uns Mitarbeitern gegenüber ernst genommen hat und man sich auf sein Wort verlassen konnte. Bei all den politischen und sachlichen Zwängen, denen er ausgesetzt war, hat er nie den Menschen hinter den Entscheidungen vergessen. Gerade dieses Gespür für das Menschliche und die Seele hat ihn bei seiner Tätigkeit als Behördenleiter und auch als Politiker so authentisch erscheinen lassen.

Landrat Kerkel besaß unzweifelhaft viele Talente, nicht dazu gehörte aber bekanntermaßen sein Zeitmanagement, was für mich in meiner Funktion und als Teilzeitkraft am Vormittag manchmal etwas schwierig war.

Ich erinnere mich daran, dass ich zu Beginn meiner Tätigkeit am Landratsamt einmal über längere Zeit Vorgänge sammelte, auf denen er ein großes R vermerkt hatte, was bedeutete, dass er zu diesen Vorgängen vor Bearbeitung eine Rücksprache mit mir wollte. Allerdings hatte er aufgrund seiner vielen Verpflichtungen keine Zeit, so dass die angeordnete Rücksprache nicht stattfand. Da ich die Bearbeitung der Angelegenheiten aber nicht länger aufschieben konnte, schrieb ich ihm einen Brief, in dem ich ihm mein Problem schilderte

und ihm vorschlug, in Zukunft die Rücksprachevermerke mit Handlungsanweisungen zu konkretisieren und adressierte ihn folgendermaßen:
Herrn Landrat Kerkel – im Haus? –

Das Fragezeichen im Adressfeld löste eine unvorhergesehene Reaktion aus. Postwendend bekam ich am nächsten Tag (an dem er vormittags auch nicht im Haus war) einen „blauen Brief". Auf blauem Briefpapier teilte Herr Landrat Kerkel mir handschriftlich mit, dass er hoffe, mich wegen der Farbe des Briefes nicht erschreckt zu haben. Er wolle mir eigentlich keinen Verweis schicken, wie es in der Schule mittels „blauer Briefe" einmal üblich war, sondern er habe einfach grad kein anderes Briefpapier gefunden, weil seine Sekretärin zu dieser späten Stunde hoffentlich schon zu Hause sei. Aber die Tatsache, dass ich anzweifle, ob er im Haus sei, wäre vielleicht schon einen Verweis wert gewesen. Doch er sehe ein, dass er dann auch einen „blauen Brief" verdient hätte, weil er die Rücksprachetermine mit mir nicht einhalten könne. Er wollte mir nur mitteilen, dass ich die Vorgänge nun ohne ihn bearbeiten solle, er meinen Vorschlag für gut hält und er für die Zukunft Besserung gelobe (was dann auch wirklich hinsichtlich meiner Rücksprachen mit ihm eintraf).

Bei dieser kleinen Episode werden Eigenschaften deutlich, die ich an Landrat Kerkel so geschätzt habe: er hatte Humor, er war ehrlich, er machte sich Gedanken um sein Tun, er war selbstkritisch, er war Veränderungen gegenüber aufgeschlossen und schaffte es zumindest bei mir immer wieder, das Gefühl zu vermitteln, das mein Wirken und Tun ihm wichtig waren. Landrat Kerkel hat mein Herz berührt und ich denke gerne an diesen Menschen zurück.

Rainer List (Leiter der Wassergewinnung der Stadtwerke München)

Katharinastollen

Zum ersten Mal habe ich mich als Bürger des Landkreises 1987 bei der Wahl zum Landrat über den neuen Kandidaten Norbert Kerkel informiert. Damals war Norbert Kerkel für mich, vermutlich wie für viele andere auch, völlig unbekannt. Doch da war einer, der hatte den Mut, gegen politische Schwergewichte anzutreten, gegen die er dann auch noch gewann. Eine gute Wahl hatten die Bürger getroffen, was zahlreiche Wiederwahlen bestätigten. Schon damals war seine Bürgernähe aufgefallen; ich kann mich noch gut daran erinnern als meine Mutter sagte, dass sie vom Landrat ganz freundlich gegrüßt worden wäre, gleichsam so, als wäre er nicht der Landrat, sondern unser Nachbar. Später dann hatte ich in meiner Funktion als Planungsingenieur bei den Stadtwerken München im Rahmen der Planung einer großen Zubringerwasserleitung aus dem Gewinnungsgebiet Mangfalltal in die Landeshauptstadt München erneut Kontakt, diesmal eben beruflich. Anstehende Genehmigungsverfahren für den Mangfall- und Mühlthalstollen waren zu behandeln.

Bereits beim ersten Gespräch waren wieder die überragende Kommunikationsfähigkeit und die Herzenswärme von Norbert Kerkel spürbar.

Schnell waren die Formalien mit den jeweils zuständigen Sachbearbeitern erledigt. Auch bei der wichtigen Frage, ob für den neu aufzufahrenden Wassertunnel Richtung München seine Frau Katharina als Stollenpatin die heilige Barbara vertreten könne, kam eine schnelle Antwort, ein JA von Frau Kerkel, dieses ehrenvolle Amt zu übernehmen. Auch das eine gute Wahl, was die Bauleute und Mineure später sehr zu schätzen wussten. Mit seiner Unbefangenheit und seiner Empathie kombiniert mit seiner außergewöhnlichen Rhetorik fesselte er immer die Aufmerksamkeit seiner Zuhörer.

Unvergesslich ist die Erinnerung an die Einweihung der Baustelle Mangfallstollen. In unvergleichlicher Weise und mit dem ihm eigenen Humor wusste er die Leistungen der Altvorderen zu loben, aber auch mit den Leistungen unserer Tage zu verknüpfen. Die Geschichte, wie dazumal im Jahr 1881 der Bierbrauer Sedlmayr einen Hektoliter Wasser aus dem Mangfalltal nach München karren ließ, um daraus Bier zu brauen, hörte ich nie schöner, authentischer und eindringlicher erzählen. In dieser Schilderung verpackte er auch den Hinweis, bei allen ausgeklügelten Planungs- und Bausystemen den „gesunden Menschenverstand" nicht zu vergessen. Seine unermüdlichen Versuche, den Oberbürgermeister von München Hr. Christian Ude zu verschiedenen Veranstaltungen im Landkreis Miesbach einmal einzuladen, waren erst zur Inbetriebnahmefeier der beiden Stollenabschnitte 1998 erfolgreich. Kerkel konnte es sich nicht verkneifen, seine Ansprache in unnachahmlicher Weise damit zu würzen und stellte fest, dass der Oberbürgermeister Ude

Norbert und Käthi bei der Besichtigung des Katharinastollens 1994

offenbar erst jetzt, da ein Stollen aus dem Landkreis Miesbach nach München gebaut worden war, wisse, wo der Landkreis Miesbach liegt und er aus diesem Anlass erstmalig in diese schöne Gegend gefunden habe.

Er selbst hat keine der Feierlichkeiten der Bauleute und Mineure versäumt, dabei das Ehrenamt seiner Frau nach Kräften unterstützt und hat jedes dieser Ereignisse mit seiner ihm eigenen Rhetorik gekrönt und damit auch mit gestaltet.

Die obligatorischen Barbarafeiern zusammen mit der Tunnelbaumannschaft waren immer besondere Erlebnisse. An eine kann ich mich noch besonders gut erinnern. Nach dem Besuch des Gottesdienstes in der Kirche von Valley hat Norbert Kerkel im Kirchenwirt – selbstverständlich nach einer entsprechend deftigen Mahlzeit – lustige und auch nachdenkliche Weihnachtsgeschichten von heimischen Schriftstellern vorgelesen. Selten war die Tunnelbaumannschaft aufmerksamer und gespannter als damals. Hier zeigte sich wieder mal sein Talent als Menschenfänger.

Seit Übernahme meiner Aufgabe als Leiter der Wassergewinnung der Stadt-werke München hatten wir aber nicht nur schöne und harmonische Treffen, sondern auch konfliktgeladene, wo Norbert Kerkel immer fair, aber in der Sache konsequent, die Interessen des Landkreises und vorrangig seiner Bürger vertrat und die Notwendigkeit von Kooperationen unterstrich. Sein Bemühen war immer, kleine Unstimmigkeiten auszugleichen und die Auseinander-setzungen nicht eskalieren zu lassen.

Die Ausweisung des Wasserschutzgebietes Mühlthal im Gemeindegebiet Valley hat ihn zeitlebens beschäftigt. Die damit verbundenen Angriffe auf seine Person konnte er nie nachvollziehen, wollte er doch für den Landkreis und insbesondere für deren Bürger nur das Beste. Er hat sich immer den Bürgern des Landkreises Miesbach verpflichtet gefühlt und hat versucht, das Beste auch aus gesetzlich unbequemen Verpflichtungen für den Landkreis zu er-wirken.

Cornelia Unterholzner

Der Krankenhausbau

Krankenhausneubau kurz vor Weihnachten. Das Jahr ist leider nicht mehr bekannt. Die Bauarbeiten gingen bis in den Winter sehr gut voran. Kurz vor Weihnachten jedoch gab es wohl Unstimmigkeiten unter den für den Bau Verantwortlichen. Es drohten Bauverzögerungen, obwohl der Winter bis dahin so mild war, dass es wetterbedingt zu keinen Verzögerungen kommen musste. Landrat Kerkel entschied in einer Sondersitzung mit dem Krankenhausausschuss und allen am Bau beteiligten wichtigen Ansprechpartnern, Lösungen zu finden. Die Sitzung fand kurz vor Weihnachten, wie immer in einem der Baucontainer statt.

Jeder der Eingeladenen brachte „zur Verstärkung" einen weiteren mit dem Bau befassten Mitarbeiter seines Teams und diverse Unterlagen mit. Der Raum im Baucontainer war beengt, die Luft zum Schneiden. Nun begannen hitzige Diskussionen und es wurde an Vorwürfen untereinander nicht gespart. Die Zusammenarbeit als Team hatte zwischen allen Verantwortlichen bisher sehr gut geklappt, nun jedoch stand man an einem Punkt, der sich ganz so einfach nicht lösen ließ. Unser Landrat bat nun alle Anwesenden, sich doch noch einmal zu setzen und hatte zur Verwunderung aller ein Buch in der Hand. Landrat Kerkel schlug das Buch an einer von ihm bereits markierten Seite auf und las eine Weihnachtsgeschichte vor.

Die Geschichte handelte von Erwachsenen, die sich entschlossen für ihre Gemeinde eine neue Weihnachtskrippe zusammenzustellen. Jeder wollte mit einer Figur dazu seinen Beitrag leisten und so wurden im Laufe des Jahres wunderschön gearbeitete Figuren und wertvolles Material zusammengetragen. Zu Weihnachten konnte die Krippe wie vorgesehen aufgestellt und auf einer großen Weihnachtsfeier allen präsentiert werden. Man bewunderte die kostbaren Figuren und vielen Details der großen Krippe – allein die Kinder wirkten enttäuscht. Sie meinten, dies sei keine wirkliche Weihnachtskrippe, es lag kein Christkind in der im Mittelpunkt stehenden, mit Heu und Stroh und wertvollen Tüchern ausgestatteten Krippe. Vor Begeisterung über das Projekt hatte man zwar an jedes noch so kleine Detail gedacht, ein Christkind aber hatte man vergessen. Die Geschichte war wohl noch nicht zu Ende, jedoch Landrat Kerkel legte nun das Buch zur Seite und beschwor mit seinen eigenen Worten, dass man niemals das Herz einer Sache vergessen dürfe. Egal was man tue, niemals sollte man den Grund seines Handelns aus den Augen verlieren. Er bat alle Anwesenden nicht zu vergessen, dass der Grund für die Entscheidung, einen Krankenhausneubau zu errichten, eine bessere medizinische Versorgung in einem besseren Umfeld für kranke und hilfsbedürftige Bewohner des Landkreises war. Dieses Ziel zu erreichen, sei aller Anwesenden Aufgabe und er bat darum, dies niemals aus den Augen zu verlieren. Dieser Botschaft konnte sich nun keiner im Raum mehr entziehen und langsam kam nun wieder etwas von dem alten Teamgeist auf. Man ging bereits wieder auf einander zu, verabschiedete sich in die wohlverdienten Feiertage und niemand zweifelte mehr daran, dass mit Unterstützung aller die Unstimmigkeiten gelöst werden würden.

Im Nachhinein war es auch so, aber das wusste unser Landrat wohl bereits im Voraus, als er sich dafür entschied, zum Ende einer Ausschusssitzung diese Weihnachtsgeschichte zu erzählen.

„Unser Baby"

Mit Schreiben an den Landrat vom 31. März 1999 erhielt die Verwaltung des Krankenhauses Agatharied Kenntnis von einem „Schadensfall" inkl. Schmerzensgeldforderung, der sich in einem der Kreiskrankenhäuser zugetragen hatte und für dessen „Folgen" wir eine Summe von 11.152 DM überweisen sollten.

Ausdrücklich war auf dem Schreiben vermerkt: „Landrat hat keine Kenntnis – wurde nicht vorgelegt."

Im weiteren versicherungstechnischen Ablauf stellte sich heraus, dass eine fehlgeschlagene Vasektomie (= Samenleiterdurchtrennung) zu einer ungewollten Schwangerschaft und der Geburt eines gesunden Mädchens im Jahr 1998 geführt hat. Der Samen hatte sich im wahrsten Sinne „neue Wege" gesucht.

Obwohl wir meinten, den Vater ausreichend über die Möglichkeiten eines solchen medizinisch möglichen „Zufallstreffers" aufgeklärt zu haben, ließ der gegnerische Anwalt nicht locker und verklagte uns vor dem Landgericht München II.

Um die entsprechende Prozessvollmacht von Herrn Landrat Norbert Kerkel zu bekommen, musste der Vorfall jedoch „gebeichtet" werden. Verwundert nahmen wir jedoch nach Schilderung zur Kenntnis, dass Herr Kerkel zu „seinem" unserem Baby stand und am liebsten die finanziellen Folgen gleich übernommen hätte. Nur der Hinweis auf den Verlust des Versicherungsschutzes ließ ihn von diesem Vorhaben abbringen.

In einer der nächsten Krankenhausausschußsitzungen berichtete Herr Landrat Norbert Kerkel in seiner unnachahmlichen Art von der neugewonnenen „Vaterschaft".

Tatsächlich hat das Landgericht München in einem Urteil 2001 den „Landkreis Miesbach, gesetzlich vertreten durch den Landrat" als Beklagten zum Unterhalt „seiner" Tochter, gleichzeitig der Klägerin, bis zum 18. Lebensjahr in Anwendung der Düsseldorfer Tabelle verpflichtet.

Nachdem die finanziellen Folgen (bis heute ca 25.000 €) durch unser Versicherungsunternehmen übernommen wurden, hielt sich der „Schaden" in Grenzen.

Noch in den späteren Jahren erzählte Herr Landrat Norbert Kerkel zu fortgeschrittener Stunde gern von „seiner" ungewollten Vaterschaft und „seinem" Baby.

Dr. med. Klaus Fresenius
(1. Vorstand Ärztlicher Kreisverband Miesbach)

Sehr geehrter Herr Kollege Kerkel, lieber Norbert,

dass Du die „Ehrendoktorwürde" der Ärzteschaft des Landkreises Miesbach mit Doktorhut und -brief zu Deinem 60. Geburtstag verliehen bekamst, war längst überfällig. Wie gerne hätten Dir Deine Ärzte auch noch die viel höher anzusiedelnde „Ehrenpatientenwürde" verliehen.

Die Gründe für den Dr. h.c. waren vielfältig und eindeutig. Als verständnisvoller, unterstützender, vorsichtig hinterfragender, aber auch überzeugt bewundernder, in Krisenzeiten loyal zu Deinen Ärzten haltender Politiker warst Du eine Ausnahme, ein Unikat. Häufig höre ich zur Zeit den Satz von meinen Kollegen: „Wir haben keine Freunde bei der Politik." In Dir hatten wir einen Freund. Du hast ohne Not, vollkommen freiwillig, die Vertreter der Ärzte des Ländkreises stimmberechtigt in den Entscheidungsprozess, in die Bauplanung und in die Chefarztauswahl für unser Krankenhaus Agatharied miteinbezogen. Das war ein politisches Novum.

Deine profunden Kenntnisse der Traumatologie in der Bergrettung waren Grundlage dafür, dass Du bei der Gestaltung der verschiedenen Fachrichtungen „unseres Krankenhauses" kompetenter Meinungsbildner sein konntest. TEP, Stent, 16-Zeiler, ERCP, aber auch die DRG, EBM oder GOÄ wurden für Dich zu selbstverständlich geläufigen Begriffen Deines Alltags. Immer warst Du Dir bewusst, dass es Deinen Bürgern nur gut gehen kann, wenn es dem Krankenhauspersonal gut geht, oder auch ebenso bedingend umgekehrt.

Besonders beeindruckt war Dein Freund Fischhaber, der notfallmäßig am Blinddarm operiert werden musste, als Du mit Mundschutz, Haube und grünem Kittel an sein Bett tratest. Es zeugt von seiner Wesensfestigkeit, dass er den Schreck gut überstand und von Deiner kritischen, eigene Grenzen hinterfragenden Analyse, dass Du bei diesem heiklen Eingriff dann doch das Messer an den chirurgischen Chefarzt Prof. Mack übergeben hast.

Wenn ich so unter dem Baum auf dem Platz vor dem Krankenhaus sitze, der jetzt Norbert-Kerkel-Platz heißt und auf Deine Büste schaue, ist meine Erinnerung vor allen Dingen bei dem Patienten Norbert, der fasziniert war, von dem Universum, dem Sternenhimmel, der in der Eingangshalle des Krankenhauses symbolisiert wird, der in schlimmster Not, im universalen Verlassensein für sich und andere immer noch Geborgenheit vermittelte, der Hoffnung gab, wenn er selbst eigentlich keine mehr haben konnte. Du sahst die Beziehung zu Deinem Hausarzt als solides Fundament, die Gespräche mit ihm als Wegweiser durch das hochkomplexe Gebäude der fachkundlichen Heilung.

Auch in der größten Not, selbst kahlköpfig und kaltschweißig, hast Du den Ärzten Deine Privatnummer gegeben, dass sie zweifelnde Tumorpatienten an Dich verweisen dürften, damit Du ihnen Mut machen kannst, ihnen Kraft geben kannst für den Kampf gegen den Krebs, den Du als bildhaften Widersacher vor Dir sahst. Du führtest und prägtest durch Vermittlung, durch wohltuendes Verständnis und Anerkennung für beide Seiten, für Bürger und Politiker, für Ärzte und Patienten, für Politiker und Ärzte. Es war Deine sprachliche Fähigkeit, komplizierte Sachverhalte einfach und verständlich zu machen, ermüdende Langatmigkeit durch humorvolle Akzente zu unterbrechen und es war Deine wundervolle Zweisprachigkeit, die Möglichkeit, in muttersprachlichem, farbenreich Vertrauen gebendem, einfach wunderschönen Bayrisch mit den Patienten zu reden und Dich umzudrehen und in hochdeutsch mit dem Chefarzt die Vorteile der digitalen, bildgebenden Verfahren (Fax) zu diskutieren. Es war Deine Rolle als Dolmetscher, als Übersetzer zwischen den Welten, für die wir Dir so dankbar sind. Unvergessen sind Deine Allegorien für die Krankheit, das Besteigen des Biancograts am Seil, von Ärzten und Freunden geleitet, rechts und links lauerte der Abgrund, der Tod.

Deine Beschreibung der Patientenperspektiven, fiebernd in Krankenhausgängen, wartend auf harten Röntgentischen, waren nie anklagend, ja immer mit Dankbarkeit für die Hilfe, Pflege und Behandlung im Krankenhaus und gerade deshalb waren sie so eindringlich, Verbesserung fordernd und fördernd.

So bleibt mir die dankbare, bewundernde Erinnerung für den Politiker, Seelenarzt und Vorbildpatienten. Wenn es mal wieder hakt im Nachtdienst, bei den Wartezeiten, in der Küche, bei der OP-Planung, wenn der Aufsichtsrat so viele Meinungen wie Mitglieder hat, dann höre ich Dich sagen: *„I bin wirklich dankbar für den Einsatz, den ihr bringts, der is ned selbstverständlich, aber des miaß ma schaffn, des wer ma a schaffn."*

In dankbarer Erinnerung
Dein Klaus Fresenius

Schaftlacher Kirche

GLAUBE UND KIRCHE

Pfarrer Klaus Wernberger

Segen von oben

Nach dem Tod von Sebastian Kampfl, dem im ganzen Oberland bekannten Pfarrer von Waakirchen, wurde ich zum 1. Mai 1984 zu seinem Nachfolger ernannt. Der Pfarrhof in Waakirchen war sehr renovierungsbedürftig und so war an ein Wohnen dort zunächst nicht zu denken. Im Frühjahr 1984 waren auch die Kommunalwahlen, bei denen Norbert Kerkel zum Bürgermeister gewählt wurde. Einige Waakirchner, die ich bereits kennen gelernt hatte, bemerkten, dass dies für die Pfarrei und somit auch für mich ein großes Glück sei. Dass dies tatsächlich zutreffend war, konnte ich dann in den kommenden Jahren feststellen. Wir begannen beide zum 1. Mai 1984 unseren Dienst in Waakirchen, er als neuer Bürgermeister und ich als neuer Pfarrer. Nachdem Norbert Kerkel in Schaftlach wohnte, war die Bürgermeisterwohnung im 2. Stock des Rathauses frei geblieben. Wegen der geplanten Renovierung des Pfarrhauses wurden mir von ihm nun diese nicht benötigten Räume als vorübergehende Wohnung angeboten. Da Renovierungen in der Regel länger dauern als geplant, wurde aus dieser Übergangslösung ein zweijähriger Aufenthalt im Rathaus. Bürgermeister Kerkel hatte sein Amtszimmer im 1. Stock, ich genau eine Etage darüber. Deshalb hatte er bei seiner Arbeit stets den „Segen von oben", wie er gerne scherzhaft bemerkte. Ein Segen war seine Amtszeit als Bürgermeister für Gemeinde und Pfarrei dann auch wirklich. Besonders in diesen Jahren unseres Beisammenseins im Rathaus habe ich ihn kennen und schätzen gelernt. Schon bald fiel mir seine freundliche und zuvorkommende Art auf und ich begann auch sehr schnell sein großartiges rednerisches Talent zu bewundern.

Gerade in den ersten Monaten meines Eingewöhnens in den beiden Pfarreien Waakirchen und Schaftlach konnte ich stets mit seiner Hilfe und seinem Rat rechnen. Im Herbst 1984 begann man mit dem Bau des Pfarrheims und des kirchlichen Kindergartens. Da ich von Bausachen damals noch keine Ahnung hatte, bekam ich auch hier von ihm jede Unterstützung. Mit den Jahren wurden die Kontakte etwas seltener, da er inzwischen zum Landrat von Miesbach gewählt wurde und ich in den Pfarrhof umgezogen bin. Aber unser vertrauensvolles Miteinander blieb trotzdem erhalten. Wir trafen uns immer noch regelmäßig bei den Adventsfeiern für die Senioren im Trachtenheim Schaftlach, die er stets mit humorvollen Beiträgen mitgestaltete. Ich habe damals einige Geschichten von ihm bekommen, die ich heute noch gerne verwende. In bleibender Erinnerung ist mir eine Lesung „Der Heiligen Nacht" von Ludwig Thoma auf der Sigriz mit Norbert Kerkel und den Waakirchner Sängern. Der Norbert – wir waren inzwischen per Du – trug die nicht gerade leicht zu lesenden Texte so hervorragend vor, wie ich sie vorher und später nicht mehr gehört habe; es war ein Ohrenschmaus.

Es ist von der kirchlichen Obrigkeit gewünscht, dass ein Pfarrer nicht immer in der gleichen Pfarrei bleibt. Es soll mindestens einen Wechsel geben. Nachdem ich mittlerweile schon 13 Jahre in Waakirchen und Schaftlach war und mich dem Fünfzigsten näherte, machte ich mir allmählich Gedanken darüber. Es ging dann schneller als ich ahnte. Innerhalb eines Monats wurde ich auf Wunsch des Pfarrers von Unterwössen Franz Niegel zu dessen Nachfolger ernannt. Da wurde wieder Norbert Kerkel aktiv. Mit dem früheren Landrat von Traunstein war er gut bekannt. Ihm schrieb er einen Brief mit der Bitte, er solle aufpassen, dass ich in Unterwössen gut behandelt werde. Sollte das nicht der Fall sein, kommt er mit der Waakirchner Gebirgsschützenkompanie und holt mich wieder zurück. Die angedrohte Aktion musste nie ausgeführt werden. In den letzten Jahren hörte ich dann immer wieder von seiner Krankheit. Wir haben ab und zu telefoniert. Trotz seines schweren Leidens war er stets voller Hoffnung und hat auch seinen Humor nicht verloren. Sein Tod kam für mich völlig überraschend, weil sich ja immer wieder eine Besserung eingestellt hatte. An meinem Schreibtisch steckt das Sterbebild mit seinem Foto. So wird er mir in Erinnerung bleiben als ein humorvoller, kluger, begabter, hilfsbereiter und gläubiger Mensch.

Dekan Walter Waldschütz

Segensreiches Miteinander

Zu meiner Amtseinführung als Dekan war Landrat Kerkel dabei und hat wie immer eine glanzvolle Rede gehalten mit Humor, Tiefe und Weitblick. Hier gratulierte er mir zur Wahl und Ernennung zu seinem Kollegen als „Kirchlichen Landrat". So hat er es immer gehalten, er hat großen Wert darauf gelegt, dass Kirche und Politik sich begleiten und ergänzen, niemals aber stören und drücken. Er war Politiker aus einer tiefen christlichen Verantwortung und hat hier immer zum Wohl des Menschen, der Gesamtheit und des Einzelnen gehandelt.

In all den Jahren durften wir stets vertrauensvoll, fair, unterstützend und vor allem freundschaftlich zusammen arbeiten. Er scheute sich auch nicht, mich anzurufen und zu sagen: „Du, jetzt brauche ich Dich als Notfallseelsorger" für ..., und umgekehrt. Ein segensreiches Miteinander.

Bei dieser Amtseinführung hat er mir neben den guten Wünschen auch die vertrauensvolle Zusammenarbeit angeboten und, für schwierige Zeiten, einen Notfallkurs von ihm als Bergrettungsfachmann. Diesen Notfallkurs habe ich bis heute noch gut, weil wir nie dazu gekommen sind, aber ich bin dankbar, weil ich jetzt sicher weiß, dass er mir jetzt vom Himmel her nicht diesen Kurs sondern das Ergebnis zur Verfügung stellt.

Politiker mit Humor und Feingefühl

Bei einer unserer unregelmäßigen Besprechungen im Amtszimmer des Landrates Kerkel fragt seine Sekretärin, ob Herr Kerkel kurz für die (damals Landtagsabgeordnete) Ilse Aigner zu sprechen sei. Norbert sagte zu mir, Walter da gehst Du jetzt hin. Ich kannte damals Frau Aigner nur vom Namen her. Seitdem hat sich eine wertvolle Freundschaft entwickelt.

Ich nahm das Gespräch ab und sagte, ich bin der persönliche Betreuer und Seelsorger des Landrates. Künftig können alle Gespräche nur noch über mich gehen. Norbert lachte und freute sich. Frau Aigner war ganz verdutzt und zurückhaltend. Auf die Frage, ob sie ihn denn nicht selbst sprechen könnte, meinte ich, nur wenn ich die Wichtigkeit feststelle. Es ergab sich ein herzliches Gespräch aus dieser vom humorvollen Landrat eingeleiteten Begegnung und eine wunderbare Freundschaft.

Aufrechter Christ

Wo immer Norbert Kerkel als Landrat öffentlich auftrat, hat er immer in seinen Reden sich als Christ bekannt und auch auf christliche Lieder, Texte oder Werte hingewiesen. Christen wie Nichtchristen nahmen ihm das ab, weil er lebte, was er sagte und glaubte was er lehrte. Oftmals konnte ich meine Worte in der Rede einführen, dass eigentlich der Landrat alles Wesentliche eines Geistlichen gesagt hatte und das „Wort zum Sonntag" auch schon steht. Für viele Menschen war er dadurch überzeugender und überzeugter Verkündiger unseres menschenfreundlichen Gottes.

Er hat es nicht nur gesagt, sondern bis in die Tiefe hinein gelebt. Gerade in seiner langen und immer wiederkehrenden Krankheit hat er das so glaubwürdig erfahren und gelebt.

So erzählte er mir: „Als ich wieder einmal wegen erhöhtem Fieber sofort in die Klinik musste, musste ich auf einer Bank vor dem Behandlungszimmer eine Weile warten. Ich war in dieser Zeit so innig mit meinem Herrgott verbunden, dass es direkt lästig war, als dann die Krankenschwester kam und mich zur Behandlung brachte."

In seinem Leben und in seinem Sterben gehörte er ganz Gott und ließ es alle Menschen wissen, die es hören wollten oder konnten.

Norbert, der gute Freund

Für viele Menschen konnte er ob seines großen Herzens Freund und Bruder, Helfer und Mitmensch ja vieles mehr sein.

Ich habe viel in seiner Krankheit für ihn und für seine Familie gebetet. Bei jedem Gespräch, bei jeder Begegnung bedankte er sich für dieses Gebet, dass ich wieder den Hl. Geist bestürmt habe. Beim Landkreisbesuch unseres Erzbischofs Dr. Marx kam es zu einer noch ganz wichtigen Begegnung mit unserem Altlandrat, eine Woche vor seinem Heimgang. Mit ganz starker Stimme, mit innerer Aufrichtigkeit sagte Norbert Kerkel, was wichtig ist in der Politik und in der Kirche.

Als wir uns verabschiedeten, bedankten wir uns gegenseitig für die wertvolle Freundschaft.

Es ist schön, einen so guten und wertvollen Freund im Himmel zu haben.

Diakon Alois Winderl

Großes Glaubenszeugnis

Im Januar 2004, nachdem er im Dezember von seiner Krebserkrankung erfahren hatte, sagte er in einem persönlichen Gespräch: *„Weißt Du, ich bin jetzt 62 Jahre alt und habe ein ganz erfülltes Leben gehabt. Ich bin so dankbar für meine Frau Käthi, für meine Kinder Monika und Norbert und für meine Enkelkinder. Ich habe zwar meinen Vater nicht erlebt, hatte aber eine herzensgute Mutter und Großmutter. Außerdem habe ich meinen Glauben, der ist für mich Halt. Besonders der Psalm 'Er beschirmt dich mit seinen Flügeln, unter seinen Schwingen findest du Zuflucht' gibt mir Trost und Zuversicht."*

In diesen Glauben ist Norbert durch seine Mutter und Großmutter hineingewachsen. In Schaftlach, in der Heilig-Kreuz-Kirche, wurde er getauft und feierte die erste Heilige Kommunion. Hier hat er bei Herrn Pfarrer Dr. Josef Huber ministriert, seiner Ehefrau Käthi das Jawort vor Gott gegeben und die Eucharistie am Sonntag mitgefeiert. Außerdem hat er beim Betätigen des Blasebalgs für die Orgel sein erstes Taschengeld verdient. Im pfarrlichen Leben war er in der Katholischen Landjugend (KLJB) aktiv. Bei Theateraufführungen der Landjugend und im Trachtenverein Schaftlach – Piesenkam hat er sein schauspielerisches Talent eingebracht und in den 70er Jahren engagierte er sich ehrenamtlich in der Kirchenverwaltung. Stolz war er darauf, dass alle seine fünf Enkelkinder ministrierten.

Aus diesem katholischen Glauben heraus konnte Norbert Kerkel ganz offen auf Menschen anderen Glaubens, gerade in der Ökumene auf die evangelischen Schwestern und Brüder, zugehen. Er wusste, wo seine Heimat, seine Wurzeln sind. Aus diesem Glauben heraus konnte er für viele Menschen Heil bewirken.

So hat er sich auch ganz bewusst für seine Entscheidung, noch einmal für das Amt des Landrates zu kandidieren, in ein Zisterzienserkloster in Spanien – Kloster San Salvador in Leyre – zurückgezogen, um dort ganz in der Einsamkeit, in der Stille und im Gebet seine Entscheidung zu treffen.

Besonders beeindruckt hat mich immer wieder an Norbert Kerkel, dass er zu jedem Menschen sofort einen Kontakt von Herz zu Herz herstellen konnte. Jeder Mensch war ihm gleich wichtig. Er war im Gespräch, in der Begegnung ganz für den anderen Menschen da, er war ganz präsent.

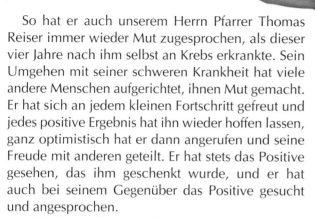

So hat er auch unserem Herrn Pfarrer Thomas Reiser immer wieder Mut zugesprochen, als dieser vier Jahre nach ihm selbst an Krebs erkrankte. Sein Umgehen mit seiner schweren Krankheit hat viele andere Menschen aufgerichtet, ihnen Mut gemacht. Er hat sich an jedem kleinen Fortschritt gefreut und jedes positive Ergebnis hat ihn wieder hoffen lassen, ganz optimistisch hat er dann angerufen und seine Freude mit anderen geteilt. Er hat stets das Positive gesehen, das ihm geschenkt wurde, und er hat auch bei seinem Gegenüber das Positive gesucht und angesprochen.

Ich habe in all den vielen Jahren nie erlebt, dass er über jemanden geurteilt oder schlecht gesprochen hätte. Er ist seinen Mitmenschen immer mit sehr viel Verständnis, Geduld und Großmut begegnet.

Mich persönlich hat er immer wieder ermutigt, bei schwierigen Situationen oder Entscheidungen, z. B. im Zusammenhang mit der Restaurierung der Schaftlacher Kirche oder des Schaftlacher Kreuzes. Auch hat er mich motiviert, neue, andere Wege zu suchen. Wenn er mir gesagt hat: *„Alois, da kannst Du dahinter stehen, da lohnt es sich, auf jeden Fall dranzubleiben"*, konnte ich daraus sehr viel Kraft schöpfen, auch problematische Anliegen anzugehen und zu bewältigen.

Für mich ist es eine großartige Fügung, dass jetzt seit 1. Oktober 2009 unser neuer Pfarrer – Herr P. Dr. Joachim Hagel OPraem. – ein Prämonstratenserpater ist. Der Gründer dieses Ordens ist der heilige Norbert von Xanten. Seinen Namenstag hat Norbert Kerkel sechs Tage vor seinem Tod noch gefeiert.

Norbert, ich sage Dir, auch im Namen meiner Ehefrau Maria, an dieser Stelle nochmals ein ganz herzliches Vergelt's Gott für Dein großes Glaubenszeugnis und für Deine Freundschaft.

Du bist für mich ein ganz besonderer Mensch!

Foto: Siegfried Wameser

Wolfgang F. Merkel (Evangelischer Pfarrer i. R.)

Ein Festabend

Im Jahr 1976 fand die 500-Jahrfeier der Heilig-Kreuz-Kirche Schaftlach statt. Im Rahmen der Festwoche wurden zwei Festabende veranstaltet in einem eigens dafür aufgestellten Festzelt, und zwar am 27. und 28. August 1976. An einem dieser Abende hat Norbert die Feier durch einige (lustige, humorvolle, zum Schmunzeln anregende) Beiträge bereichert. Seine Sammlung von Episoden, Gedichten, und sonstigen amüsanten Geschichten war ja bekannt und er hat sie zeit seines Lebens bei unzähligen Gelegenheiten (Feiern, Veranstaltungen, sowohl mit ernsterem als auch heiterem Anlaß) zu Gehör gebracht.

Norbert trug ein Gedicht vor. Der „historische" Hintergrund (vermutlich erfunden) war folgender (so die Einleitung von Norbert):

Der Bürgermeister von Schaftlach, der damals auch Standesbeamter war, (Zeit und Name blieb offen) hatte wohl Schwierigkeiten mit der deutschen Sprache und tat sich besonders bei den standesamtlichen Trauungen schwer, dem Brautpaar etwas Sinnvolles mit auf den Weg zu geben. Sein Amtsrat gab ihm einen hilfreichen Rat und sagte zu seinem Bürgermeister: „Du fügst bei deiner Ansprache nach jedem Satz oder Satzteil die Worte 'oben und unten' sowie 'hinten und vorn' ein und du wirst sehen, die Sache klappt." So kam die Trauansprache des Bürgermeisters mit „oben und unten, hinten und vorn" zustande, die Norbert unter brausendem Gelächter und Beifall vortrug:

Liebes Brautpaar
In erster Linie seid herzlich willkommen – oben und unten.
Es ist eine wahre Freude Euch zu Ehren – hinten und vorn.
Ich wünsche Euch, im Namen der Gemeinde alles Gute – oben und unten –
und recht viel Glück im Ehestand – hinten und vorn.
Teilt Freud und Leid – oben und unten –
und haltet zusammen – hinten und vorn.
Der Mann soll für die Frau sorgen – oben und unten –
damit sie keine Not leidet – hinten und vorn.
Der Mann ist der Nährvater – oben und unten –
und muß den Frieden erhalten – hinten und vorn.
Haltet gegenseitige Treu – oben und unten –
damit nichts verloren geht – hinten und vorn.
Die Frau soll alles mit Liebe bereiten – oben und unten –
damit alles genießbar wird – hinten und vorn.
Achtet auf Eure Gesundheit – oben und unten –
damit Ihr nicht krank werdet – hinten und vorn.

Die Frau soll dem Manne untertänig sein – oben und unten –
und für Reinlichkeit sorgen – hinten und vorn.
Dann werdet Ihr zufrieden sein – oben und unten –
und viel Freude haben – hinten und vorn.
Als Bürgermeister bin ich gern bereit zu helfen – oben und unten –
und will mit gutem Beispiel vorangehen – hinten und vorn.
Mich hat man überall gern gehabt – oben und unten –
und ich habe viel Spaß gehabt – hinten und vorn.
Jetzt werde ich schon alt – oben und unten –
und es geht nimmer so gut – hinten und vorn.
Zum Schluß wünsche ich Euch recht viel Vergnügen – oben und unten –
und ein glückliches Zusammensein – hinten und vorn.

Die Wahl zum Landrat

Norbert war noch keine gesamte Amtsperiode Bürgermeister von Waakirchen, als die Freien Wähler ihn zum Kandidaten für die Landratswahl kürten. Die gesamte Landkreis-CSU und darüber hinaus wohl auch die Bayerische, waren sich nach dem Weggang von Wolfgang Gröbl absolut sicher, dass der CSU-Kandidat Gerhard Maier die Wahl haushoch gewinnen wird.

Es kam dann zur Überraschung vieler ganz anders. Der Wahltag war der 29. September, vielleicht auch der 28., jedenfalls nahe am Michaelistag. Die Freien Wähler feierten ihren Wahlsieg im Trachtenheim Schaftlach, wozu auch ich geladen war.

Ich wollte nicht mit leeren Händen kommen, so kam mir vom Michaelistag her folgende Assoziation in den Sinn:

Michaelis heißt: Wer ist wie Gott. In Anspielung darauf habe ich bei meiner Gratulation im Trachtenheim Norbert ein Ikone des Erzengels Michael überreicht mit den Worten: *„Michael heißt: Wer ist wie Gott – heute Abend können wir sagen: Wer ist wie Norbert? – natürlich niemand!"*

Damit er sich aber gleichzeitig seiner neuen Verantwortung als Mensch und Christ bewusst bleibt, bekam er dazu ein Buch „Gebete für Politiker", verfasst von meinem Amtskollegen Hans Roser, der für die CSU einige Jahre im Bundestag saß.

Norbert gelobte, diese Gebete eifrig anzuwenden. Seine Amtsführung hat die Einhaltung dieses Versprechens eindrücklich bestätigt.

Ein Erlebnis der besonderen Art

Nach Ausbruch seiner schweren Erkrankung erinnere ich mich an ein Gespräch, das bei mir einen tiefen Eindruck hinterlassen hat. Es dürfte wohl 2004 oder 2005 gewesen sein. Während einer seiner Rekonvaleszenzphasen habe ich ihn in seinem Haus in Schaftlach besucht.

Wir sprachen natürlich über die Krankheit, die Prognosen der Ärzte, die Therapien usw. Daß er eine sehr ernste und lebensbedrohliche Krankheit hatte, war Norbert sehr bewusst und er hatte wohl auch einen möglichen oder baldigen Tod ins Kalkül gezogen. Denn an einer Stelle unseres Gespräches sagte er ganz offen und ohne jegliche Beklemmung: *„Wenn meine Zeit abgelaufen ist und der Boandlkramer mich holt, dann soll es mir auch recht sein."*

Ich war zunächst sprachlos und überwältigt, mit welcher Offenheit und (ernstem) Humor, er dem Tod ins Auge sehen konnte. Das war nur möglich, weil er fest im christlichen Glauben verwurzelt war.

Für uns alle gilt das Wort aus dem Mittelalter: „Media in vita in morte sumus" – mitten im Leben sind wir von dem Tod umfangen.

Norbert hat in seiner besonderen Situation den Tod nicht verdrängt. Das hat mich als Pfarrer sehr beeindruckt – denn man findet heutzutage nur noch wenige Menschen, die in solcher Haltung und Glaubenszuversicht das Ende ihres Lebens bedenken.

Eine grundsätzliche Bemerkung

Norbert Kerkel ist in seiner Funktion als Bürgermeister und Landrat in den evangelischen Kirchengemeinden des Landkreises vielfältig in Erscheinung getreten, vor allem bei kirchlichen Festen (Jubiläen, Amtseinführungen usw.). Beeindruckend war immer seine ökumenische Offenheit, sein ebenbürtiger Umgang mit der evang. Kirche und ihren Pfarrern als überzeugter, aber offener Katholik. Er praktizierte Ökumene von der Basis her gegen manche dogmatischen Vorbehalte seiner Kirche. Er entschied frei nach seinem christlichen Gewissen.

Das zeigte sich z. B. daran, dass er in vielen evangelischen Gottesdiensten am Abendmahl teilnahm und kommunizierte. Er hat damit auch manch anderen katholischen Mitchristen ein Vorbild gegeben. Dafür sind wir ihm seitens unserer evang. Kirche über seinen Tod hinaus sehr dankbar.

Thomas Reiser (Pfarrer i. R.)

Mutmacher

Herrn Landrat Kerkel lernte ich kennen als einen außerordentlich liebenswürdigen Menschen, voller Herzlichkeit und voll echtem Interesse an seinen Mitmenschen. Gerne erinnere ich mich, dass wir, Herr Winderl und ich nach dem Gottesdienst in der Osternacht bei Familie Kerkel eingeladen waren. Dort gab es immer ein hervorragendes Frühstück und eine gute Unterhaltung. Nach meiner Operation im März 2007 war ich ganz überrascht, als ich von unserem Landrat angerufen wurde. Auch später dann, als ich in Augsburg wohnte, haben wir uns gegenseitig immer wieder angerufen, einander Mut zugesprochen und einander beigestanden. Besonders in Erinnerung ist mir, dass er bei einem der Telefongespräche erwähnte, dass er den Chefarzt des Garmischer Klinikums Herrn Prof. Dr. Allescher recht gut kenne. Er werde ihn anrufen und ihm sagen, – wie er sich ausdrückte – dass „unser" Pfarrer im Krankenhaus in Garmisch liegt und er mich doch besuchen solle. Ich bin dann doch sehr erschrocken, als Prof. Dr. Allescher mit seinem ganzen Gefolge, mit Stationsärzten, Schwestern, Krankenpflegerinnen und Studenten – alle in weiß – bei mir auftauchten und mir – voran der Chefarzt – alles Gute wünschten. Einerseits fühlte ich mich sehr geehrt, dass der Chefarzt selbst mich besuchte, andererseits war ich dann auch wieder froh, dass nach dem hochoffiziellen Besuch wieder Ruhe im Krankenzimmer einkehrte. Vor allem schätzte ich die Ansprachen unseres sehr verehrten Landrates. Sie waren oft sehr pfiffig, gewürzt mit Humor, voll Freude über etwas, was erreicht wurde und mit tiefem Sinn. Unerschöpflich waren seine Anekdoten und lustigen Begebenheiten, die er gerne mit einem Schmunzeln erzählte. Sein Zitatenschatz aus Dichtern und Denkern war unerreicht. Wie viel wurde während seiner $4^1/_2$-jährigen Krankheit für ihn gebetet, er selbst nahm seine Krankheit in großer Geduld an und in der Bereitschaft, das, was ihm auferlegt wurde, zu ertragen. Er hat nie aufgegeben. Alle hatten gehofft und gewünscht, er werde wieder ganz gesund werden. Die Begegnung mit dem neuen Erzbischof Reinhard Marx und die Verabschiedung von seinen Mitarbeitern am Ende seiner Amtszeit kosteten ihn zwar Anstrengung und Mühe, waren ihm aber auch ein starker Trost und eine große Hilfe. Das Interesse an „seinem" Landkreis verlor er nie. So wünschen, bitten und beten wir, dass Gott der Herr, unserem geliebten Landrat, er ein treuer Verwalter all dessen, was ihm der Herr anvertraut hat, eine ewige Heimat bereite, eine nicht von Menschen errichtete Wohnung, eine Heimstätte, in der die Liebe und der Friede Christi wohnt. Möge unser lieber Landrat, Herr Norbert Kerkel ruhen in der ewigen Glückseligkeit Gottes.

WIRTSCHAFT

Walter Hartwig

Entscheidungsfreiheit

Landrat Norbert Kerkel war 21 Jahre lang mein unmittelbarer Vorgesetzter – von 1987 bis 1991 während meiner Tätigkeit als Abteilungsleiter im Landratsamt, seit 1991 als Aufsichts- und Verwaltungsratsvorsitzender des VIVO-Kommunalunternehmens, das ich leite. Natürlich gibt es aus einer so langen Zeit intensiver Zusammenarbeit eine Vielzahl von Begebenheiten, die es wert wären, in diesem Buch erzählt zu werden; Begebenheiten, die den Menschen Norbert Kerkel als Person und als Vorgesetzten charakterisieren und einen beträchtlichen Ausschnitt aus der Fülle an Themen und Problemstellungen aufzeigen, mit denen er sich in seiner Amtszeit als Landrat zu befassen hatte.

Aus dieser Themenfülle möchte ich zunächst eine Begebenheit herausgreifen, die sich irgendwann Ende 2005 abgespielt hat, also in einer der Phasen, in denen er zwischen den schweren Krebsbehandlungen seinen Amtspflichten trotz großer körperlicher Belastung mit beispielhaftem Verantwortungsbewußtsein nachkommen konnte. Sie verdeutlicht nach meinem Dafürhalten den Führungsstil von Norbert Kerkel besonders gut.

Der Führungskreis der VIVO war zu der gemeinsamen Einschätzung gekommen, dass es sinnvoll sei, nach Auslaufen des Vertrages mit dem bisherigen Unternehmer die Müllabfuhr nicht mehr auszuschreiben, sondern mit eigenen Fahrzeugen und Personal selbst durchzuführen. Natürlich war dieses Vorhaben mit erheblichen Investitionen verbunden und politisch nicht ohne – ich selbst war mir nicht sicher, ob ich dafür die Unterstützung der Mandatsträger erhalten würde. In Vorbereitung der Verwaltungsratssitzung, in der darüber entschieden werden sollte, trug ich dem Landrat das Für und Wider der Angelegenheit vor. Aufmerksam und geduldig hörte er sich meine Argumente an, wobei man seinem Gesicht ablesen konnte, was ihn dabei mehr oder auch weniger überzeugte. Als ich meinen Vortrag beendet hatte, legte er eine kurze Kunstpause ein, sah mich nachdenklich an und meinte: *„Das ist alles sehr interessant und anspruchsvoll. Ich habe aber nur zwei Fragen: Könnt ihr das wirklich und – vor allem – wollt ihr das wirklich?"* Als ich leicht verblüfft und deshalb erst nach kurzem Zögern beide Fragen mit Ja beantwortet hatte, lächelte er zufrieden und sagte: *„Dann machen wir das so, meine Unterstützung haben Sie!"* Tatsächlich war dann der eigentliche Entscheidungsprozess nur noch Formsache; das Vorhaben fand im Verwaltungsrat über die Parteigrenzen hinweg einhellige Unterstützung und konnte erfolgreich in die Tat umgesetzt werden.

Ich finde seine damalige Reaktion geradezu genial und bezeichnend für die Art, in der er sein Amt versah. Natürlich wäre es ihm auf Grund seines wachen und scharfen Intellekts möglich gewesen, mich in eine eingehende Diskussion über Problempunkte zu verwickeln. Statt dessen vertraute er dem Urteil des Mitarbeiters, der näher als er selbst an der Sache dran war und sich eine fundierte Meinung gebildet hatte – auch wenn man vielleicht die gegenteilige Auffassung ebenfalls mit guten Gründen vertreten konnte. Viel wichtiger war ihm, dass meine Meinung auf der inneren Überzeugung aller maßgeblichen Mitarbeiter des Unternehmens beruhte und er deshalb davon ausgehen konnte, dass wir alles dafür tun würden, das Vorhaben zum Erfolg zu führen – schon um sein Vertrauen nicht zu enttäuschen. Aus diesem Grundvertrauen in die Menschen erklärt sich wohl unter anderem seine des öfteren betonte Erfahrung, in seinem Leben nie wirklich von einem Menschen enttäuscht worden zu sein. Ich selbst habe so manchen Vorgang in Erinnerung, bei dem ich mich an seiner Stelle durchaus massiv über unzuverlässiges oder undankbares Verhalten von Bürgern oder Mandatsträgern geärgert hätte...

Die gleiche Haltung wie gegenüber seinen Mitarbeitern nahm er im übrigen – manchmal durchaus zum Leidwesen der Verwaltung – auch dann ein, wenn ihn die Bürgermeister „seiner" Gemeinden mit einem Anliegen konfrontierten: Wenn er sah, dass es sich um einen wirklich dringenden Wunsch handelte, der auf einer breiten Meinungsbildung des Gemeinderats beruhte, dann setzte er sich ohne Wenn und Aber dafür ein. Nicht immer entsprach das Anliegen seiner persönlichen Überzeugung; wenn es aber keine zwingenden Ablehnungsgründe gab, war ihm der Wunsch der Gemeinden und ihre Entscheidungsfreiheit heilig.

Die oben geschilderte Episode sollte nicht zu der Annahme verleiten, Norbert Kerkel hätte zu allem, was ihm seine Mitarbeiter vorschlugen, Ja und Amen gesagt oder sich selbst nicht eingehend mit der Materie beschäftigt. Das war keineswegs der Fall. Gar nicht so selten hatte er Einwände und brachte diese auch zum Ausdruck. Seinem Naturell entsprechend tat er dies aber nicht in Form einer schroffen Ablehnung oder gar einer förmlichen Weisung. Vielmehr äußerte er vorsichtige Bedenken, stellte hinterkünftige Fragen, warf Gegenargumente auf und veranlasste den Mitarbeiter auf diese Weise, noch einmal in sich zu gehen und die Stichhaltigkeit der eigenen Position zu überprüfen. Meist war es dann so, dass man mit dem gleichen Vorschlag nicht noch einmal zu ihm kam. Die Öffentlichkeit bekam davon naturgemäß nichts mit, was vielleicht da und dort einen falschen Eindruck von seiner Amtsführung vermittelte.

Durchaus nicht fremd war Norbert Kerkel schließlich auch eine liebenswürdige Zermürbungstaktik, bei der er sein erhebliches schauspielerisches Talent wirkungsvoll zur Geltung brachte. Speziell die regelmäßigen Baubesprechungen zwischen Landrat, Kreisbaumeister und Baujurist – eine von keinem der Beteiligten wirklich geliebte Veranstaltung – konnte er vorteilhaft nutzen, um Anliegen der Bauwerber gegen die Verwaltungsmeinung durchzubringen. Immer wieder griff er tief seufzend in den Stoß der an ihn herangetragenen schriftlichen Bauwünsche, zog uralte, bereits mehrfach vom Amt abgelehnte Anträge heraus und blickte uns traurig an: *„Jetzt hat mich der schon wieder angerufen! Kann man da wirklich nichts machen – das ist doch ein armer Kerl, dem wir helfen müssen!"* In nicht wenigen Fällen hatte dann der vierte oder fünfte Anlauf Erfolg, der Kreisbaumeister zog seine Rolle mit Transparentpapier heraus und skizzierte einen Kompromissvorschlag, dem dann der Baujurist – selbstverständlich unter heftigsten rechtlichen Bedenken „Bezugsfall/auf Ihre Verantwortung"– seinen rechtlichen Segen gab. Über solche „Erfolge" konnte sich Norbert Kerkel dann freuen wie ein Schneekönig: *„Hat sich das Aufstehen heute wieder gelohnt..."* Dabei war er durchaus in der Lage, zwischen den Fällen zu unterscheiden, in denen „nichts ging" und in denen „wirklich nichts ging" – in den letzteren ließ er es schnell bleiben. Gelegentlich befolgte er auch den Rat seines Amtsvorgängers Wolfgang Gröbl, den er mit der Bemerkung zitierte: *„Du darfst Dir jedes Jahr drei rechtswidrige Baugenehmigungen leisten – aber nicht mehr!"* Dann konnte er mich in eine feinsinnige Diskussion verwickeln, ob das Konto für dieses Jahr schon überzogen war oder ob noch Luft blieb.

Dass auch im Verhältnis von Chef und Mitarbeiter das rein Menschlich-Persönliche nie zu kurz kam, versteht sich bei Norbert Kerkel von selbst. Besonders im Gedächtnis haften geblieben ist mir seine Reaktion, als ich ihm vor vielen Jahren meine eigene Krebsdiagnose und die Notwendigkeit einer Operation eröffnete. Er sprang auf und umarmte mich so heftig, dass ich nach dem Gespräch als erstes meine verbogene Brille wieder richten lassen mußte.
Diese spontane Geste der Zuneigung hat mir in einer schwierigen Zeit sehr geholfen. Als ihn Jahre später das gleiche Schicksal traf, war ich einer der ersten, den er am Telefon mit den Worten informierte: *„Jetzt haben Sie einen Leidensgenossen!"* Hoffentlich konnte ich ihm bei manchem persönlichen Gespräch in den letzten Jahren etwas von der empfangenen Zuneigung zurückgeben; schade, dass es nicht entscheidend geholfen hat...

Hans Holnburger (Metzgermeister, Kreisrat)

Norbert, der heimliche Leberkäs-König

Es gibt Milch-, Mehl-, Spargel- und Weinköniginnen, die aus unserem Wahlkreis stammende Bundeslandwirtschaftsministerin Ilse Aigner ist die aktuelle Botschafterin des deutschen Bieres. Das Metzger-Handwerk kann auf derlei Repräsentanten nicht zurückgreifen, wenn es die Werbetrommel rührt. Botschafter für regionale Fleisch- und Wurstprodukte – ich glaube, für Norbert Kerkel wäre es ein zusätzliches Amt gewesen, das er nicht als Belastung empfunden, sondern mit Freude ausgeübt hätte. Keiner wäre hierfür besser geeignet gewesen als er. Seine Eloquenz und sein Humor, seine gemütliche und fröhliche Art und sein immerwährendes Bekenntnis, dass Essen zu den schönsten Genüssen des Lebens gehört, hätten genau dem Anforderungsprofil entsprochen, dem ein solcher Repräsentant genügen müsste. Seine barocke Statur wäre darüber hinaus der überzeugendste Grund gewesen, ihm jeden schwärmenden Satz über Produkte aus dem Metzgerladen ohne Zögern zu glauben.

Meine freundschaftliche Beziehung zu Norbert Kerkel und seiner Familie hatte ihre Wurzeln sicher nicht in dem Umstand, dass er schon bald zu meinen Stammkunden gehörte, seit er im Frühjahr 1987 den Chefsessel im Miesbacher Landratsamt erklommen hatte. Wie gut für ihn – und sicherlich auch für mich – , dass die Entfernung zwischen unserem Geschäft in der Miesbacher Riezlerstraße und dem Verwaltungsgebäude gerade einmal einen Steinwurf beträgt. Der warme Leberkäs, der es Kerkel besonders angetan hatte, sorgte für den steten direkten oder indirekten Kontakt. Er aß ihn praktisch jeden Tag, wenn er nicht gerade dienstlich unterwegs war. In etwa immer die gleiche Portion, immer mit dem gleichen Genuss. Das heißt nicht, dass Norbert Kerkel Weißwürste, Schinken oder Fleisch verschmähte, der warme Leberkäs stand aber trotzdem bei ihm immer ganz oben auf der Prioritätenliste. Und wenn er zum Ende seiner Amtszeit auf die Härten seines Berufslebens zu sprechen kam, reduzierte er die Liste der Beispiele hierfür beileibe nicht auf den Termindruck oder manch anstehende Entscheidung, die ihm die ein oder andere schlaflose Nacht beschert hatte. Er hatte die Lacher auf seiner Seite, wenn er seine 21 Jahre als Landrat beispielsweise in jenen Zentnern an Leberkäs, Weißwürsten und Brezen angab, die er in dieser Zeit dienstlich zu verzehren hatte. Unglaubwürdig wirkte er nur dann, wenn er mit der ihm eigenen Verschmitztheit den Eindruck zu erwecken versuchte, dass die unzähligen Leberkäs- und Weißwurst-Brotzeiten zu den härtesten Herausforderungen in seinem Berufsleben gehörten.

Kalbshaxen und Nierenbraten aus meinem Betrieb gab es an Weihnachten, zu Ostern und Pfingsten bei der Familie Kerkel. Da lieferte ich immer gerne direkt in das schmucke Heim nach Schaftlach. Nicht nur, weil ein Metzger wie ich, der sein Handwerk bereits über ein halbes Jahrhundert ausübt, süße Genüsse als Kontrast zur eigenen Ware unheimlich schätzt und deshalb der Weihnachtsstollen von Kerkels Frau Käthi, den ich bekam, eine ganz besondere Form eines willkommenen Christkindls für mich war. Es war auch die Gelegenheit zu einem zwanglosen Plausch, den wir bei solchen Terminen pflegten.

An einen ganz besonders schönen Ratsch in Norbert Kerkels Gartenhäuschen erinnere ich mich gerne zurück. Der Leberkäs wurde ausnahmsweise von der „Speisekarte" gestrichen. Es gab Kaffee und selbstgebackenen Kuchen. Dieses Treffen fand statt, bevor die Krebserkrankung sein Leben veränderte. Wir gingen damals in der festen Absicht auseinander, solch einen Gartenhäusl-Ratsch wieder einmal einzulegen. Mit Blick auf seinen Terminkalender und auch angesichts der Tatsache, dass das Freizeit-Fenster eines mittelständischen Unternehmers, wie ich einer bin, ebenfalls nicht gerade ausgeprägt ist, war uns beiden klar, dass das Wort kurzfristig mit dieser Absichtserklärung nicht vereinbar ist. Dass wir uns nie mehr in seinem Gartenhäuschen zwanglos unterhalten werden können, das war uns damals nicht bewusst, als wir uns mit Handschlag verabschiedeten und Norbert Kerkel mir für die Zeit dankte, die ich ihm geschenkt hatte. Umso froher bin ich, dass wir auch während seiner Krankheit regelmäßig Kontakt hatten, wenn es meist auch nur telefonisch war. Die letzte Kalbshaxe ließ er sich Weihnachten 2007 schmecken.

„Jetzt hab ich den Krebs besiegt", sagte er mir voller Freude, als ich ihm und seiner Familie ein frohes Fest wünschte. Wir beide ahnten nicht, dass die Krankheit nur wenige Wochen später erneut zum Gegenschlag ausholen würde. Mit welcher Größe er sein Schicksal trug, das wird mir dauerhaft positiv in Erinnerung bleiben. Und es bleibt die Freude, dass ich den Magensäften des heimlichen Leberkäs-Königs vom Landkreis Miesbach mit einem urbayerischen Produkt aus meinem Haus an vielen Tagen seines Lebens Anlass für einen echten Freudentanz geben konnte.

Georg Kleeblatt
(Landesinnungsmeister für das Fleischerei- und Metzgerhandwerk,
Kreishandwerksmeister)

Ein Erlebnis und ein Gewinn

Denke ich an meinen Freund Norbert Kerkel, das geschieht sehr oft, hab ich sein freundliches und strahlendes Gesicht vor mir. In den Jahrzehnten, in dem wir uns unzählige Male begegneten, war jede Begegnung ein Erlebnis und ein Gewinn für mich. Für mich war er stets ein Vorbild im Umgang mit Menschen. Er hat grundsätzlich die Menschen gemocht. Er lebte das Gebot „Liebe Deinen Nächsten". Norbert Kerkel fehlt mir, aber in meinem Gedächtnis lebt er weiter auch als Vorbild.

Vorbildhaft und beeindruckend waren seine einfühlsamen und fesselnden Reden. Nachfolgend ein Auszug aus der von Norbert Kerkel vorbereiteten Festrede zur Freisprechungsfeier des Handwerks am 24. September 1994 in Bad Wiessee, die wie immer frei und, wenn es die Situation verlangte, ganz anders von ihm vorgetragen wurde.

Herr Kreishandwerksmeister - lieber Georg Kleeblatt,
liebe frischgebackene Gesellinnen und Gesellen,
verehrte Geistlichkeit und Ehrengäste,
meine sehr verehrten Damen und Herren,

Es war einmal - so beginnen die Märchen - es war einmal in einem fernen Land, da baute ein König Gott zu Ehren einen schönen Dom. Er ganz allein wollte ihn bezahlen. Mit goldenen Buchstaben ließ er dann auf eine große Tafel aus Marmor schreiben: "Dieses ehrwürdige Gotteshaus ließ der König ganz allein aus seinen Mitteln bauen." Am nächsten Morgen waren alle überrascht: Da war nicht mehr der Name des Königs zu lesen, sondern der einer armen Frau. Sofort wurde der Name wieder herausgemeißelt und der des Königs eingesetzt. Am Morgen darauf aber wieder das gleiche Bild. Da sah der König ein, daß er zu stolz gedacht hatte und ließ

193

die arme Frau suchen. Sie trat zitternd vor ihn hin. Sag mir die volle Wahrheit, sprach er freundlich zu ihr. Hast Du doch etwas zum Bau des Domes hinzugetan, obwohl es verboten war? Da warf sich die Frau zu seinen Füßen und rief: "Verzeih mir, ich hatte von meinem wenigen Lohn etwas gespart und wollte es zur Ehre Gottes geben. Aber ich kannte ja Dein Verbot und fürchtete mich vor der Strafe. Da kaufte ich ein wenig Futter und gab es den Pferden, welche die Steine zum Dom zogen. So hatte ich meinen Wunsch erfüllt und dein Gebot doch nicht übertreten."

Eine Erzählung aus einem fernen Land - wie gesagt. Bei uns gibt es so was natürlich nicht. Wir leben in einer anderen Zeit, da setzen wir die Maßstäbe selbst, da bestimmen wir Weg und Ziel unseres Lebens.

Aber - Hand aufs Herz, sind wir nicht selber manchmal in der Rolle des Königs? Zum Beispiel wenn wir ganz oben auf dem Podest stehen. Wenn wir ein großes Ziel erreicht haben. Wenn wir erfolgreich waren. Vergessen wir auf solchen Höhepunkten unseres Lebens nicht manchmal WIEVIELE Gespanne die Steine herangeschleppt haben, mit denen wir unseren Dom bauen konnten.

Auch ihr liebe Handwerksgesellinnen und Gesellen steht heute ganz oben. Die lang ersehnte Stunde der Freisprechung ist gekommen. Ein weiter Weg mit vielen Stationen liegt hinter Euch. Das Elternhaus, der Kindergarten, die Schule, die Lehre, die Berufsschule, zahlreiche Prüfungen und schließlich das Gesellenstück.

Heute, an diesem schönen Tag will ich zu Beginn allen danken, die sich um unsere jungen Handwerker bemüht haben. All denen, die den Grundstein und anschließend Stein für Stein bis auf den heutigen Tag mitgelegt haben. Eltern, Lehrer und Erzieher, die Lehrmeister und die Betriebsinhaber, gute Freunde, Kollegen und Wegbegleiter, und den vielen Ehrenamtsträgern im Handwerk, allen ein herzliches Vergeltsgott.

Ihre Namen sind auf der Dombautafel des bisherigen Lebensweges unserer Junghandwerker unauslöschlich eingemeißelt.

In meinem Grußwort zitierte ich vor einigen Jahren eine Stelle aus dem Alten Testament, die sich mit dem Handwerk befaßt. Sie lautet: „Ohne Handwerk gedeiht keine Stadt und auch in der Fremde leiden sie nicht Hunger." Dieses Wort ist etwa 3000 Jahre alt und gilt auch heute noch unverändert.

Voll Überzeugung füge ich hinzu: Ein Landkreis kann ohne seine Handwerker nicht zur Blüte kommen!

In der Bevölkerung steht auch im Jahre 1994 das Wort "Handwerk" aus gutem Grund noch immer für Tradition und für gute, sorgfältige und solide Leistung.

Trotz eines tiefgreifenden Strukturwandels gerade im Handwerk hat sich vor allem eines unverändert erhalten: das alte, bewährte Berufsbild des Handwerks, seine wichtigste und zugleich verläßlichste Grundlage für den wirtschaftlichen Erfolg auch in der Zukunft. Meisterliche Leistung, Zuverlässigkeit, Fleiß, Ausdauer, Zielstrebigkeit, Beständigkeit und Sorgfalt zeichnen heute wie ehedem den Handwerker aus. Diese, ich möchte sie als Tugenden bezeichnen, haben Sie, liebe Gesellinnen und Gesellen, in Ihrer Ausbildung erfahren. Sie sollen diese Tugenden im Laufe Ihres weiteren Berufslebens pflegen und weitergeben.

Tradition besagt aber keinesfalls, daß nur Überkommenes gut und richtig ist und daß Fortschritt mit Argwohn betrachtet werden müßte. Tradition heißt nicht die Asche anbeten, sondern aus der Glut neue Flammen entfachen. Das Erhalten und Weitertragen dessen was sich bewährt hat, aber insbesondere auch das besonnene Prüfen und Übernehmen dessen was die Gegenwart an Besserem bietet.

Eine gute Tradition ist übrigens auch diese Freisprechungsfeier Ihrer Kreishandwerkerschaft. Eine lange Tradition hat im Handwerk die intensive Ausbildung der Lehrlinge. Nicht die unpersönliche Schulung, sondern, ja man kann sagen in einer fast familiären Atmosphäre, geschieht die Heranführung der Lehrlinge an die Handwerkskunst und an den Kunden. Eine Ausbildung im Handwerk bietet letztlich nicht nur fundiertes Wissen und Geschick, sondern auch die Gewißheit mit seinen im Beruf erworbenen Kenntnissen und Fähigkeiten auf der Höhe der Zeit zu bleiben.

Die besondere Bedeutung des Handwerks - des Mittelstandes und sein stabilisierender Faktor zeigt sich gerade in Zeiten der Rezession. Der Mittelstand ist das Standbein unseres Wohlstandes. Er ist die Hoffnung des Arbeitsmarktes.

195

Im August hatten unsere Landkreise Miesbach mit 4,3% und Bad Tölz mit 4,5 % eine Arbeitslosigkeit, die deutlich unter dem Durchschnitt liegt. Am 31.12.1993 hatten wir 3.469 Betriebe im Gesamthandwerk. Das sind 1,15% mehr als im Vorjahr. Insgesamt waren 17.265 Menschen beschäftigt. Auch das sind um knapp 1% mehr als im Vorjahr. Die nominalen Umsätze betrugen 1993 = 2,79 Mrd DM, das ist leider ein Rückgang um 3,8%. 1.606 Lehrlinge, das sind um 2,25% mehr zum Vorjahr. Trotzdem fehlen dem örtlichen Handwerk 300 -400 Auszubildende.

Übrigens: Von 1977 bis 1991 schuf der Mittelstand in der BRD 1,9 Millionen Arbeitsplätze, während die Industrie im gleichen Zeitraum 2,1 Millionen Arbeitsplätze abbaute.

Das Handwerk produziert bis zu 80% für das Inland. Und dieser Markt ist im Großen und Ganzen stabil geblieben. Außerdem trennt sich das Handwerk wegen der Art einer familiären Bindung zum Mitarbeiter nicht so schnell von ihm. Das verdeutlichen auch die Zahlen, nach denen, wie schon erwähnt, in unseren Landkreisen die Beschäftigten um knapp 1% zugenommen haben, die Umsätze aber um 3,8% zurückgegangen sind.

Nicht nur befürchtete Nachteile und Konkurrenz, sondern auch große neue Chancen bietet auch dem Handwerk der EG-Binnenmarkt. Sichergestellt muß allerdings sein, daß diese Chancen auch den Klein- und Mittelbetrieben offenbleiben. Aufrechterhaltung der Handwerksordnung und des großen Befähigungsnachweises, Gewerbeförderung - gefördert müssen vor allem die werden, die was können, leisten und arbeiten aber nichts haben - seien hier nur als Schlagworte genannt.
Unser Handwerk scheint mir gut für Europa gerüstet zu sein. Gute Leistung und Qualität haben sich noch immer durchgesetzt. Der Grundstock wurde in der Vergangenheit und heute in einer soliden und vielseitigen Ausbildung und Weiterbildung gelegt. Ausländer kommen nach Bayern nicht in erster Linie, um das Hochschulsystem zu studieren, sondern um unser duales Ausbildungssystem kennenzulernen. 75% der Jugendlichen absolvieren eine berufliche Ausbildung, 17% schreiben erfolgreich die Abiturprüfung.

Was wir heute vor allem auch brauchen, ist die Fähigkeit sich schnell auf neue Gegebenheiten einzustellen. Wirtschaftliche Entwicklung und technischer Fortschritt zwingen uns dazu. Heute wird an einem Tag mehr erfunden als früher in 100 Jahren. Wir klagen, daß die Zeit zu schnell vergeht. Vielleicht hat George Orwell mit seiner Behauptung doch recht, die Zeit vergehe zwar nicht schneller als früher, aber wir liefen eiliger an ihr vorbei! Wir brauchen aber Muße, um auch kreativ sein zu können, um neue Märkte zu sehen, Trends und Entwicklungen zu erkennen, um sich rechtzeitig darauf einstellen und reagieren zu können. Schafft Euch diesen Freiraum, trotz aller Arbeit und beruflicher Belastung. Eine aktuelle Entwicklung ist sicher das veränderte Öko-Bewußtsein. Am Umweltschutz führt kein Weg mehr vorbei. Innerbetrieblich, beim Einkauf umweltgerechter Materialien, beim Verkauf naturbelassener Produkte, die Abfallvermeidung und die umweltgerechte Entsorgung. Es geht um die Entwicklung von geeigneten Angeboten und umweltverträglicher Lösungen von Problemen. All das sind wichtige Marketinginstrumente im Handwerk geworden. Dabei engagiert sich das Handwerk seit jeher im Umweltschutz. Das Handwerk darf dieses Thema nicht den ewig Gestrigen oder falschen Ideologen überlassen.

Eine noch größere Bedeutung als in der Vergangenheit wird der persönlichen Kundenberatung zukommen. Bei gleichen Angeboten und bei steigendem Preiskampf wird der persönliche Kontakt immer entscheidender. Wie gesagt, ohne Handwerk gedeiht keine Stadt. Die Allgemeinheit, unsere vielschichtige Gesellschaft, wird Euch aber auch unbarmherzig fordern. Wir leben leider in keiner heilen Welt. Es scheint auch ein Wertewandel in unserer Bevölkerung abzulaufen. Anläßlich der Vollversammlung der Handwerkskammer für München und Oberbayern am 27. Juni 1994 sagte Präsident Heribert Späth: "Ich war sehr betroffen, als kürzlich bei der Vereidigung von Sachverständigen fast 1/3 der Handwerker, die verpflichtet wurden, den Zusatz zur Eidesformel "So wahr mir Gott helfe" ablehnte. Bei nüchterner Betrachtung kommt man zwangsläufig zu dem Ergebnis, daß dies in eine Zeit paßt, in der von verschiedenster Seite gefordert wird, den Begriff "Gott" aus unserer Verfassung zu verbannen. Für mich steht fest, wenn wir uns nicht auf unsere christliche - abendländische Tradition zurückbesinnen und in diesem Geiste die vor uns stehenden Aufgaben zu lösen versuchen, gehen wir einer sehr schweren Zukunft entgegen. Dieses Umdenken wird am schwierigsten werden!"

Darum liebe Gesellinnen und Gesellen sollt Ihr nicht nur Euren Berufsstand in der Werkstatt, im Büro, in Friseursalon oder wo auch immer, durch eine gute Arbeit würdig vertreten, sondern es ist auch notwendig, sich in den berufsständischen Verbänden zu engagieren, um gemeinsam stark zu sein. Ihr sollt Euch bereit erklären, auch die Damen, für den Gemeinderat, für den Kreistag und für sonstige Gremien zu kandidieren, um sich auch dort für die berechtigten Interessen des Handwerks, des Mittelstandes und für unsere Kultur einzusetzen. Der Rückzug in die Freizeit und das Privatleben, die Politikverdrossenheit und das St.-Floriansprinzip führen zum Chaos. Natürlich wird nicht immer die Sonne scheinen. Wenn einmal dunkle Wolken aufziehen so denkt an den Rat des Altmeisters eines hintergründigen Humors, Werner Finck, der meinte: "Wer lachen kann, dort, wo er hätte weinen können, bekommt wieder Lust zum Leben!"

Nun, heute ist ein Tag an dem es sowieso jeder nur fröhlich ist. Liebe Gesellinnen und Gesellen, ich gratuliere Euch persönlich, auch im Namen von meinem Tölzer Kollegen Dr. Otmar Huber und für unsere Landkreise Miesbach und Bad Tölz-Wolfratshausen sehr herzlich zur Freisprechung. Ich wünsche Euch eine glückliche und erfolgreiche Zukunft, sowohl im privaten als auch im beruflichen Leben, sowie Gottes Segen.

Abschließend möchte ich Euch noch ein Geleitwort des Dichters Zenetti mit auf den Weg geben:

Was keiner wagt, das sollt ihr wagen
was keiner sagt, das sagt heraus
was keiner denkt, das wagt zu denken
was keiner anfängt, das führt aus.

Wenn keiner ja sagt, sollt ihr's sagen
wenn keiner nein sagt, sagt doch nein
wenn alle zweifeln, wagt zu glauben
wenn alle mittun, steht allein.

Wenn alle loben, habt Bedenken
wo alle spotten, spottet nicht
wo alle geizen, wagt zu schenken
wo alles dunkel ist, macht Licht!

„Gott segne ein ehrbares Handwerk!"

Heino Seeger
(Geschäftsführer und Oberster Betriebsleiter der Bayerischen Oberlandbahn)

Die Bayerische Oberlandbahn

An den Tag, an dem ich in meiner Eigenschaft als Geschäftsführer und Oberster Betriebsleiter der Bayerischen Oberlandbahn (BOB) Herrn Landrat Norbert Kerkel kennenlernte, erinnere ich mich noch sehr genau. Es war Montag, der 28. August 2000, genau 9:15 Uhr, als ich ihn in seinem Sitz im Landsratsamt Miesbach besuchte. Es war das erste Treffen nach meinem Eintritt in die BOB am 1. Oktober 1999. Zu diesem Zeitpunkt steckte die BOB bereits zehn Monate in ihren großen Anfangsschwierigkeiten. Sie war als Pannenbahn deutschlandweit bekannt. Dabei sollte sie doch ursprünglich als erstes Pilotprojekt nach der Bahnreform Standards setzen und modellhaft für die Bundesrepublik Deutschland als Wiedergeburt und große Chance der Eisenbahn für den Nahverkehr gelten. Mit diesem Ziel wurde ein technisch und eisenbahnbetrieblich anspruchvolles Betriebskonzept entworfen, das die drei Strecken von München nach Bayrischzell, Lenggries und Tegernsee durch ein neuartiges Zugsystem verband: den Integral. Doch die Realität sah anders aus. Schon während der Bauphase und im Anschluss an die Inbetriebnahme kam es zu schwerwiegenden Komplikationen. Da der Integral ein völlig neuer Fahrzeugtyp war, gab es nicht genügend Erfahrungen mit dem Zug. Hinzu kam, dass aufgrund des ehrgeizigen Zeitplanes der Probebetrieb der Fahrzeuge auf ein absolutes Minimum reduziert wurde, sodass während der ersten Betriebsmonate wiederholt Fehler und Störungen im Fahrgastbetrieb auftauchten. Verspätungen oder Zugausfälle waren die Folge, sodass die gesamte Fahrzeugflotte auf Anweisung des damaligen Verkehrsministers Dr. Otto Wiesheu im November 1999 aus dem Verkehr gezogen und umfangreich überarbeitet wurde. Nun musste die BOB mit gemieteten, konventionellen Wendezügen der DB Regio AG ein Ersatzkonzept fahren. Natürlich trat ich Landrat Kerkel daher mit sehr gemischten Gefühlen gegenüber. Schließlich war er einer der politisch Verantwortlichen gewesen, die die Konzeption der BOB und die Ausschreibung als erstes deutsches SPNV-Projekt gefordert und gefördert hatten. Nun stand auch er entsprechend unter massivem politischen Druck aus dem Landkreis Miesbach. Bürgerinnen und Bürger sowie politische Entscheidungsträger forderten endlich die Realisierung des ursprünglich geplanten Vorzeigeprojektes und sparten nicht mit Vorwürfen. Es war ein Desaster für die Fahrgäste und ein großes Ärgernis für die bayerische Politik.

Dann die große Überraschung: Landrat Norbert Kerkel empfing mich mit einer freundlichen und sehr offenen Haltung. Er hörte meinen Ausführungen zur damaligen Situation und den weiterhin geplanten Maßnahmen aufmerksam zu. Dabei verstand er die betrieblichen und technischen Probleme sofort. Schnell hatten wir eine gemeinsame Basis gefunden, redeten miteinander von Eisenbahner zu Eisenbahner. Landrat Kerkel schätzte die Lage richtig ein. Er wusste, dass der erste Schritt zur Rettung der BOB getan war und weitere folgen würden. Für ihn war es selbstverständlich, mir jederzeit seine Unterstützung anzubieten.

Diese erste Begegnung war eine von vielen weiteren sowohl lösungsorientierten als auch herzlichen Treffen. Landrat Norbert Kerkel hat mir als Geschäftsführer der BOB immer den Rücken gestärkt. Er sprach mit führenden Politikern und glättete so manches Mal die Wogen, wenn es für die BOB wieder stürmisch wurde. Rund zwei Jahre dauerte es bis alle Fahrzeuge überarbeitet waren, umfangreiche Testfahrten absolviert hatten und wieder im Fahrgastbetrieb der BOB eingesetzt wurden. Am 2. Januar 2002 nahm die BOB ihren ursprünglich geplanten Stundentakt mit dem Kuppel- und Flügelkonzept auf. Durch diese Maßnahmen und die gesteigerte Zuverlässigkeit der Integrale gewann die Bayerische Oberlandbahn das Vertrauen ihrer Fahrgäste und der politisch Verantwortlichen langsam wieder zurück. Eine 2008 durchgeführte Zählung ergab eine Fahrgastzahl von 14.500 Personen pro Werktag – eine deutliche Steigerung gegenüber der ursprünglichen Planung von 5.500 Fahrgästen. Heute ist die BOB tatsächlich zu einem Vorzeigemodell im Schienenpersonennahverkehr, so die öffentliche Meinung, geworden und fest in die Region integriert. Das ist auch der Verdienst von Landrat Norbert Kerkel. Er stand sowohl in Krisenzeiten als auch in Erfolgsjahren immer hinter „seiner" BOB. Selbst in den letzten Monaten seiner Amtszeit setzte er sich voller Engagement dafür ein, dass die BOB weiterhin Teil des Oberlandes bleibt und ihr Vertrag, der im Jahr 2013 endet, verlängert wird.

An Landrat Norbert Kerkel schätzte ich besonders seine offene, wohlwollende und humorvolle Art. Er hat die Menschen geliebt und sich immer zum Wohle seines Landkreises und dessen Bewohnern eingesetzt. Schwierigkeiten waren für ihn Herausforderungen, die es zu meistern galt – mit Sachverstand und Herz!

Bei der Übergabe eines Defibrillators durch den Förderverein „Notarztgruppe Tegernseer Tal-Waakirchen" an die Bayrische Oberlandbahn (BOB).
Von links: Frank Conrad (Schatzmeister Förderverein Tegernseer Tal-Waakirchen), Norbert Kerkel (Landrat), Peter Friedrich Sieben (1. Vorsitzender), Heino Seeger (Betriebsleiter der BOB), Arnfried Färber, (1. Vorsitzender Förderverein Notarztgruppe Schlierach-Leitzachtal), Herbert Fischhaber (2. Vorsitzender Förderverein), Dr. Christian Pawlak (Sprecher Notarztgruppe)

Norbert Kotter (Chefredakteur Miesbacher Merkur)

Möglichst nah dran

So genannte Hintergrundgespräche, bei denen gelegentlich auch Privates einfließt, gehören durchaus zum Alltag im Beziehungsgeflecht zwischen Politikern und Journalisten. Möglichst nah dran zu sein, um etwas zu erfahren, zugleich aber die nötige Distanz zu wahren, um nicht vereinnahmt zu werden: Das ist die goldene Regel für Journalisten, die sie im Hinterkopf haben sollten, wenn sie die Bedeutung solcher Gespräche für ihr berufliches Wirken einordnen.

Eine Regel, die zu hundert Prozent ihre Gültigkeit verloren hat, wenn ich an die zahlreichen Hintergrundgespräche mit Norbert Kerkel denke, die ich mit ihm führen durfte, als ihn seine Krebserkrankung in den letzten Jahren seiner Amtszeit mehrfach zu monatelangen Auszeiten zwang. Der Terminus „durfte" soll dabei zum Ausdruck bringen, dass ich sie nicht nur rückblickend bei aller Tragik des Anlasses als besonderes Geschenk in meinem (Berufs)Leben sehe. Diese Gespräche fanden nicht bei einem Glas Rotwein oder einer zünftigen Brotzeit statt, sie beschränkten sich auf Telefonkontakte während Klinikaufenthalten, zwischen Chemotherapien und Regenerationsphasen Kerkels in seinem geliebten häuslichen Umfeld in Schaftlach.

Er ließ mich vom ersten Kontakt an spüren, dass ihn solche Anrufe freuten. Vermutlich verschwieg er gelegentlich, dass sie ihn auch physisch anstrengten. *„Werfen Sie mich gleich aus der Leitung, wenn Ihnen nicht nach einem Telefonat zumute ist."* Dieses Angebot, das ich ihm gleichsam im Stil eines Rituals zu Beginn eines jeden dieser Telefonate machte, hat er jedenfalls in all den Jahren nicht ein einziges Mal angenommen. Auch an Tagen, an denen er sehr ausführlich von den belastenden Nachwirkungen berichtete, die die ihm im Klinikum verabreichten Zytostatika hatten. Vom Verlust der Haare – *„jetzad bin i grod ganz schee plattert"* –, von Schmerzen, von der Beeinträchtigung des Geschmackssinns berichtete er dabei ebenso offen wie über den Metastasen-Befall im Endstadium seiner Krankheit. Genau diese Offenheit, mit der wir ansonsten beispielsweise über die Entwicklung des Kreishaushalts oder die Schwierigkeiten auf dem Weg zu einem gemeinsamen Tourismusverbund im Landkreis Miesbach sprachen.

Ich habe mich oft gefragt, woher nimmt der Mann die Kraft für diesen beispielhaft offenen Umgang mit einem Schicksal, das viele Menschen an den Rand der Verzweiflung treibt. Ich habe keine Antwort, nur eine Vermutung. Norbert Kerkels tiefe Verwurzelung im Glauben hat ihm dabei geholfen, die Krankheit als Teil seines „Rucksacks anzunehmen, den er für die Bergtour durch sein Leben" tragen muss. Was unsere Dialoge betrifft, glaube ich, dass außerdienstliche Seelenverwandschaften die Gesprächsbasis positiv beeinflussten. Da traf nicht ausschließlich der Landrat Norbert Kerkel auf den Journalisten Norbert Kotter, da entspann sich jedesmal auch ein Dialog zwischen zwei Kolpingbrüdern und dem Bergwachtler Kerkel zum Rotkreuzler Kotter. In seiner aktiven Zeit ist der Verstorbene immer wieder auch mit Schicksalsschlägen am Berg konfrontiert worden, mit denen ein jähes Lebensende verbunden war. Mir ist der Tod in rund 35 Jahren ehrenamtlicher Rettungsdienst-Tätigkeit – meinen ersten Einsatz fuhr ich im Alter von 16 – in allen Facetten begegnet. So manche Hand fassungsloser Angehöriger habe ich in dieser Zeit gehalten, wenn Gott das Große Amen gesprochen hat; nach manchem Wort des Trostes gesucht, mitfühlend, manchmal sicher auch ein bisschen hilflos wirkend.

Norbert Kerkel hat es mir vom ersten Telefonat an leicht gemacht. Die Hoffnung auf Heilung stand zwar bei ihm lange im Vordergrund, dass der Krebs aber auch sein Todesurteil bedeuten kann, war ihm vom ersten Tag an bewusst. Und deshalb war nach der Diagnose Sterben auch nie ein Tabuthema, wenn wir uns am Telefon austauschten. Es wurde zwar nie offiziell ausgesprochen, aber ich bin sicher: Wir verspürten beide ein Gefühl der Erleichterung, dass wir Gespräche führen konnten, in denen für Floskeln kein Platz blieb, ja keine Notwendigkeit bestand. Die Krankheit war bei diesen Telefonaten nicht das einzige angesprochene Thema, dennoch hatte sie Dominanz-Charakter.

Vielleicht tat es Norbert Kerkel gut, sich nicht verstellen zu müssen. Er vermutete wohl auch, dass sich ein Journalist ja über die mit seinem speziellen Krankheitsbild verbundenen Prognosen zur Lebenserwartung informiert haben könnte. Dennoch wirkte er bei unseren zahlreichen Gesprächen auf mich immer auch darum bemüht, mir ja nicht zu viel zuzumuten. Seine unvergleichliche Art und seine Eloquenz halfen ihm dabei. Seine Wortwahl hatte eher verharmlosenden Charakter – auch dann, wenn er von Rückschlägen bei der Behandlung berichtete. Der Krebs mutierte zum „Bazi", die Knoten, die sich in seinem Körper bildeten, waren die „Sauhund", und die hochdosierten Medikamente, mit denen die Ärzte den entarteten Zellen zu Leibe rückten, nannte er fast liebevoll „de Trankerl". Und selbst der Tod wurde da beinahe auf einen Termin reduziert, von denen ein Landrat mehrere hundert im Jahr wahrzunehmen hat. Norbert Kerkel sprach von der Buchung beim Brandner Kasper – und lange Zeit auch davon, dass die glücklicherweise noch nicht erfolgt ist.

Wer Kerkel so erlebt hat, dem war klar, welch große emotionale Bedeutung seine offizielle Verabschiedung aus dem Amt im April 2008 für ihn hatte. Den Text der Lesung und die Fürbitten, die beim Dank-Gottesdienst in der Schaftlacher Kirche vorgetragen wurden, hatte der Landrat selber ausgesucht. „Alles hat seine Zeit", hat Norbert Kerkel in der Lesung auch selber vorgetragen. Und als in diesem Zusammenhang von der Zeit des Abschieds die Rede war, hat jeder der Besucher in der Kirche, in der man eine Stecknadel hätte fallen hören können, gewusst, dass sich dieser Satz nicht nur auf das zu Ende gehende Mandat bezieht. Traurigkeit kam weder in der Kirche, noch bei der anschließenden weltlichen Feier in Kaltenbrunn auf, bei der Kerkel eine bewegende Abschiedsrede hielt und ein politisches Vermächtnis für den Landkreis hinterließ.

Bereichert durch die Erfahrung der eben erwähnten Telefonate, war mir klar: Da ist ein todkranker Mensch mit seinem Herrgott im Reinen, und seine „Strategie der Verharmlosung" – Kerkel sprach von einem Freudenfest an einem Freudentag – ist auch bei seinem letzten großen öffentlichen Auftritt aufgegangen.

Niemand von uns kann vorhersagen, welchen Verlauf sein eigenes Leben nimmt. Eines weiß ich seit meinen Hintergrundgesprächen der anderen Art mit Norbert Kerkel aber sicher. Wenn es mir vergönnt ist, nach dem Ende meines Berufslebens das von mir ins Auge gefasste Buch über meine journalistische Arbeit im Landkreis Miesbach schreiben zu können, darf ein Kapitel über diese Form der Begegnung mit einem außergewöhnlichen Menschen nicht fehlen.

Michael Kühne

Redetalent

In vielen meiner Reden, z. B. als Vertreter der Industrie- und Handelskammer für München und Oberbayern, habe ich u. a. auch immer gerne für die Selbständigkeit und für die Übernahme von Ehrenämtern geworben. Dabei habe ich als einen großen Vorteil herausgestellt, dass man bei der Ausübung immer wieder großartigen und bedeutenden Persönlichkeiten begegnet, die das eigene Leben reicher und erfüllter machen.

Einer der herausragenden Menschen für viele Mitmenschen und ganz besonders für mich war Landrat Norbert Kerkel.

Sehr gut kann ich mich an unsere erste Begegnung bei einer Abschlussfeier für Berufsschüler erinnern:

Als ehrenamtlicher Vorsitzender vom IHK-Gremium Bad Tölz-Wolfratshausen-Miesbach durfte ich, wie schon vorher und später so oft neben den Vertretern der Handwerkskammer, von Ausbildungsbetrieben, dem Schulrat und der Geistlichkeit eine kurze Rede halten.

Landrat Norbert Kerkel hielt die Einführungsrede, und ich habe sofort gespürt, das ist ein besonderer, ein außergewöhnlicher Mensch – versehen mit einem genialen Redetalent, mit Einfühlungsvermögen und Weitsicht.

In den vielen kurzen und längeren Reden, die ich danach noch von ihm gehört habe, habe ich immer seine grundsätzlich positive Einstellung verspürt. Die Besucher der Veranstaltungen haben immer – wem gelingt das schon – aufmerksam zugehört und großen Applaus gespendet.

Den Arbeitskreis Schule/Wirtschaft hat er in besonderer Weise gefördert und sehr gerne begleitet.

Sehr sympathisch fand ich, dass Norbert Kerkel trotz seiner besonderen Redegabe vor jeder Rede leicht aufgeregt und nervös war.

Insbesondere erinnere ich mich sehr gerne an seinen Willkommensgruß bei einer Mitgliederversammlung von meinem Industrieverband Steine und Erden in Tegernsee, an die Verabschiedung von Sparkassendirektor Hartl im Schloss oder an seine Worte bei meinem 60. und 65. Geburtstag.

An diesem 65. Geburtstag waren er und seine liebe Frau Käthi noch so herzlich und scheinbar gelöst meine Gäste, obwohl er bereits die ersten schmerzhaften Anzeichen von seiner schlimmen Erkrankung verspürte und am kommenden Tag einen Termin in Großhadern zur Diagnose vereinbart hatte.

Sein Geburtstagsgeschenk, ein Flug für drei Personen über unsere schöne Heimat Miesbach und Bad Tölz-Wolfratshausen haben er, seine Frau Käthi und ich zwei Jahre später bei herrlichem Wetter sehr genossen.

Sehr dankbar bin ich, dass ich Norbert Kerkel kennen lernen durfte und ihm so oft begegnet bin. Ich habe so viel von ihm lernen und große Freundschaft erfahren dürfen.

Norbert, Du fehlst mir!

Georg Bromme
(Vorsitzender des Vorstands der Kreissparkasse Miesbach-Tegernsee,
Jagdberater)

Rückblick auf der Alm

Als man an mich die Bitte herantrug, einen kurzen Beitrag zum Buch über den verstorbenen Altlandrat Norbert Kerkel zu leisten, war ich mitten in großen Verhandlungen und fand keinen Einstieg.

Ich fuhr deshalb an einem der letzten wunderbaren Spätherbsttage, kurz vor dem überraschenden Wintereinbruch, auf die Geitauer Alm – also dorthin wohin uns zusammen mit seinem Vorgänger Wolfgang Gröbl unser letzter gemeinsamer größerer Ausflug führte. Dort versuchte ich meine unzählbaren Begegnungen mit Landrat Kerkel zu ordnen und den Einstieg in meinen Buchbeitrag zu finden.

Ich blickte zurück auf unser erstes Zusammentreffen in Tegernsee. Der damalige Waakirchner Bürgermeister Norbert Kerkel benutzte als „Dienstfahrzeug" ein Motorrad. An diesem war ein schwarzer Diplomatenkoffer befestigt. Zum Gespräch diente der Koffer als Unterlage für den Sturzhelm.

Ich erinnerte mich an gemeinsame Halbtagesfahrten durch den Landkreis und konnte erleben, wie stolz er auf die Schönheiten seines Landkreises und wie zufrieden er über seinen Beitrag zur Erhaltung dieser Schönheiten war. Die letzte Fahrt führte uns nach Kloaschau wo wir bei starkem Regen, zusammen mit schutzsuchenden Forstarbeitern die wenigen Bierflaschen teilten und er ganz selbstverständlich zum wärmenden Mittelpunkt des Gespräches wurde.

Mir fielen die zahlreichen Waldbegänge ein, bei denen ich ihn als sein Jagdberater begleiten durfte. Allesamt Begebenheiten bei denen ihm seine Ausgeglichenheit und sein Versöhnungswille ständig Lösungen und Lösungsansätze finden ließen.

Besonders intensiv erinnerte ich mich an seinen Wunsch, ein in Turbulenzen geratenes Traditionsunternehmen des Landkreises zu retten. Als ich ihm aufzeigte, dass dies nur sehr schwer und wenn überhaupt nur unter Mithilfe der dort finanzierenden Bank – was diese verweigerte – möglich sei, spürte ich seine echte Betroffenheit. Unsere Nachbetrachtung über die Folgen für Eigentümerfamilie und zahlreiche Mitarbeiter und deren Familien und die unabdingbare Abhängigkeit von wirtschaftlichem Erfolg endete in einer langen nachdenklichen Grundsatzdiskussion zwischen ihm und mir.

So fiel mir eine bunte Reihe von Gesprächen und Begebenheiten ein, die mit unserem letzten gemeinsamen Treffen anlässlich des Besuches von Erzbischof Marx in seinen Büroräumen endete. Dort erkannte man, er gab mir dies auch mit schlichten Worten zu verstehen, dass Kraft und Wille endlich waren.

Nun hatte ich immer noch keinen Beitrag für das Buch, aber ich begriff meine Gedanken als letztes Abschiednehmen von einem liebenswerten, charaktervollen und aufrichtigen Wegbegleiter.

Mit Ludwig Thoma (zum Tode von Ludwig Ganghofer) möchte ich enden: „Um den Mann ist es schade."

Mai 2007: Mit Sparkassendirektor Georg Bromme im Automobil-Museum Zwickau

Erich Lejeune (Honorarkonsul von Irland)

„Ein großer Bayer – Landrat Norbert Kerkel"

Landrat Norbert Kerkel bleibt für mich immer in Erinnerung. Mit ihm und seiner charmanten Frau haben meine Frau Irene und ich oft zusammen im Tegernseer Tal, mit vielen Einheimischen, unvergessliche Gespräche, traditionsreiche Abende und stets fröhliche Stunden erlebt.

Norbert Kerkel war stets voller Optimismus, ein Vertrauenserzeuger und großartiger Kommunikator, der auch immer ein offenes Ohr für das Gute in seinem geliebten Bayern und für die Menschen, die ihn ebenso liebten, hatte.

Ich erinnere mich noch genau an einen Wintermorgen, als wir uns verabredet hatten für ein TV-Interview in meiner Sendung „Lejeune" auf münchen.tv. Wir starteten das Interview bei minus 25 Grad vor dem Tegernseer Schloss. Norbert Kerkel kam wie immer pünktlich und war trotz seines Kampfes gegen seine schwere Krankheit unglaublich guter Laune. Nach nur wenigen Minuten mussten wir das Interview wegen der bitteren Kälte, die dem Kameramann und der Kamera zu schaffen machte, unterbrechen. Wir fuhren dann gemeinsam zum Hotel Bayern, hoch über dem von ihm so geliebten Tegernsee hinauf, und setzten das Interview bei einem schönen Frühstück fort.

Landrat Norbert Kerkel überraschte mich, als er sagte, er möchte unbedingt vor laufender Kamera über seinen Kampf gegen sein schweres Krebsleiden sprechen. In diesem Interview zeigte er seine unglaubliche Herzenskraft, seinen Glauben daran, dass er die Krankheit besiegt und was mich nochmals so positiv überraschte, war seine Aussage auf meine Frage, „Warum er denn das so vor laufender Kamera sagen möchte?", als er meinte: *„Ich tue es für die vielen Menschen, die eine ähnliche Erkrankung wie ich haben, denen ich Kraft geben möchte!"* Und er hatte Recht, denn das Interview kam mit seiner lebensbejahenden Botschaft unglaublich gut, in seinem Sinne, an.

Ich trage Norbert Kerkel als einen großartigen Bayer und großen Kämpfer für das Gute im Leben auch heute noch fest in meinem Herzen.

Seine Botschaft war „Sorge dich nicht, sondern lebe!"

Das Interview
Hinweis an den Leser:
Von der Internetseite
www.norbert-kerkel-stiftung.de/interview/index.html

kann das Interview geladen werden.

POLITIK

Wolfgang Gröbl

Geleitschutz bis zum Rathaus

Kennen gelernt haben wir uns bei einer öffentlichen Veranstaltung in Schaftlach Mitte der 70er Jahre zum Thema Gemeindegebietsreform. Während im
Gemeinderat und ganz besonders vom hoch geschätzten Bürgermeister Granich
sehr besonnen die von mir vorgesehene Zusammenlegung der Gemeinden
Waakirchen und Schaftlach vorbesprochen wurde, kamen in einer öffentlichen Versammlung erwartungsgemäß mehr emotionale Beiträge. Dabei fiel
mir Norbert Kerkel als volkstümlicher Redner mit einem humorgewürzten
Beitrag und dem Aufruf auf, doch das Positive eines Zusammengehens mit
Waakirchen höher zu bewerten als den Verlust der liebgewordenen Eigen-
ständigkeit. Wir haben uns nach dieser Veranstaltung noch unterhalten, wobei mir zwar nicht mehr der Inhalt, aber doch die sehr angenehme Form des
Gesprächs gut in Erinnerung blieb. Nach der Gemeindegebietsreform war
Norbert Kerkel für die Freien Wähler in den Gemeinderat von Waakirchen
gewählt worden. Die 1978 bei der Gemeindegebietsreform neu gebildeten
Gemeinden besuchte ich als Landrat vorzugsweise zusammen mit einer Reihe
von Mitarbeitern des Landratsamts im Rahmen einer Gemeindebesichtigung.
Dabei ging es nicht so sehr darum, Fehler in der Buchhaltung zu finden oder
Belehrungen zu erteilen, sondern Hilfestellung und Beratung bei kleineren
oder größeren Problemen der Gemeindeverwaltung zu geben. Während die
Kommunalaufsicht des Landratsamtes diese Arbeiten in der Regel schon am
frühen Vormittag zusammen mit den Kollegen der jeweiligen Gemeinde begann, kam ich am frühen Nachmittag zunächst zu einem Gespräch mit dem
Bürgermeister und dann zu einer verwaltungsinternen Diskussion. Am Spät-
nachmittag oder am Abend wurden vom Bürgermeister entweder die Fraktions-
vorsitzenden des Gemeinderats oder der ganze Gemeinderat eingeladen, um
von uns das Ergebnis der Überprüfung der Gemeindeverwaltung und Vorschläge zur Weiterentwicklung entgegenzunehmen. Eine solche Gemeindebesichtigung stand auch in Waakirchen an. Bürgermeister Westermeier hatte
mich für den frühen Nachmittag zum Gespräch gebeten. Weil es ein schöner
Tag war und ich zu Hause im Schäfflerhof mit meiner Familie zu Mittag aß,
entschied ich mich für das Fahrrad als geeignetes Transportmittel von Bernloh
nach Waakirchen. Bevor ich mich zu Hause auf das Fahrrad schwingen konnte,
hatte mich der Gemeinderat Norbert Kerkel angerufen und gefragt, welchen
Weg ich denn mit dem Rad nehmen würde und wann ich die Gemeindegrenze Warngau – Waakirchen erreichen würde. Ich war etwas verwundert ob
dieser Frage, teilte aber gerne mit, dass ich sogleich abfahre und wohl zehn
Minuten später die Gemeindegrenze erreichen würde. Dort angekommen habe
ich nicht schlecht gestaunt als mich Norbert Kerkel mit seinem schweren

BMW-Motorrad an der Gemeindegrenze für die Gemeinde Waakirchen willkommen hieß und mir Geleitschutz bis zum Rathaus beziehungsweise zu unserem Treffpunkt in der Turnhalle Waakirchen gewährte. Wir haben beide diese Art des Zusammentreffens als besonders lustig empfunden und davon auch später noch öfter gesprochen. Die Gemeindebesichtigung verlief erwartungsgemäß problemlos und harmonisch, weil meine Mitarbeiter Aldinger und Zeltler erfahren und von ihren Kollegen in den Gemeinden wegen ihrer Kompetenz anerkannt und geschätzt waren.

Das Gleiche galt auch für die hinzugekommenen Juristen als Abteilungsleiter im Landratsamt und den Kreisbaumeister. Zudem war die neu gebildete Gemeinde schon ganz gut zusammengewachsen. Sowohl für die Gemeinde als auch für uns im Landratsamt waren diese Gemeindebesichtigungen gut, weil man sich Zeit nehmen konnte, um Probleme zu besprechen und einander auch Tipps zu geben. Besonders wertvoll empfand ich die Möglichkeit der guten menschlichen Begegnungen.

Beim Rosstag 1994 in Rottach-Egern mit Vorgänger Wolfgang Gröbl

Im März 1984 waren Kommunalwahlen. Um die Nachfolge von Peter Westermeier bewarben sich Norbert Kerkel für die Freien Wähler, Marinus Weindl für die CSU und Georg Gruber (der mit dem eindrucksvollen Baß) für die SPD. Ich bewarb mich zum dritten Mal um die Wahl zum Landrat von Miesbach. In der Wahlversammlung beim „Blauen Bock" in Waakirchen empfahl ich den Waakirchner Wählern und Wählerinnen natürlich Marinus Weindl als Bürgermeister. Ich schätzte ihn als aufrichtigen und kenntnisreichen

Kommunalpolitiker und fügte meiner Empfehlung hinzu, dass ich mir gut vorstellen könne mit Marinus Weindl zum Wohl der Gemeinde Waakirchen zusammenzuarbeiten. Da meldete sich Norbert Kerkel und fragte mich mit einem verschmitzten Lächeln, ob ich mir denn nicht vorstellen könne auch mit ihm gut zusammenzuarbeiten fürs Wohl der Waakirchner und Schaftlacher. *„Natürlich würde ich auch mit Ihnen vertrauensvoll zusammenarbeiten, Herr Kerkel, aber unser Freund Marinus Weindl wird halt am Schluss die Nase vorn haben."* Ich hatte mich getäuscht, Norbert Kerkel war Bürgermeister. Ich gratulierte ihm, und freudestrahlend verwies Norbert Kerkel auf meine damalige Antwort in der Wahlversammlung. Und wir haben sehr gut zusammengearbeitet. Er war der einzige Bürgermeister im Landkreis, der ausdrücklich darum gebeten hatte, einen jour fixe zwischen uns zwei einzurichten, um ihn zu beraten bei Problemlösungen in seiner Gemeinde, aber auch um ihm zu berichten über das politische Geschehen im Landkreis und darüber hinaus. Aus diesem jour fixe entwickelte sich eine herzliche Kameradschaft wie sie unter Kommunalpolitikern mit unterschiedlichen Interessen durchaus immer wieder anzutreffen ist. Dabei müssen Parteigrenzen keine Barriere sein. Das galt für mich vor allem für Arnfried Färber, den Bürgermeister von Hausham, aber auch für dessen Vorgänger Anton Weilmeier von der SPD. Gerade meine Freundschaft mit dem Beppo Weilmeier wurde nicht von allen in der CSU und ebenso in der SPD mit großer Begeisterung aufgenommen!

Drei Generationen Landrat Miesbach:
Wolfgang Gröbl (1972–1987),
Dr. Walter Königsdorfer (1955–1972),
Norbert Kerkel (1987–2008)

Und dann kam meine Wahl in den Deutschen Bundestag im Januar 1987 und meine Verabschiedung als Landrat im Februar dieses Jahres. Mein Stellvertreter Dr. Gerhard Maier von der CSU führte nun das Landratsamt bis zur Landratswahl im April. Für die CSU war klar, dass Dr. Gerhard Maier Landratskandidat wurde, für die SPD trat Michael Pelzer, der es auch gegen mich schon mal versucht hatte, an und für die Freien Wähler kam nicht der in der

Öffentlichkeit erwartete und von der CSU auch schon etwas gefürchtete Kandidat Arnfried Färber, sondern überraschend Norbert Kerkel. „Das ist doch wohl ein paar Nummern zu groß für den Waakirchner Bürgermeister" war ein häufig gehörter Kommentar auch von so genannten Experten, die ihr Ohr am Munde des Volkes zu haben glaubten. Ich machte Wahlkampf für unseren CSU-Kandidaten Dr. Maier trotz einiger Spannungen, die wir früher einmal miteinander hatten. Dabei engagierte ich mich für Dr. Maier aber nicht gegen Norbert Kerkel. Wie die meisten rechnete ich mit einem deutlichen Sieg von Dr. Maier. Doch wieder kam es anders. In der Stichwahl obsiegte Norbert Kerkel mit einem respektablen Ergebnis. Vor allem der Miesbacher Merkur suchte nach seiner eigenen Fehleinschätzung den Grund für die Niederlage des CSU-Kandidaten bei mir, in meiner Amtsführung und in meinem Auftreten.

Ich hatte allerdings alle meine Landrats- und Bundestagswahlen mit deutlichen Mehrheiten gewonnen. So wehrte ich mich nicht gegen diese Kampagne, um die Wunden in der CSU nicht tiefer werden zu lassen. Norbert Kerkel war meines Erachtens gewählt worden, weil von ihm so viel Natürlichkeit, Ursprünglichkeit, Fröhlichkeit und Unbefangenheit ausging, während Dr. Maier sehr kenntnisreich die Probleme des Landkreises darstellte und halt nicht für alles populäre Lösungen versprechen konnte. Norbert Kerkel stieg weniger in die Details ein, machte sein Hauptanliegen an der notwendigen Zusammenführung der vier Kreiskrankenhäuser auf ein zentrales Krankenhaus fest und verwies im übrigen auf das harmonische Zusammenleben in der von ihm geführten Gemeinde Waakirchen. Natürlich gratulierte ich meinem jüngeren Nachfolger Norbert Kerkel – er war genau zwei Monate jünger als ich – und bot ihm Unterstützung und Zusammenarbeit an. Beides nutzte er und bat mich vor allem in seinen ersten Monaten als neuer Landrat mehrfach ums Gespräch.

So sind auch die meisten meiner Initiativen im Landkreis weitergeführt worden, und umgekehrt erhielt Norbert Kerkel nicht nur von mir, sondern ebenso vom Landtagsabgeordneten Dr. Stoiber jede erdenkliche Unterstützung in seiner Arbeit für den Landkreis. Norbert Kerkel entwickelte seinen eigenen Stil der Amtsführung, verfolgte aber im Wesentlichen die gleichen Ziele wie ich. Aus der Kameradschaft wurde Freundschaft, die sich insbesondere in der Zeit seiner schweren krankheitsbedingten Prüfung bewährte. Da waren dann nicht mehr so sehr die kommunalen oder politischen Themen ausschlaggebend, sondern die wesentlichen Themen unseres Lebens. Ich bewunderte Norbert Kerkel ob seines Gottvertrauens, seiner Fröhlichkeit und Zuversicht in seinem harten Kampf gegen den Krebs. Er hat den Kampf um seine Gesundheit verloren, das Leben in einer besseren Welt hat er gewonnen. Davon bin ich überzeugt.

Arnfried Färber
(1. Bürgermeister von Hausham von 07.07.1981 bis 30.04.2008)

Meine erste Begegnung mit Herrn Kerkel

Die Weihnachtsfeier des MSC Hausham stand vor der Tür. Der Sprecher, der die Heilige Nacht lesen sollte, sagte dem Verein kurzfristig ab. Doch dem MSC-Vorsitzenden gelang es, auf die Schnelle einen Ersatz zu finden. Und was für einen, denn die Besucher der Feier waren sich einig in ihrem Urteil, das da knapp und bündig lautete: „Der hod des fei guat gmacht." Der Ersatz war kein anderer als Norbert Kerkel, damals bei uns in Hausham noch fremd, aber in seiner Heimatgemeinde, bei den Bergwachtlern und den Trachtlern im Landkreis schon gut bekannt. Mit seiner Wahl zum Bürgermeister der Gemeinde Waakirchen im Frühjahr 1984 erweiterte er seinen Bekanntheitsgrad. Wer nämlich persönlich mit ihm zu tun hatte, merkte sehr bald, wie hoch sensibel seine Antennen beim Umgang mit Menschen reagierten.

Wie der Bürgermeister Kerkel Landratskandidat wurde

Es kam das Jahr 1987. Landrat Wolfgang Gröbl wurde in den Deutschen Bundestag gewählt, der 29. März 1987 wurde als Wahltag für seine Nachfolge festgesetzt.

Die CSU nominierte dafür ihren seit 1970 amtierenden Kreisvorsitzenden und stellvertretenden Landrat Dr. Gerhard Maier, der auch 2. Bürgermeister der Kreisstadt Miesbach war.

Die Freien Wähler im Landkreis Miesbach drängten mich zur Kandidatur als Landrat, die Haushamer Freien Wähler wollten mich als Bürgermeister behalten. Die SPD im Landkreis sagte mir nicht uneigennützig ihre Unterstützung zu, da sie im Falle meines Wahlsieges damit rechnen konnte, in Hausham den Bürgermeistersessel zurückzugewinnen. Bei einer FW-Versammlung im Schlierseer Hof in Schliersee sollte die Entscheidung über meine Kandidatur fallen. Ich war hin- und hergerissen, zögerte und zauderte, denn der 28. Juni 1987 war der Termin für die nächste reguläre Bürgermeisterwahl in Hausham.

Die Anwesenden bei der Versammlung in Schliersee, unter anderem Altbürgermeister Paul Krones aus Bad Wiessee, redeten auf mich ein, endlich „ja" zu sagen. Doch vor einer solchen, das Leben verändernden Entscheidung wollte ich nochmals ganz mit mir allein sein und ging nach draussen. Mir folgten aber meine Haushamer Freunde und packten mich bei der Ehre nach dem Motto „vor sechs Jahren haben wir Dir geholfen, in Hausham Bürgermeister zu werden und jetzt lässt Du uns im Stich und gehst nach Miesbach." Das konnte ich ihnen nicht antun.

Meine daraufhin von mir verkündete Absage löste Verärgerung, Bestürzung und Ratlosigkeit aus. Wer könnte dann der Kandidat der Freien Wähler sein? Unsere Wahl fiel auf Norbert Kerkel, der sich völlig verständlich Bedenkzeit ausbat. Doch dann der erlösende Anruf bei mir zu Hause: *„Songs eahnam Mo, i hob mi entschieden i pack o"* teilte er meiner Frau mit. Sobald diese Entscheidung die Runde im Landkreis gemacht hatte, standen die Freien Wähler wie eine Wand hinter diesem wackeren Mann. 160 Bürgerinnen und Bürger kamen zu seiner Nominierungsversammlung am 16. Februar 1987 in das Agatharieder Gasthaus „Staudenhäusl", um Norbert Kerkel als ihren Kandidaten zu küren. Viel Zeit blieb ihm bis zum Wahltag nicht mehr, aber bescheiden und überzeugend zog er von Ort zu Ort, um Punkte zu sammeln.

Beim ersten Wahlgang mit vier Kandidaten erreichte Kerkel 42,87 % und sein Mitbewerber Dr. Gerhard Maier 44,98 %, so dass es am 12. April 1987 zur Stichwahl kam, die Kerkel mit 59,79 % für sich entschied.

Bereits drei Jahre später trat Kerkel bei den allgemeinen Kommunalwahlen in Bayern erneut an und vereinigte bei einem Gegenkandidaten 91,95 % der Stimmen auf sich. Im Jahr 1996 errang er als alleiniger Kandidat 96,61 %. Die nächste Kommunalwahl sollte im März 2002 stattfinden. Kerkel ließ eine abermalige Kandidatur zunächst völlig offen, zog sich aber in ein spanisches Kloster zurück, um dort in Ruhe Einkehr zu halten und sich zu entscheiden. Ich war gerade mit dem Fahrrad und Handy in Italien unterwegs, als mich Norbert anrief: *„Du, I war jetzt in Spanien in am Klosta und hob gnua Zeit zum Nochdenga ghabt, machs no amoi, und i machs a für sechs Jahr, ned nur für die Hälfte, wos anders wars, wen i schwär krank werad, Krebs oder so, dann herad i scho eha auf."*

Hatte er bereits Vorahnungen und warum nahm er die schwere Last des Amtes und der Krankheit doch bis zum Ende tapfer auf sich?

Bei der Überreichung der goldenen Landkreisehrennadel am 9.5.2008 von links: Arnfried Färber, Käthi Kerkel, Dr. Jakob Kreidl, Norbert Kerkel und Georg Bromme

Der Landrat wird zugleich Bürgermeister von Bayrischzell

Gewiss passiert es einem bayerischen Landrat nur alle hundert Jahre, dass er zugleich das Amt eines Bürgermeisters ausübt, aber bei Norbert Kerkel war dies der Fall, und das kam so:

Am 10. März 1996 fanden in Bayern allgemeine Kommunalwahlen statt. In unserem Landkreis Miesbach verlief bei dieser Wahl alles normal. Doch mit Beschluss vom 04. Juli 1996 musste das Landratsamt Miesbach die Wahl des Gemeinderats in der Gemeinde Bayrischzell für ungültig erklären und Neuwahlen anordnen. In Bayrischzell regiert damit ab sofort der Bürgermeister allein. Als aber im September 1996 auch noch der Bürgermeister von seinem Amt zurücktrat, wurde Bayrischzell führungslos. Doch die bayerischen Kommunalgesetze sorgen für diesen Fall vor. Das Landratsamt übernimmt als Rechtsaufsichtsbehörde bis zur Neuwahl die Leitung der Gemeinde und der Landrat wird gleichsam dort der Bürgermeister.

In unserem Fall bereitete die Gemeindeverwaltung von Bayrischzell fällige Tagesordnungspunkte vor und bearbeitete sie zusammen mit Regierungsrat Pilz vom Landratsamt, der dann im Beisein von Bürgermeister Kerkel die Entscheidungen traf. Mit der Neuwahl des Gemeinderats und des Bürgermeisters war diese Regentschaft Kerkels zu Ende. Sie gehörte aber wegen ihrer Einmaligkeit zu den Höhepunkten seiner gesamten Amtszeit und er erzählte hin und wieder mit einem gewissen Stolz davon.

Die sechs Phasen der Planung

Bei der Einweihung von Bauwerken fand Norbert wie sonst auch stets die passenden Worte, sprach dann aber immer wieder die sechs Phasen der Planung an:

Sie beginnt mit allseitiger Begeisterung, es folgt die Verwirrung, dann die Ernüchterung, als nächstes die Suche der Schuldigen, die Bestrafung der Nichtschuldigen und endet mit der Auszeichnung der Nichtbeteiligten.

Die Geschichte vom Kreideei

Sein ausgeprägter Sinn für Humor äußerte sich selten im Erzählen von Witzen und Norbert räumte auch ein, sich Witze nicht merken zu können.

Doch eines Tages machte sich unsere Kreistagsfraktion zu einem Ausflug in das Veneto in Norditalien auf. Mittags erreichten wir mit unserem Bus Levico Terme, die langjährige Partnergemeinde von Hausham. In Vetriolo hoch über Levico kehrten wir im Gasthaus Aurora ein, wo uns der Wirt Matteo nach allen

Regeln der Kochkunst verwöhnte. Zu den einzelnen Gängen servierte er Wein in Karaffen und zum Dessert gabs noch den dort obligatorischen Mirtillo (Heidelbeerschnaps), so dass wir am Ende eine recht lustige Gesellschaft waren.

Bei der Abfahrt von Vetriolo begann zunächst unser begnadeter Witzeerzähler Richard Kölbl bis dann plötzlich Norbert das Mikrophon ergriff und fragte:

Kennt's den vom Kreideei? Natürlich kannte ihn niemand. Also gab Norbert die Geschichte der norddeutschen Urlauberin in Bad Wiessee zum Besten, die sich entschlossen hatte, in die Berge zu gehen und dort zu einer Alm kam. Die Sonne lachte, die Brotzeit schmeckte, der Senner sah blendend aus, kurzum, es war ausgesprochen schön und die Urlauberin blieb über Nacht auf der Alm. Und da kamen sich Urlauberin und Senner ganz nahe.

Wieder zuhause angekommen, berichtete die Urlauberin ihren Freundinnen von ihren Erlebnissen auf der Alm und erklärte: Und stellt Euch vor, als es mit dem Senner am schönsten war, da rief der immer „Kreideei".

Norbert als Lebensretter

Es war im Frühjahr 1984 und Landrat Wolfgang Gröbl lud die Bürgermeister seines Landkreises zu einem Mittagessen in das Hotel „Schlierseer Hof" in Schliersee ein. Bei einer kleinen Feier sollten die Kollegen verabschiedet werden, die bei der Kommunalwahl 1984 nicht mehr kandidiert hatten.

Nach der wie immer geschliffenen Dankesrede des Landrats nahmen wir an einer großen Tafel unsere Plätze ein. Wir waren bereits beim Hauptgericht Schweinsmedaillons mit frischem Spargel und Sauce Bearnaise angelangt, der Landrat unterhielt uns nebenbei in seiner launigen Art, als ich bemerkte, wie sich mein Tischnachbar, der Kreuther Bürgermeister Karl Mayr, mit geschlossenen Augen lautlos an seine Schulter lehnte. Wolfgang Gröbl bemerkte dies erst auf meinen Zuruf und dann ging alles ganz schnell. Karl Mayr war bewusstlos, Kollegen legten den Zweizentnermann auf den Boden und Bürgermeister Kerkel trat in Aktion. Als in Erster Hilfe sehr erfahren, machte er sofort das Richtige, nämlich Mund-zu-Mund-Beatmung und intensive Bearbeitung des Brustkorbs. Ersteres war für uns bewundernswert und Norbert konnte noch lange danach keinen Spargel mit Sauce essen. Dass er dem Patienten auch mehrere Rippen brach, das war unwichtig. Hauptsache, Karl Mayr konnte lebend dem Notarzt Dr. Klaus Roßtäuscher aus Schliersee zur weiteren Behandlung übergeben werden. Im Krankenhaus Miesbach erholte sich Karl Mayr und er übte auch wieder das Amt des Bürgermeisters aus.

Eine zweite Herzattacke in den Morgenstunden des 9. August 1986 überlebte er jedoch nicht mehr. Ohne den beherzten und fachmännischen Einsatz Norbert Kerkels wäre er aber bereits zweieinhalb Jahre früher verstorben.

Peter Finger
(Altbürgermeister und Ehrenbürger Waakirchen)

Norbert Kerkel – ein wunderbarer Mensch

Zunächst einmal ist es mir eine ganz besondere Herzensangelegenheit, mich für all das, was ich von Norbert Kerkel gelernt habe, zu bedanken.

Vom 1. Mai 1984 bis zum 30. April 1987 war ich als 2. Bürgermeister sein Stellvertreter. Dann wurde Norbert Kerkel zum Landrat gewählt und ich übernahm das Amt des 1. Bürgermeisters. Bis zum Jahr 2008 waren wir in dieser politischen Konstellation gemeinsam verbunden, das sind immerhin 21 Jahre!

Ich erinnere mich noch gut an die Amtsübergabe im Jahr 1987, die lediglich in der Übergabe der Rathausschlüssel bestand. In den drei Jahren zuvor hatte mich Norbert Kerkel so ausführlich und hervorragend als Stellvertreter in die Dienstgeschäfte mit eingebunden und eingearbeitet, dass ich die Amtsgeschäfte nahtlos übernehmen konnte. Besonders auch den guten Umgang mit Menschen hat er mir nachhaltig vermittelt. Er behandelte alle – auch später als Landrat – ganz genau gleich, egal ob sie reich oder arm, von anderer politischer Färbung oder Nationalität waren und seine Tür und sein Ohr waren stets offen für jeden und alle Probleme.

Sein Amt als Landrat nahm ihn sehr in die Pflicht und er engagierte sich mit ganzem Herzen für seine Aufgabe. Oft war er deshalb auch nicht im Büro erreichbar. Aufgrund unserer freundschaftlichen Verbundenheit und der menschlichen Nähe war er dennoch stets für mich da und ich durfte ihn auch in seiner knappen Freizeit mit meinen Fragen behelligen.

Das volle Vertrauen, das uns über all die Jahre in einer ganz besonderen und einmaligen Freundschaft verband, hat auch dazu geführt, dass es zwischen uns nie zu einem heftigen Wortwechsel gekommen ist. Auch wenn wir einmal unterschiedlicher Ansicht waren: wir haben unsere Gespräche stets in Harmonie und Respekt für den anderen geführt.

Nur einmal waren wir unterschiedlicher Ansicht: Anfang der 90er Jahre begab sich der Kreistag unter Leitung von Norbert Kerkel auf einen mehrtägigen Ausflug in den hohen Norden an die Waterkant. Ich, der bekannt dafür ist, dass er sich nur allzu ungern von seinem geliebten Waakirchen trennt, schickte meine liebe Frau Lilo an meiner Stelle mit auf die Reise.

Norbert Kerkel, voll des Mitleids für mich als armer Strohwitwer, ließ mir über den weltbekannten Gourmet-Blitz-Service namens McDonalds eine umfangreiche Auswahl des Sortiments liefern, damit ich nicht verhungern müsste. Großzügig – und das fiel mir in diesem Falle überhaupt nicht schwer – verteilte ich diese Essensgaben im Rathaus und Bauhof. Statt den – ich gestehe, nicht kleinen – Hunger auf eine gescheite Mahlzeit zu stillen, machte ich mich stattdessen lieber sofort daran, Norbert Kerkel einen Brief nachzusenden, in dem ich mich in aller Deutlichkeit (und die bayerische Sprache verfügt hier über ein umfangreiches Vokabular!) über diese verräterische Missachtung bayerischer Esskultur beschwerte.

Aber – da alles nur ein Spaß war, haben wir beide darüber herzlich gelacht und Norbert Kerkel ließ keine Gelegenheit aus, diese Anekdote vom halbverhungerten Essensverweigerer Finger Peter zum Besten zu geben.

Ich kann mich überhaupt an keinen Tag erinnern, an dem Norbert Kerkel schlechte Laune gehabt hätte. Stets humorvoll und optimistisch, selbst während seiner langjährigen und schweren Krankheit, steckte er alle mit seiner guten Laune und positiven Ausstrahlung an. Auch war er ein tiefgläubiger Mensch, was ihm besonders in den letzten Wochen und Monaten geholfen hat, stets „Licht am Ende des Tunnels" zu sehen.

Von welcher Seite man es auch betrachtet: nicht nur ich sondern wir alle haben in Norbert Kerkel einen einmaligen und wunderbaren Menschen verloren, der mir stets und in jeder Hinsicht ein Vorbild gewesen ist und den ich nie vergessen werde!

Sepp Hartl
(1. Bürgermeister Gemeinde Waakirchen)

Mein Vorbild und Freund Norbert!

Als Norbert Kerkel im Mai 1984 zum 1. Bürgermeister in Waakirchen gewählt wurde, wusste ich noch nicht, welch ein Format dieser neue Bürgermeister hat. Ich selber war zu dieser Zeit noch nicht politisch aktiv, waren mir die Aufgaben im Sport und Rettungsdienst doch noch viel wichtiger.

Aber wie das Leben halt so spielt, kam es zu einem Treffen, wegen der Belegung der Turnhalle und so zu einem ersten Kontakt mit dem neuen Bürgermeister. Das sollte nicht der letzte gewesen sein! Ich war höchst überrascht wie ich von ihm empfangen wurde, freundschaftlich, herzlich, höflich, nett und aufgeschlossen, nicht von oben herab, er nahm sich meiner Sache sofort an und klärte sie.

Von da an gab es sehr viele Gespräche zwischen uns und oft sagte ich zu ihm, wie schön es doch sein mag, Bürgermeister zu sein, in der Gemeinde wo man aufgewachsen ist. Hier wurde schon der Grundstein gelegt für meine späteren Ambitionen!

Es kam aber dann ja noch ganz anders, unser beliebter Bürgermeister wurde als Landrat nominiert und wir mussten ihn schweren Herzens an den Landkreis abgeben. Norbert hat aber nie seine Wurzeln vergessen, bei jeder ihm zulässigen Gelegenheit nahm er am Dorfleben teil und brachte sich ein. Und wie das Leben halt so spielt, trafen wir uns wieder, er als Landrat und ich als Leiter der Wasserwacht im Landkreis Miesbach.

Wir Wasserwachtler haben ihm viel zu verdanken, er hatte immer ein offenes Ohr für unsere Aktivitäten und diese waren viele in seiner Zeit. Es wäre mühsam alle aufzuzählen, aber wichtig ist, er hat uns immer den Rücken gestärkt, wusste er doch selber, wie schwer es im Rettungsdienst ist, war er doch selber ein Hundeführer der Bergwacht. Mit seinen Hunden Rex und Sambo war er stets im Einsatz, wenn es galt, Verschüttete aus den Lawinen zu befreien.

Bei den vielen Gesprächen, die wir führten, kam es dann auch zu meiner Entscheidung, mich für den Gemeinderat aufstellen zu lassen um mich auch für das Wohl unseren schönen Gemeinde einsetzen zu können und zu seiner großen Freude wurde ich dann auch in den Gemeinderat gewählt.

Ich bin Norbert sehr dankbar, wie er die Arbeit als Bürgermeister und als Landrat immer so positiv dargestellt hat, seinen Beruf als den schönsten bezeichnete, den es überhaupt gibt, und oft höre ich ihn noch sagen: *„Der schönste Beruf ist aber, Bürgermeister zu sein, in seinem eigenen Heimatdorf"*, ich kann ihm da nur beipflichten. Als ich ihm dann nach fünf Jahren erzählt habe, dass ich versuchen werde, Bürgermeisterkandidat der Freien Wähler zu werden, freute er sich sehr und ich bekam jegliche Unterstützung, die ich nur brauchte, obwohl er zu dieser Zeit zum wiederholten Male sehr schwer krank war.

Was ich aber am meisten bewundert habe an Norbert: trotz seiner schweren Krankheit und den vielen Rückschlägen, die er erleiden musste, spendete er denen Trost und bot seine Hilfe an, die genauso krank waren wie er. Er war einfach ein Kämpfer, der nie aufgab und dankte allen, die ihn dabei unterstützten.

Bei unserer Nominierungsversammlung im Gasthof Knabl sprach er dann, wie in gewohnter Weise, über die Aufgaben im Landkreis und überbrückte somit ca. 40 Minuten mit einem Vortrag, locker, frei, voll von Informationen und äußerst unterhaltend. Man hat ihm stundenlang zuhören können. Ich glaube, was ihn aber an diesem Abend besonders gefreut hat, war, dass sich sein Sohn Norbert als Gemeinderatskandidat aufstellen lassen hat.

Leider konnte er sein Versprechen nicht mehr einhalten, uns Freie Wähler bei den Veranstaltungen zu unterstützen, aber dafür war er trotz schwerer Krankheit, per Telefon, für mich immer zu erreichen und so telefonierten wir mindestens 3-mal die Woche. Kurz vor der Wahl sagte er: *„Jetzt kimmt da Zeitpunkt, wo du glabst, du host ois foisch gmacht, des ist net so, mach nur so weida und loss di net vaunsichan, werst seing'n des passt scho."*

Als dann die Stichwahl ergab, dass ich als Bürgermeister gewählt war, kam zehn Minuten später auch schon sein Anruf, um mir zu gratulieren. Was ihn sehr freute, auch sein Sohn Norbert wurde 14 Tage vorher in den Gemeinderat gewählt. Oft haben wir auch weiterhin telefoniert und er hat mir sehr wertvolle Tipps gegeben, um mich am Anfang etwas leichter zu tun.

Als unser neuer Erzbischof Dr. Marx den Landkreis besuchte und dann der Satz fiel, was für ein wunderbarer Mensch Norbert Kerkel sei, ich bin mir ganz sicher, da hat er uns allen aus der Seele gesprochen. An diesem Tag habe ich als frischer Bürgermeister einen Formfehler begangen. Als Herr Färber und Bürgermeister von Preysing in das Landratsamt gingen, wo sich unser Erzbischof in das Goldene Buch des Landkreises eintragen soll, dachte ich, wir Bürgermeister sollten da auch mitkommen. Weit gefehlt, ich war der Einzige. Herr Färber und Bürgermeister von Preysing waren ja die stellvertretenden Landräte! Aber so konnte ich Norbert nochmals fest in die Arme nehmen und ihm persönlich für seine Unterstützung danken, dies war bis zu diesem Zeitpunkt, nur über den Gang, in sieben Meter Entfernung bei ihm zuhause möglich. Ich hätte nie gedacht, dass dies das letzte Mal sein wird, eine Woche später ist er leider seiner schweren Krankheit erlegen.

Ich habe mit Norbert Kerkel einen guten Freund verloren, einen Kameraden, der immer für mich da war, wenn ich ihn brauchte. Dafür bin ich ihm sehr dankbar. Er hat immer Worte gefunden, die einen aufgebaut haben, die Trost spendeten, die weitergeholfen haben und das obwohl er selber schwerst krank war. Norbert wird für mich immer ein großes Vorbild sein, ich habe ihm sehr viel zu verdanken und werde stets an ihn denken.

In meinem Amtszimmer hängt ein großes Bild von ihm, so ist er weiterhin immer gegenwärtig für mich.

Günther Schmöller
(damaliger „Geschäftsführer" der Freien Wähler Gemeinschaft
Waakirchen-Schaftlach)

Erlebnisse aus den Jahren 1984 bis 1987

Am 9.1.1984 beantwortete Norbert Kerkel als Bürgermeisterkandidat der FWG Waakirchen-Schaftlach eine Anfrage des damaligen Schulleiters Hans Newiger hinsichtlich der schlechten Schulhaussituation der Volksschule Waakirchen, darin schrieb er unter anderem: „Es gilt in der Kommunalpolitik, wie überall im Leben, Prioritäten zu setzen. Die Ausbildung und Erziehung unserer Kinder steht mit an vorderster Stelle. Wir wissen, dass das Rüstzeug, das unsere Kinder in der Schule erhalten ein wesentliches Fundament für das spätere Leben ist. Darum ist es uns selbstverständlich, im Rahmen unserer Möglichkeiten, alles zu tun, damit Ihnen und Ihrem Lehrkörper ideale materielle Bedingungen für den Unterricht zur Verfügung stehen." Am Schluss des Briefes zitierte er John F. Kennedy: „Eine Sache auf der Welt ist noch teurer als Ausbildung, das ist die Unwissenheit."

Norbert Kerkel hat wie immer sein Wort gehalten und so konnte er als Bürgermeister 1986 die Schulerweiterung der VS Waakirchen übergeben. Als Freund durfte ich Norbert Kerkel einige Jahre begleiten und habe seine große Menschlichkeit, Umsichtigkeit, Ehrlichkeit und sein begnadetes Rednertalent bewundert. Norbert Kerkel initiierte die öffentlichen Monatsgespräche der FWG Waakirchen-Schaftlach. Hierin wurden immer einen Tag vor der Gemeinderatssitzung die öffentlichen Themen der Sitzung mit den Bürgern besprochen. Er unterstrich damit auch seine Bürgernähe vorbildhaft. Bürgerinnen und Bürger konnten sich so aktiv an der Gemeindepolitik beteiligen. Diese Monatsgespräche finden auch heute noch regelmäßig statt.

Landratswahlkampf 1987

Am 9.2.1987 trafen sich die Freien Wähler des Landkreises im Rathaus in Hausham, um zu eruieren, wer als Landratskandidat in Frage käme. An diesem Abend schlug Kerkel seinen Wahlslogan vor: „Ein Landrat für alle". Später wurde daraus „Der Landrat für alle".
Am 16.2.1987 wurde Kerkel im Agatharieder Staudenhäusl mit 152 Stimmen von 154 Stimmberechtigten nominiert. Nach der Vorstellungsrede meldete sich Paul Krones, ehemaliger Bürgermeister in Bad Wiessee zu Wort: *„I frei mich narrisch, dass oana da is, der de andern Stirn und Hörndl zoagt."*

Im März 1987 meisterte Norbert einen wahren Wahlkampfmarathon mit insgesamt 19 Veranstaltungen mit ca. 2000 Besuchern. Als Begleiter war ich dabei und konnte in jeder Versammlung einen Kandidaten erleben, der auf die Fragen der Menschen wirklich einging und durch professionelle Antworten bei den Bürgern ankam. In Niklasreuth fand die Veranstaltung im Anschluss an den Irschenberger Frühschoppen gegen zwölf Uhr statt. Als wir an der Wirtschaft ankamen, sahen wir verwundert, dass viele Frauen gerade das Haus verließen. Wie wir später herausfanden, hatten diese eine Versammlung gehabt. Nach und nach kamen 70 Männer und füllten den Raum, um Norbert zu begutachten. Dabei habe ich noch im Kopf, dass einer nach der Vorstellungsrede unter anderem sagte: *„Den nehma, den brauch ma nimma rausfuadern!"*

In Bayrischzell rundete Bürgermeister Auracher die Vorstellung ab: *„Wir sind gut beraten, wenn wir Norbert Kerkel die Stimme geben. Wählen wir den fähigsten Mann, den der Landkreis verdient"* (Strauß-Zitat). Dank gebührt den Waakirchner Bürgern!

In Kreuth gratulierte ein Unbekannter Kerkel zu seiner guten Vorstellungsrede und wünschte ihm den Landratsposten. Es stellte sich später heraus, dass es ein Urlauber war, der zufällig im Saal war.

In Bad Wiessee sprach Bürgermeister Fischhaber folgenden Satz ins Publikum: *„Schama brauch ma uns net mit dir. Der Kerkel ist nicht das Greenhorn, für das ihn manche halten möchten."*

In Schliersee sagte eine Frau: *„Ich habe Waakirchner Bürger befragt und gehört, Kerkel ist wirklich frei. Ich habe Kerkel in drei verschiedenen Ortsversammlungen angehört und festgestellt, dass er stets vom Inhalt dasselbe gesagt hat."*

Ein FDP-Politiker hielt eine Laudatio auf Kerkel: Er hat eine vernünftige Ausbildung. Man braucht keine Ideologen, sondern nüchterne Rechner, die Führungsqualität besitzen. Sach- und Fachleistungen sind entscheidend, unabhängige Persönlichkeiten sind notwendig. Dies alles habe Norbert Kerkel.

Einer der Höhepunkte war dann die Podiumsdiskussion in Schliersee am 12.3.1987, wo mit harten und nicht immer fairen Bandagen manche Anhänger der Gegenkandidaten mit so genannten spontanen Wortmeldungen gestritten haben (unter anderem Zuhörer, von denen einer in den 90er Jahren Landrat in einem nördlicheren Landkreis wurde). Norbert meisterte alle Anfeindungen und konnte viele politische Aussagen an das Publikum bringen und sich profilieren.

In dieser Zeit entstand auch das Gerücht, dass Norbert Kerkel mit den Republikanern sympathisiere und er eine „männliche Freundin" hätte. Beides war natürlich völlig falsch.

Zum Abschluss des Wahlkampfes fertigte ich die Bildmontage auf nachfolgender Seite an:

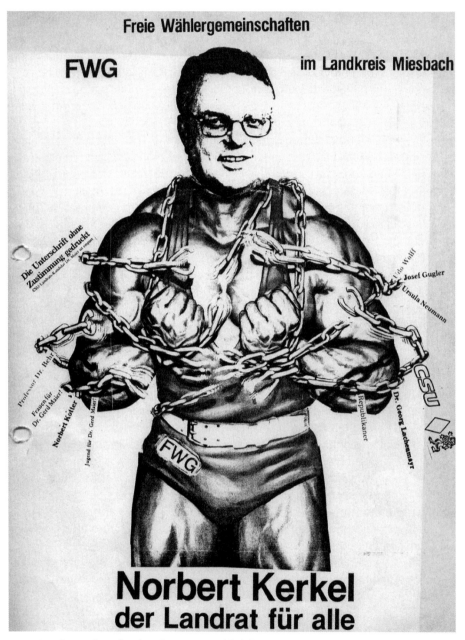

Von Günther Schmöller bearbeitetes Wahlplakat 1987

Alois Glück
(Ehemaliger Landtagspräsident, Vorsitzender der Bergwacht Bayern)

Norbert Kerkel war ein Tiefwurzler

Am Anfang unserer Beziehungen waren die Kurse der katholischen Landjugend-bewegung im Jugendhaus Josefstal bei Schliersee. Der Geist der katholischen Landjugendbewegung hat uns beide geprägt. Diese Prägung, diese Überein-stimmung in den Werten und Prägungen unseres Glaubens und unserer Kul-tur, war in all unseren Gesprächen und Begegnungen lebendig, ohne dass wir darüber immer gesprochen hätten.

Die Gespräche der letzten Jahre, die Jahre seiner schweren Erkrankung, diese Gespräche werden mir immer in Erinnerung bleiben. Immer war ich aufs Neue tief beeindruckt von seinem Lebensmut, von der Tiefe seines Glau-bens, von seinem Gottvertrauen. Im extremen Auf und Ab des Krankheitsver-laufes, sicher auch mit vielen dunklen und schweren Stunden, war diese Ver-ankerung der Grund seiner Stärke, die wir alle bewundert haben. Norbert er-innert mich immer an einen großen und starken Baum mit einem mächtigen Wurzelwerk. In stürmischen Zeiten, sei es im eigenen Leben oder in den Auf-gaben im Beruf, bestehen nur Tiefwurzler.

Zu den Lebensstationen von Norbert Kerkel zählt auch seine aktive Mitar-beit in der Bergwacht. Wie in allen anderen Lebensbereichen war er immer ein einsatzbereiter und zuverlässiger Kamerad. Kamerad, das war für ihn nicht oberflächliches Getue sondern gelebte Verlässlichkeit. So haben wir ihn auch in der Politik erlebt. Norbert war tief verankert in der Kultur und Tra-dition seiner Heimat, in ihren Werten. Diese Heimat zu schützen und so zu gestalten, dass sie auch in diesen Zeiten des Umbruchs ihren Kern bewahrt, für die Menschen und für die Nachkommen weiter ein guter Lebensraum ist, Heimat eben, verstand er als Auftrag der Politiker über den Tag und die mo-mentane Wirkung hinaus. Wie sehr die Bürgerinnen und Bürger seines Land-kreises dies gespürt haben, zeigte sich in überwältigender Weise mit der Teil-nahme von tausenden von Menschen bei seiner Beerdigung.

Die Gespräche mit Norbert in den letzten Jahren, überwiegend Telefonge-spräche in Zeiten, in denen er seinen Dienst nicht ausüben konnte, werden mir immer in Erinnerung bleiben. Diese innere Einstellung, dieses Gottver-trauen und dieser Lebensmut sind ein wertvoller Impuls für mein eigenes Leben geworden. Dafür ein herzliches „Vergelt's Gott", lieber Norbert.

Dr. Jakob Kreidl
(Landtagsabgeordneter, Landrat seit 2008)

Das Leben und Wirken von Norbert Kerkel

Nur zu gut erinnere ich mich an meine erste Begegnung mit Norbert Kerkel in den 1980er Jahren. Damals bei der Telekom beschäftigt, hatte ich auf einer Baustelle zur Verlegung von Telefonkabeln in Schaftlach zu tun. Plötzlich fiel mir ein Mann von kräftiger Statur auf, der mit einem strahlenden Lächeln auf mich zukam und sich als Bürgermeister von Waakirchen vorstellte. Noch bevor wir näher ins Gespräch kamen, spürte ich, welch ungemein positive Ausstrahlung dieser Mann hatte. Erfreut nahm ich sein Angebot zur guten Zusammenarbeit und einem regelmäßigen Austausch von Informationen an. Freilich ahnte ich damals noch nicht, dass diese zufällige Begegnung eine wunderbare, jahrzehntelange Freundschaft begründen würde.

Ein weiteres Zusammentreffen stand im Zusammenhang mit meiner Wahl zum Bürgermeister von Fischbachau. Norbert Kerkel, mittlerweile Landrat von Miesbach, gratulierte mir mit herzlichen Worten zur Übertragung des Bürgermeisteramtes. In der ihm eigenen offenherzigen, fürsorglichen Art schilderte er mir seine Erfahrungen, die er in der Kommunalpolitik gemacht hatte und bot mir an, bei auftretenden Fragen immer auf ihn zukommen zu können. Schließlich sagte er: *„Wir sollten 'Du' zueinander sagen, weil es sich so einfach leichter redt".* Dankbar ging ich darauf ein, zumal ich auch ein bisschen stolz war, als junger Bürgermeister zum Herrn Landrat einfach „Du" sagen zu dürfen!

In den folgenden Jahren gab es zahlreiche Begegnungen mit Norbert Kerkel, wobei er mich immer wieder durch seine lebensbejahende, warmherzige Grundeinstellung beeindruckte. Ich erfuhr mehr über seine außergewöhnliche Fähigkeit, Menschen zusammenzuführen und nahm dankbar so manchen guten Rat von ihm an. Einen für meine politische und berufliche Weiterentwicklung richtungweisenden Rat gab er mir, als ich 1993 die Entscheidung über eine mögliche Landtagskandidatur zu treffen hatte. Er nahm sich viel Zeit, um mit mir das Für und Wider der Fortsetzung meiner Bürgermeistertätigkeit oder der Ausübung einer Abgeordnetentätigkeit zu erörtern. In der gewohnt einfühlsamen und freundschaftlichen Art sagte er schließlich: *„Du bist an einer wichtigen Stelle Deines beruflichen Weges angelangt, auf dem Du einen hell glänzenden Stein siehst. Daran solltest Du nicht einfach vorbeigehen, sondern ihn aufheben, mit ihm etwas anfangen und versuchen, ihn immer wieder neu zum glänzen zu bringen."* Mit dem besonderen Stein meinte er die einmalige Gelegenheit einer Landtagskandidatur, zu der er mir schließlich geraten hat.

Diesem Rat meines Freundes Norbert folgend bewarb ich mich darum, als Abgeordneter den Stimmkreis Miesbach im Bayerischen Landtag vertreten zu dürfen. Besonders dankbar nahm ich auch seine Unterstützung im Wahlkampf an. Ich schätzte es sehr, dass er als Freier Wähler mich, den CSU-Kandidaten unterstützte. Er tat dies einerseits als persönlicher Freund, aber auch deshalb, weil er zutiefst davon überzeugt war, dass die Freien Wähler sich auf die Kommunalpolitik konzentrieren und nicht bei Landtagswahlen quasi als Partei auftreten sollten. Wenn ich meine damaligen Wahlprospekte und Werbeanzeigen anschaue, so überkommt mich beim Betrachten der gemeinsamen Fotos und Texte noch heute ein tiefes Gefühl der Dankbarkeit für seine überzeugende Unterstützung.

Meine Landtagstätigkeit, die ich insgesamt vierzehn Jahre mit Freude und Begeisterung ausübte, konnte ich nicht zuletzt dank der engen und vertrauensvollen Zusammenarbeit mit Norbert Kerkel erfolgreich gestalten. Nachdem ich parallel dazu auch weiterhin als Kreisrat aktiv war, erstreckte sich dieses Zusammenwirken auch auf die Landkreispolitik. Hier habe ich ihn bei der Bewältigung der Landkreisaufgaben stets tatkräftig unterstützt. Dies war mir deshalb wichtig, weil für mich Freundschaft nie eine Einbahnstraße war und ich ihm auch immer wieder etwas für sein Entgegenkommen zurückgeben wollte. So stand ich eng an seiner Seite, als es darum ging, sein wohl wichtigstes und zukunftsweisendstes Projekt zu realisieren: die Zusammenführung der ehemals vier Kreiskrankenhäuser zu dem neuen zentralen Haus in Agatharied.

Über die arbeitsmäßigen und dienstlichen Belange hinaus hatten wir zahlreiche Begegnungen und Erlebnisse im privaten Bereich. Mit seiner unnachahmlichen Art, Geschichten und Anekdoten humorvoll zu erzählen, machte er jede gemeinsame Stunde zu einem einzigartigen Erlebnis. Viele Berührungspunkte und Gelegenheiten zum Erzählen gab es im Bereich unseres gemeinsamen Hobbys und unserer Leidenschaft, dem Bergsteigen. Immer wieder nutzten wir unsere Begegnungen dazu, um uns über großartige Bergtouren und dort Erlebtes auszutauschen. Unter den vielen Gesprächen ist mir eines in nachhaltiger Erinnerung geblieben: Als ich von einer außergewöhnlich eindrucksvollen Bergtour, der Besteigung des wohl berühmtesten Berges der Alpen, dem Matterhorn, aus der Schweiz zurückkam, brannte Norbert förmlich darauf, von mir eine genaue Schilderung über diese große Bergfahrt zu bekommen.

Zunächst musste ich ihn vertrösten, weil ich meine zahlreichen, bei der Tour gemachten Fotos noch im Fotolabor hatte. Als ich sie endlich in Händen hielt, fuhr ich zu Norbert ins Landratsamt um „Bericht zu erstatten". Nach der gewohnt herzlichen Begrüßung veranlasste er sofort in seinem Vorzimmer, jede Störung von ihm fernzuhalten, weil er sich nun ganz meinen Erzählungen widmen wollte. Anhand der mitgebrachten Bilder musste ich ihm in allen Einzelheiten schildern, wie es denn „da oben" – der Gipfel ist immerhin 4478 Meter hoch – zugegangen ist. Vom Aufstieg von Zermatt aus über den Schwarzsee zur Hörnli-Hütte – kein Detail durfte bei der Schilderung fehlen. Wann wir in der Nacht geweckt wurden, wie der Einstieg und der Aufstieg in der Ostwand bei Dunkelheit zu bewältigen war und ob es über die Moseleyplatte hinauf zur Solvey-Biwakschachtel schwierig zu klettern sei. Wie es dann in der fast senkrechten Nordwand weiter ging und ob es oben am so genannten Dach wegen der Vereisung nicht sehr gefährlich war. Und schließlich: *„Wie ist es Dir denn oben in dünner Luft hinüber zum Gipfelkreuz ergangen?"* Voller Bewunderung hing er förmlich an meinen Lippen, um schließlich auszustoßen: *„A Hund bist scho!"*

Er freute sich mit mir über dieses außergewöhnliche Bergerlebnis und eröffnete mir schließlich, dass er auch gerne einmal das Matterhorn bestiegen hätte, was ihm leider nicht vergönnt war. Lediglich mit einem Hubschrauber der Air Zermatt hat er einmal den Gipfel überflogen. *„Ergänzt durch Deine begeisternden Schilderungen habe ich nun einen guten Eindruck über die Tour gewonnen, das ist doch auch etwas"*, stellte er zusammenfassend fest, nicht ohne mich in ehrlicher Mitfreude zu dem Erfolg zu beglückwünschen. Bevor wir auseinandergingen, gab er mir noch ein paar Tipps für weitere schöne Bergtouren, unter anderem den Bianco-Grat am Piz Bernina. Diesen Grat, auch „die Himmelsleiter" genannt, schilderte er mir so begeisternd, dass ich ihn einige Jahre danach auch erklommen habe. Von diesem wie von vielen anderen schönen Gipfeln aus habe ich oft mit Norbert telefoniert, um ihm Berggrüße zu übermitteln, worüber er sich stets sehr freute.

Es war unser beider Wunsch, dass wir noch oft über schöne Bergtouren und andere Erlebnisse reden und uns austauschen könnten. Seine schwere Erkrankung und sein leider viel zu frühes Ableben haben das jäh beendet. Während seiner mehrere Jahre andauernden Krankheit, die unterbrochen war von hoffnungsfrohen Phasen vermeintlicher Genesung, hat unsere Freundschaft eine besondere Intensivierung erfahren. In dieser Zeit hat es mich überaus beeindruckt, wie er das ihm auferlegte Schicksal mit einer einzigartigen menschlichen Größe angenommen hat. Mit seiner bewundernswerten Willenskraft, seinem nie versiegenden Lebensmut und seinem unerschütterlichen Gottvertrauen ist er für mich und für die gesamte Landkreisbevölkerung ein leuchtendes Vorbild. Nie hat er über seine schwere Erkrankung geklagt und auch in schweren Stunden zuerst an seine Mitmenschen gedacht. Als er mit mir einige Monate vor seinem Tod über seine erneute schwere Erkrankung gesprochen hat, hat er nicht vorrangig an sich gedacht, sondern in erster Linie mich bedauert, indem er sagte: *„Jetzt muss ich Dir als meinem Stellvertreter* im Landratsamt schon wieder eine zusätzliche Belastung zumuten. Ich muss Dir erneut meinen Rucksack aufladen und Dich bitten, ihn ein Stück weit zu tragen." Ich habe ihm diesen Freundschaftsdienst gerne erwiesen, weil ich inständig hoffte, durch die Entlastung von beruflichen Aufgaben und Sorgen einen Beitrag zur Überwindung seiner schrecklichen Krankheit leisten zu können. Die Hoffnung war leider vergebens!

Eine große Freude konnte ich ihm noch bereiten, als ich ihm mitteilte, dass ich mich um seine Nachfolge als Landrat bewerbe. Seine Augen glänzten, als er mir sagte: *„Ich glaube, Du hast erneut einen glänzenden Stein auf Deinem politischen Weg gefunden. Sicher wirst Du Freude daran haben, den Landkreis in eine gute Zukunft führen."* Von Konfuzius stammt der Spruch: „Leuchtende Tage! Nicht weinen, dass sie vorüber, lächeln, dass sie gewesen." Ich habe ein tief empfundenes, dankbares Lächeln in mir, ein Lächeln und ein Glücksgefühl darüber, dass ich diesem großartigen Menschen Norbert Kerkel begegnen und ihn ein Stück auf seinem Lebensweg begleiten durfte!

Dr. Otmar Huber
(Landrat Bad Tölz-Wolfratshausen)

Gemeinsam zu bewältigende Aufgaben

Über fünf Wahlperioden, also fast 30 Jahre lang durfte ich im Landkreis Bad Tölz, ab 1972 Bad Tölz-Wolfratshausen tätig sein. Unser östlicher Nachbar, der Landkreis Miesbach, mit dem wir vielerlei Gemeinsamkeiten haben (beispielsweise die Regionalplanung, die Kreishandwerkerschaft, den Skigau Oberland usw.) wurde in meinen ersten Amtsjahren von Kollegen Königsdorfer, dann von Wolfgang Gröbl geführt, der 1987 als Staatssekretär für Umweltschutz nach Bonn berufen wurde. Die spannende Wahl zum neuen Miesbacher Landrat gewann Norbert Kerkel, den ich schon vorher als Bürgermeister unserer Nachbargemeinde Waakirchen kennen gelernt hatte und der mir als Bergfreund und aktiver Bergwachtler von Anfang an sehr sympathisch war.

In vielen gemeinsam zu bewältigenden Angelegenheiten wie Verkehr, Umweltschutz, Landwirtschaft und Schulen konnten wir harmonisch und freundschaftlich und, wie ich meine, auch erfolgreich zusammenarbeiten. Es gab nie ernsthafte Meinungsverschiedenheiten. Durch sein humorvolles Wesen und seine ausgeglichene Art beeindruckte Norbert Kerkel alle, die mit ihm zu tun hatten.

Zwei Bereiche möchte ich besonders hervorheben:
Die durch die sog. „Tegernseer Erklärung" begründete Zusammenarbeit mit der unseren Landkreisen über die Kaiserwacht und das Karwendel angrenzende Bezirkshauptmannschaft Schwaz in Tirol und seine Initiative zur besseren Schienenanbindung unserer beiden Landkreise an das regionale und überörtliche Verkehrsnetz, die ja zur Gründung der heute so erfolgreichen und beliebten Oberlandbahn führte.

Es gab damals mancherlei Fragen zu klären mit unseren Tiroler Nachbarn, beispielsweise zur Touristik, bei der Abwasserproblematik, der Verkehrswegeplanung und der Hüttenbewirtschaftung. Wir fanden in dem amtierenden Bezirkshauptmann Dr. Weißgatterer – übrigens lange bevor Österreich der EU beitreten durfte – einen aufgeschlossenen und entgegenkommenden Gesprächspartner. Auf unseren Tagungen, die abwechselnd in Kreuth, Vorderriß und Achenkirch stattfanden, suchte Dr. Weißgatterer stets nach Lösungen für unsere Wünsche. Er bedauerte nur immer, dass ein österreichischer Bezirkshauptmann nicht die Kompetenzen eines gewählten bayerischen Landrats hat und in vielen Dingen nicht nur von Innsbruck, sondern auch von Wien abhängig war. Unser letztes freundschaftliches Treffen vor seiner Ruhestandsversetzung galt einem Besuch der Tratzburg bei Schwaz, das sehr feucht endete, nämlich mit einem fürchterlichen Gewitter beim Abstieg.

Die alljährigen Treffen mit den Kollegen aus der Pfalz, zu denen Norbert Kerkel zum Abschluß ihrer Kreuther Tagungen in bewährter Gastfreundschaft einlud und bei denen er auch seine Nachbarkollegen nicht vergaß, werden mir in unvergesslicher Erinnerung bleiben. Hier konnten wir Kontakte und Freundschaften weit über die Landkreisgrenzen hinaus anknüpfen und in herzlicher Atmosphäre die alte Verbundenheit zwischen Bayern und der Pfalz erneuern.

Bei der letzten dieser Begegnungen, bei denen er seine Gäste – schon von seiner Krankheit gezeichnet – in gewohnt herzlichen und launigen Worten begrüßte, sagte er: *„Wir wer'n dem Krebs scho die Wadln füri richtn!"* Immer humorvoll, unverzagt und stark bis zuletzt, das hat ihn ausgezeichnet. Mit bewundernswerter Tapferkeit hat er sein schweres Leid getragen.

Im November 2007, sechs Monate vor seinem Tod, hat er mir noch persönlich zu meinem 80. Geburtstag gratuliert und dabei ein Konzert der Holzkirchner Symphoniker in Bad Tölz besucht.

Bei einer Tour zu unserem gemeinsamen Hausberg, dem Rechelkopf, fand ich im Gipfelbuch in kindlicher Handschrift die Zeilen: *„Lieber Gott, mach, dass es bald wieder schönes Wetter gibt und unser lieber Opa wieder ganz gesund wird! Norbert Kerkel."* Das hat mich tief gerührt, aber es hat halt nicht sollen sein. So möge ihm unser Herrgott im Jenseits vergelten, was er für seine Familie und uns alle getan hat.

Konrad Niedermair
(Altbürgermeister von Rottach-Egern)

Über Grenzen hinweg

Da ich mit Norbert Kerkel von der ersten Stunde im Landratsamt bis zu seinem Ausscheiden nach über 20 Jahren immer dem Kreistag Miesbach angehörte, möchte man meinen, alleine darüber ein Buch schreiben zu können. Aber so einfach ist das nicht, einen Menschen zu beschreiben. Aber ich werde es einmal versuchen.

Seine guten Eigenschaften: Norbert Kerkel war in seinem Amt als Landrat kein Herrscher oder Diktator. Er versuchte immer die Fronten auszugleichen. Ganz gleich ob es um Parteigrenzen oder Gemeindegrenzen ging. Er versuchte für alle Gruppierungen Landrat zu sein. Vor allem konnte er durch seine einmalige Rhetorik, immer ohne große Lautstärke entwickeln zu müssen, sein Gegenüber überzeugen, ob es nun unter vier Augen oder vor großem Publikum war. Man spürte, dass er es ehrlich meinte und vor allem seine ganze Kraft dafür einsetzte.

Dadurch konnte er auch Großes verwirklichen zur Verbesserung der Infrastruktur des Landkreises Miesbach, wie z.B. die Realschule Holzkirchen, das Kreiskrankenhaus Agatharied, die Gründung des Tourismusverbandes Bayerisches Oberland, um nur ein paar wichtige Projekte zu nennen.

Er war einfach ein Landrat, der das Herz am rechten Fleck hatte. Gerne denke ich zurück an die Kreistagsausflüge, die durch seine Verbindungen immer ein Erlebnis waren. Worauf er mich oft ansprach und worüber wir oft lachten war folgende Begebenheit: Unser Walter Schäfer, ich glaube er war damals Geschäftsleiter des Landratsamtes, brachte zum Ausflug eine neue Errungenschaft mit an Bord des Reisebusses, ein tragbares Telefon. Es war von Gewicht und Größe wie ein halber Kasten Bier. Aber das war egal, denn wir waren ein moderner Landkreis. Als dann der Einsatz verlangt wurde, konnte niemand das Telefon bedienen. Als Elektromeister, vor meiner Politik, nahm ich mir das Gerät vor, das dann nach einiger Zeit endlich zum Einsatz gebracht werden konnte.

Was ich an ihm bewunderte, war die Einstellung zu seiner Krankheit. Er hat sie als eine Fügung gesehen, die er psychologisch versuchte zu verstehen und aufzuarbeiten. Ja er sprach sogar anderen Leidensgenossen Kraft zu, wie sie den Gipfel der Gesundheit wieder erreichen können.

Die Eigenschaft, die eigentlich gut war, aber nicht in seinem Amt: Er konnte oft nicht nein sagen, er war einfach zu gütig und zu gut für manche Kontra- henten. Einmal erinnere ich mich an einen Vorfall im Kreistag. Ein Mitglied forderte ihn richtig heraus. Darauf ist er einmal laut geworden, worüber sich bestimmt 57 von 60 Kreistagsmitgliedern gefreut haben. Als ich dann in der Pause zufällig in den Sitzungssaal kam, sah ich wie er sich für seine bestimmt richtigen Worte entschuldigte.

Er war ein großartiger Mensch, ein hervorragender Diplomat, aber für diese Welt zu gut.

70. Geburtstag Konrad Niedermaier

Dr. Werner Schnappauf
(Hauptgeschäftsführer Bund der Deutschen Industrie,
ehemaliger Minister für Umwelt in Bayern, ehemaliger Landrat von Kronach,
ehemaliger Abteilungsleiter im Landratsamt Miesbach)

Beispiellos gute Zusammenarbeit

Unser Kennenlernen begann kritisch-distanziert, prüfend und abwägend und mündete in eine offene, vertrauensvolle, innige und herzliche Freundschaft. Was war der Grund für das anfängliche vorsichtige Abtasten? Ich war als junger Jurist vom Bayerischen Umweltministerium in den so genannten juristischen Außendienst an das Landratsamt Miesbach versetzt worden. Der damalige Landrat Wolfgang Gröbl hatte gezielt einen neuen Leiter der Abteilung für Umweltschutz und öffentliche Sicherheit und Ordnung gesucht, der den Themen und Aufgaben auch innerlich verbunden war und zugleich Erfahrung mit der Presse- und Öffentlichkeitsarbeit mitbrachte. Als stellvertretender Landesvorsitzender und Leiter des Arbeitskreises „Umwelt und Energie" der Jungen Union Bayern sowie als stellvertretender Pressesprecher des Bayerischen Staatsministeriums für Landesentwicklung und Umweltfragen erfüllte ich gewissermaßen das Anforderungsraster von Wolfgang Gröbl. Dieser wechselte jedoch in die Bundespolitik. Mit seiner Wahl zum Bundestagsabgeordneten wurden Landratsneuwahlen im Landkreis Miesbach fällig. Die CSU nominierte den stellvertretenden Landrat Gerd Maier. Die Wahlen gewann jedoch der Freie-Wähler-Kandidat Norbert Kerkel. Auch wenn ich als juristischer Staatsbeamter selbstverständlich stets korrekt und objektiv meine Arbeit machte, wurde ich als führendes Mitglied der CSU-Nachwuchsorganisation doch stets dem Lager der CSU zugerechnet und von den anderen Parteien im Kreistag des Landkreises Miesbach kritisch-distanziert beäugt. Das war schon im Wahlkampf so. Und ich stellte mir die Frage, wie wird es dann erst in der praktischen Zusammenarbeit nach der Wahl werden?

Ich entschied mich, die Herausforderung beim Schopfe zu packen und bat bei der legendären Vorzimmerchefin Marianne Silbernagl um einen persönlichen Gesprächstermin am ersten Arbeitstag des neu gewählten Landrats Norbert Kerkel. Und in der Tat – am Nachmittag seines ersten Arbeitstages gab mir Norbert Kerkel die Gelegenheit zum persönlichen Gespräch. Es war ein sehr offenes Gespräch in einer außergewöhnlich angenehmen menschlich-sympathischen Stimmung. Von Anfang an war klar: 100% gemeinsamer Einsatz für den Landkreis Miesbach, enge Kooperation, volle Loyalität. Mir war ein Stein vom Herzen gefallen.

Damit war der Weg frei für eine in der Folgezeit beispiellos gute Zusammenarbeit. Gemeinsam haben wir viele Programme aus der Ära von Wolfgang Gröbl, z. B. im Naturschutz und in der Abfallwirtschaft, fortgeführt, ergänzt und erweitert. Aber es kam auch viel Neues hinzu durch die Tatkraft von Norbert Kerkel, etwa in der Abfallwirtschaft oder auch im Nahverkehr. Viel wichtiger noch als die Vielzahl der Einzelaktivitäten war jedoch die grundlegende Philosophie, die Norbert Kerkel vertrat. Es war ein Leitbild, das uns inhaltlich zutiefst miteinander verband: das Leitbild der nachhaltigen Entwicklung. Es war unsere gemeinsame Grundüberzeugung, dass Ökonomie, Ökologie und Soziales/Kulturelles miteinander zu vereinbaren sind. Eine dauerhaft erfolgreiche Entwicklung des Landkreises Miesbach ist nur möglich, wenn die Grundsätze der Nachhaltigkeit beachtet werden. Das gilt im Übrigen nicht nur für den Landkreis Miesbach, sondern für Wirtschaft, Politik und Gesellschaft ganz generell.

Norbert Kerkel konnte Menschen begeistern. Er sprach in Bildern. Er verwandte Gleichnisse. Regelrecht andächtig lauschten ihm seine Zuhörer. Oft waren dies junge Leute, Schülerinnen und Schüler. Es war ihm ein besonderes Anliegen, die nächste Generation mitzunehmen auf dem Weg der Gestaltung einer guten Zukunft. Er war den Menschen verbunden wie kein Zweiter. Es machte ihm Spaß, zu reden, zu überzeugen. Er war ein Freund der Menschen. Er war ein Menschenfänger. Er hatte eine große Gabe: Menschen für sich und seine Ziele zu gewinnen.

Ich habe in dieser Zeit viel von ihm gelernt. Auch ich habe sorgfältig zugehört und aufgenommen. Stets hat er den Menschen Vertrauen entgegengebracht. Sie erwiderten ihm dies durch Vertrauen ihrerseits – wie z. B. seine phänomenalen Wahlergebnisse immer wieder zeigen. Von manchen wurde sein Streben nach Konsens auch überstrapaziert. Durch seine Geduld und seinen Langmut in Verbindung mit seiner ausgesprochenen Bürgernähe dauerte es oft lang, bis doch eine Entscheidung getroffen und ein Konsens erreicht worden war. Es waren oft die vielen kleinen Entscheidungen des Alltags – von der Genehmigung einer Garage oder dem Erteilen eines Jagdscheins bis zum Entfernen einer widerrechtlich errichteten Hütte im Außenbereich. Norbert Kerkel nahm sich all der kleinen und großen Anliegen persönlich an. Er arbeitete ununterbrochen für die Menschen und ihre Heimat.

Nachdem aus dem Chef Norbert Kerkel längst auch ein Mitstreiter und Weggefährte geworden war fragte ich ihn nach den Quellen seiner Kraft und der Gabe der Überzeugungskraft. Er sagte mir, dass er die Menschen liebt. Natürlich allen voran seine wunderbare Ehefrau Käthi, die die besten Weihnachtsplatzl bäckt, die ich je genascht habe. Das gilt aber auch für die Menschen als solche. Er hat sie geliebt. Und sie liebten ihn. Miteinander zu reden, zuzuhören, zu überzeugen habe er schon in seiner früheren Tätigkeit gelernt und dies in seine neue Aufgabe mitgenommen. Er verriet mir auch die eine oder andere Quelle, das ein oder andere Büchlein, aus dem er seine Bildergeschichten entnahm.

Aus Norbert Kerkel und Werner Schnappauf waren nicht nur Weggefährten, sondern Freunde geworden. Als ich schließlich 1989 in meinem Heimatlandkreis Kronach zum Landratskandidaten der CSU nominiert worden war, bot er mir als Freier-Wähler-Landrat an, eine Wahlkampfveranstaltung in Kronach zu machen. Es kann sich jedermann lebhaft vorstellen, welche Resonanz dies bei den Freien Wählern im Landkreis Kronach hatte. Aber so war Norbert Kerkel. Das Band der menschlichen und freundschaftlichen Verbundenheit war ihm wichtiger als irgendeine parteipolitische Rücksichtnahme. Ich wurde schließlich zum Landrat gewählt, als jüngster in Bayern. Und es gibt vielleicht kein schöneres Indiz für unsere innige freundschaftliche Verbundenheit als seinen Überraschungsbesuch zu meinem 40. Geburtstag. Wir haben uns oft gesehen, im Amt wie zu Hause. Auch als ich Minister wurde, haben wir viel miteinander gesprochen und telefoniert.

Norbert Kerkel hat Spuren hinterlassen, in seinem Landkreis Miesbach. In der Politik. Aber auch und vor allem in den Herzen der Menschen. Er war und wird immer bleiben ein wahrer Freund mit einem großen Herzen.

Manfred Nagler
(Altlandrat Landkreis Bad Tölz-Wolfratshausen)

Vui z'guat

Zwölf Jahre waren wir sehr gute Nachbarn als Landräte, der Norbert Kerkel und ich. Die prächtige Landschaft des Oberlandes zwischen Wendelstein, Karwendel und Starnberger See, in der wir agieren durften, verband uns und prägte uns mit ihren vielfältigen und reichen Traditionen im Glauben, im wirtschaftlichen, bäuerlichen und schulischen Leben, bei den Trachtlern und Schützen, im Sport und vielen sozialen Bereichen. Es war für mich immer ein besonderes Erlebnis, mich mit meinem liebenswerten Nachbarn auszutauschen. In dieses äußerst unkomplizierte Bündnis bezogen wir auch den Tiroler Bezirkshauptmann Dr. Karl Mark mit ein, der in jeder Hinsicht gut zu uns passte.

Leider verband mich mit Norbert neben allen politischen und kulturellen Aufgaben, die zu bewältigen waren, auch die gleiche heimtückische Krankheit, die uns letzten Endes diesen wertvollen Menschen allzu früh entriss. Dabei freuten wir uns beide so sehr auf den Ruhestand, wo wir uns bei ihm in Schaftlach oder bei mir in Thamming treffen wollten, um in Ruhe und nicht bei Weißwürsten und Leberkäs auf die Schnelle miteinander „ratschen" wollten.

Ich kenne keinen Kollegen, der diesen herzensguten Menschen nicht in guter Erinnerung hätte. A propos gut! Anläßlich einer Landrätetagung weilten wir in den 90er Jahren im Fränkischen. Da noch etwas Zeit war, machten wir auf dem Weg zum Tagungslokal auf einer Parkbank halt und philosophierten über Gott und die Welt. Norbert wirkte ganz entgegen seines sonst so fröhlichen Sinnes etwas bedrückt und sorgenvoll. Als ich ihn nach der Ursache fragte, meinte er, dass er gerade Probleme und Ärger hätte, wie sie ein Landrat halt so hat. Da gab ich ihm den Rat, doch mit der Faust auf den Tisch zu hauen. „Mei", gab er mir zur Antwort, „da bin i vui z'guat, dös kon i net." Und das sagte er so treuherzig, dass ich es ihm glaubte. Dabei meine ich, dass das, was er vielleicht als Schwäche sah, seine große Stärke war.

Dr. Edmund Stoiber
(langjähriger bayerischer Ministerpräsident)

Der Prototyp eines bayrischen Landrats

Norbert Kerkel war ein herausragender Landrat für seine Heimat Miesbach, vor allem aber war Norbert Kerkel eine außergewöhnliche Persönlichkeit, ein großartiger Mensch. Für mich ist Norbert Kerkel von einem politischen Konkurrenten bei der Landratswahl 1987 erst zu einem Freund in der Politik und dann zu einem wirklichen persönlichen Freund geworden. Unzählige Male haben wir, oft ganz kurzfristig, in aktuellen politischen Fragen miteinander gesprochen. Genauso werde ich mich aber immer daran erinnern, wie wir oft stundenlang beieinander saßen und ganz grundsätzlich über politische und gesellschaftliche Fragen diskutiert haben. Dabei hat mich Norbert Kerkel immer wieder sensibilisiert in Fragen, die auch weit über den Landkreis Miesbach hinausreichten. Gerade weil Norbert Kerkel nicht in der CSU war, war mir sein Rat eine wertvolle Hilfe, um zu spüren, wie Entscheidungen draußen bei den Bürgern empfunden werden.

Norbert Kerkel war mit Leib und Seele ein Freier Wähler, aber er hat auch alles getan, damit die Freien Wähler ihre Identität als kommunaler Zusammenschluss nicht verlieren. Aus dieser Erkenntnis heraus, war er ein durchaus kritischer, aber immer auch verlässlicher und treuer Partner der CSU und seines Freundes, des Bayerischen Ministerpräsidenten. Besonders deutlich wurde das bei einem großen Projekt, das zum herausragenden Lebenswerk von Norbert Kerkel gehört und immer mit ihm verbunden sein wird. Ihm auf kommunaler Ebene und mir als – eigentlich gar nicht zuständigem – Innenminister im Kabinett ist es gelungen, die wuchtige Investition Krankenhaus Agatharied auf den Weg zu bringen und durchzusetzen. Ohne unsere enge persönliche Verbindung, ohne die Verlässlichkeit und Nachhaltigkeit von Norbert Kerkel wäre dieses zentrale Projekt im Landkreis Miesbach niemals Wirklichkeit geworden.

Norbert Kerkel war der Prototyp eines bayerischen Landrats. Volksnah, Herz und Ohr immer bei den Bürgern. Er hat dem Volk aufs Maul geschaut, aber ihm nicht nach dem Munde geredet. Er war der Tradition verbunden, von der Trachtenbewegung über die Gebirgsschützen bis hin zur Musik aus der Heimat. Aber genauso war er aufgeschlossen gegenüber der Modernität und den Entwicklungen unserer Zeit. Norbert Kerkel hat – wie kaum ein anderer – dem bayerischen Erfolgsrezept „Laptop und Lederhose" ein Gesicht gegeben.

Zwei Tage, bevor er die schlimme Diagnose bekommen hat, waren wir zusammen. Er hat mich dann angerufen, und ich werde nie vergessen, wie hoffnungsfroh er war, dass alles gut geht. Er hat hart gekämpft und war ein Vorbild dafür, nicht der Resignation zu verfallen. Gerade auch in diesen letzten Jahren hat er seinen Mann gestanden für den Landkreis Miesbach. Schließlich hat er das Schicksal in christlicher Demut angenommen. Ich verneige mich in Respekt und großer Anteilnahme vor meinem Freund Norbert Kerkel.

Heiligabend 1997: ehemaliger Landeshauptmann Andreas Stadler, Landrat Norbert Kerkel, Regierungspräsident Werner-Hans Böhm, Landtagsabgeordneter Jakob Kreidl, Ministerpräsident Dr. Edmund Stoiber, Waakirchens Bürgermeister Peter Finger und Landeshauptmann Karl Steininger beim Gedenken an die Sendlinger Mordweihnacht von 1705

Werner-Hans Böhm
(Regierungspräsident von Oberbayern a. D.)

Schöne Grüße an den Hund – und an die Frau!

In Oberbayern ist – fast – alles ein wenig anders und etwas größer. So hat es der Regierungspräsident hier mit 20 Regionalfürsten zu tun. Landräte genannt, und nicht mit acht oder neun wie in anderen Regierungsbezirken. Mit dieser geballten Macht der in Alpennähe besonders selbstbewußten, halb staatlichen und halb kommunalen Wahlbeamten umzugehen und auszukommen ist eine ebenso notwendige wie anspruchsvolle Aufgabe.

Noch heikler wird es, wenn es um die Interessen des einzelnen Landkreises geht, da kennt der Landrat, sein vom Volk gewählter Repräsentant, verständlicherweise keinen Spaß, sondern nur dringende Wünsche und zu schützende Positionen. Doch gemach; wir sind in Oberbayern, bei – meist – zielbewußten und prinzipienfesten Menschen, die aber nach dem Motto handeln: leben und leben lassen.

Und so kam ich trotz nicht immer identischer (dienstlicher) Interessen mit dem zuständigen Landrat in der Regel gut aus, besonders aber wenn dieser Norbert Kerkel hieß. Jeder, der ihn kannte – und wer tat dies nicht? – konnte und wollte sich seinem altbayerischen Charme nicht entziehen, seiner zutiefst menschlichen Art, miteinander und mit den anstehenden Sachfragen und Problemen umzugehen. Wer konnte ihm gram sein oder etwas übel nehmen? Und so baute er ohne erkennbare Mühe und sichtbare Absicht ein auf seine Person bezogenes Netzwerk quer durch alle Bevölkerungsgruppen, politische und gesellschaftliche Organisationen, kirchliche und staatliche Instanzen auf. Unsere nähere Bekanntschaft und freundschaftliche Beziehung begann damit, dass ich eine Prüfung zu bestehen hatte. Noch recht neu im Amt fiel mir die Aufgabe zu, bei einer Tagung des Bremer Tabak-Collegiums, einer feinen hanseatischen Herrengesellschaft, im Tegernseer Schloß die Rolle des „Hausherrn" mit einer Begrüßungsrede zu übernehmen. Wie Norbert später meiner Frau gestand, war er gespannt, ob der „Neue" den Landkreis und ganz Oberbayern blamieren würde. Das Testergebnis war offenbar nicht ganz negativ, jedenfalls hat er in der Folgezeit meine Nähe nicht gescheut. So trafen wir uns ziemlich häufig, sei es beim Gang durch das Rotwandgebiet (u. a. wegen des umstrittenen Ausbaus von Almwegen), beim Jubiläum von Schulen, am Irschenberg (wegen des Projekts eines Fast-Food-Restaurants und der Situation in Wilparting), in Kaltenbrunn (wegen des Hotelvorhabens), in Agatharied (vor dem Bau und während der Errichtung der Klinik) oder in Waakirchen (am alten Bergwerk und beim jährlichen Gedächtnisgottesdienst der Gebirgsschützen am Heiligen Abend).

Immer fiel mir angenehm auf, wie natürlich und ohne Amtsgehabe Norbert Kerkel auftrat und trotz langjähriger Erfahrung und seiner Beliebtheit beim Publikum selbst kleinere Reden und Grußworte ernst nahm und mit etwas Lampenfieber bestritt – wie er jedenfalls selbst behauptete. Seine vorbildliche Gastfreundschaft und sein ausgeprägtes Talent, Brücken zu bauen, praktiziert etwa beim alljährlichen Entenessen mit Kollegen aus Rheinland-Pfalz und dem Saarland, wurde ergänzt und gekrönt durch seinen Humor und seine Fähigkeit, auch über sich selbst zu lachen.

So nahm er es mir nicht übel, dass ich immer wieder „lobend" erwähnte, dass bei einer Brandschutzübung das Müllverwertungszentrum des Landkreises tatsächlich in Brand geriet; und er – wie seine von mir sehr geschätzte Ehefrau Käthi – nahm es gelassen hin, dass ich – in Anspielung auf seine ihm so wichtige Tätigkeit als Lawinenretter – in der Regel und in dieser Reihenfolge „schöne Grüße an den (Rettungs-)Hund und an die Frau" bestellte.

Ein Mann von Format, Menschlichkeit und Humor, zu echter Freundschaft fähig, der auch seine Krankheit vorbildlich ertrug: es ist ein großer Verlust, dass wir auf Norbert Kerkel so früh verzichten mußten, der seine vielen Wähler und die von ihm „Regierten" gegen etwaige Politikverdrossenheit immunisierte.

Der Norbert-Kerkel-Stiftung wünsche ich einen guten Start und viel Erfolg.

Herbert Fischhaber
(Bürgermeister Bad Wiessee von 1984 bis 2008)

Amtshilfeersuchen

Ein humorvoller Briefwechsel zum vermeintlichen Diebstahl einer Amtskette.

BÜRGERMEISTER DER GEMEINDE BAD-WIESSEE

Herrn Landrat   12.04.1988
Norbert Kerkel
Landratsamt Miesbach
Postfach 3 03
8160 Miesbach

Amtshilfeersuchen des Bad Wiesseer Bürgermeisters an den Herrn Landrat
in Sachen Diebstahl der Amtskette des 1. Bürgermeisters während eines
Festaktes

Sehr geehrter Herr Landrat,

wie Sie bereits wissen, bemühe ich mich seit einiger Zeit, den mysteriösen
Diebstahl meiner Amtskette aufzuklären. Der Vorfall ereignete sich während
der Verabschiedungsfeier des Herren Direktor Nijland in der Wandelhalle der
Jod-Schwefel GmbH in Bad Wiessee. Um die Sache nun endlich klären zu
können, bedarf es auch Ihrer Hilfe.

Durch intensive Nachforschungen in seriösen Kreisen der Bevölkerung und
durch einigermaßen glaubwürdige und ehrenwörtliche Bezeugungen der mit
am Tisch anwesenden Bürgermeisterkollegen des Tegernseer Tals zu diesem schrecklichen Vorfall der Entwendung meiner Amtskette, scheint sich
der Täterkreis immer mehr einzuengen. Da es sich bei dem mutmaßlichen
Täter sicher um einen eigenwilligen, sich auch in der Kleidung extravagant
gebenden Dieb handeln muß, dürfte der Hinweis eines mir wohlgesonnenen
Wiesseer Bürgers erfolgversprechend sein.

Davon ausgehend, dass die Informationen des hochverehrten Herrn Landrat sowie seine Gabe, sich in eine komplizierte Materie hineindenken zu können, hervorragend sind, erwarte ich mir dahingehend Hilfe, dass durch das Vorhandensein eines kleinen Mosaiksteins, in Form eines Bildes, die tragenden Säulen des mutmaßlichen Täters darstellend, das gesamte Mosaik zusammengebaut werden kann und damit der Täter entlarvt und somit seiner gerechten Bestrafung zugeführt werden kann. Form und Aufbau der Füße und des unteren Bein(Haxen-)bereiches sowie die besondere Art, sich das Schuhwerk ohne die, die Umwelt vor besonderen Immissionen sowie sonstigen Belastungen schützenden Strümpfe anzuziehen, weisen eindeutig darauf hin, daß es sich um einen verschlagenen Charakter handeln muß. Speziell zu beachten ist auch die besondere Stellung der Füße, wobei durch das dominierende Voranstellen des rechten Fußes die Bereitschaft zur Tat und auch damit die innere Einstellung des mutmaßlichen Täters eindeutig zum Ausdruck gebracht wird. Aus all diesen, eindeutig belastenden Kriterien komme ich zu der Ansicht, dass ich bei der Aufklärung des Verbrechens auf dem richtigen Weg bin, auch wenn ich erst einen kleinen Mosaikstein des Beweises besitze.

Sehr geehrter Herr Landrat, mir wäre sehr geholfen, sollte es aufgrund Ihres unglaublich großen Erinnerungsvermögens sowie Ihrer Kombinationsgabe möglich sein, herauszufinden, ob

a) auf dem Foto abgebildeter Fuß-Beinbereich zu einem Ihrer Landkreis-bürger passt.

b) ob möglicherweise, falls es sich um einen Trieb- bzw. Wiederholungstäter handeln sollte, dieser eventuell im Landratsamt amtsbekannt ist.

Ihrer freundlichen Antwort sehe ich sehr gerne entgegen.

Auf jeden Fall werde ich Sie über weitere Hinweise zur Aufklärung umgehend informieren.

Mit freundlichen Grüßen

Herbert Fischhaber
Erster Bürgermeister

Anlage
1 Bild des Beweises

Der Bein(Haxen-)bereich des Verdächtigen

BÜRGERMEISTER DER GEMEINDE BAD-WIESSEE

Herrn Landrat   13.04.1988
Norbert Kerkel
Landratsamt Miesbach
Postfach 3 03
8160 Miesbach

Amtshilfeersuchen Nr. 2 des Bad Wiesseer Bürgermeisters an den Herrn Landrat
in Sachen Diebstahl der Amtskette des 1. Bürgermeisters während eines Festaktes

Sehr geehrter Herr Landrat,

auf mein erstes Amtshilfeersuchen vom 12.04.88 zurückkommend, darf ich Ihnen
erfreulicherweise mitteilen, dass es mir gelungen ist, einen weiteren Hinweis be-
züglich des mutmaßlichen Täters dieses schrecklichen Vorganges zu erhalten.

Dieser zweite Hinweis ist ein weiterer Mosaikstein zum Erfolg, da er die Aussagen des ersten Bildes nur bestätigt. Möglicherweise ist der „Fingerzeig" einer unbekannten Person am rechten Rand des Bildes, unbewusst bereits ein Hinweis
auf den Verüber dieser schändlichen Tat. Scheinbar trägt der mutmaßliche Täter
des öfteren bayerische Tracht bzw. nutzt Brauchtum oder festliche Anlässe, wie
etwa an dem Tag des Vorfalls in Bad Wiessee, für seine gemeinen Taten. Auf jeden Fall dürfte es sich um einen gewichtigen bis schwergewichtigen Täter größerer, aber nicht unbedingt vorteilhafter Statur handeln, der außerdem seine Joppe
meist sehr offen trägt, bestimmt nicht immer vorteilhaft für sein Äußeres.
Noch ist es mir nicht möglich, mir ein klares Bild vom Rest des Körpers dieses
unrühmlichen Täters zu machen, aber ich hoffe auf weitere Hinweise aus der Bevölkerung, besonders aber auf die volle Unterstützung Ihrer Person und Ihres
Amtes bei der weiteren Suche. Sollte es Ihnen möglich sein, schon jetzt einen gewissen Hinweis zu geben, wäre ich Ihnen sehr dankbar.

Auf jeden Fall werde ich Sie über weitere Hinweise zur Aufklärung sofort informieren.

Mit freundlichen Grüßen

Herbert Fischhaber
Erster Bürgermeister

Anlage
1 Bild des Beweises

*Ein „Fingerzeig" auf den gewichtigen
Oberkörper des mutmaßlichen Täters*

DER LANDRAT DES LANDKREISES MIESBACH

Herrn Bürgermeister   15.04.1988
Herbert Fischhaber
Rathaus
8182 Bad Wiessee

Hochverehrter Herr Bürgermeister,

aus Ihren Schreiben vom 12. und 13. April 1988 entnehme ich mit überaus großer
Bestürzung, dass es nun doch zu dem ruchlosen Diebstahl Ihrer Amtskette gekommen ist, nachdem ein solcher ja schon einmal durch ein tatkräftiges weit vo-
rausblickendes Handeln einer Amtsperson verhindert werden konnte.

Selbstverständlich bin ich sehr gerne bereit, Ihrem Amtshilfeersuchen nachzukommen. Bis jedoch unser Geheimdienst (Secret Service of Distrikt) seine Nachforschungen abgeschlossen hat, und ich Sie selbstverständlich unverzüglich vom
Ergebnis unterrichten werde, nur eine kleine Vorbemerkung vorweg:

Ich bin überzeugt, daß Sie sich auf dem Holzweg befinden. Die eleganten Beine
auf dem Foto 1 deuten auf einen Balletttänzer hin. Die schlanken Fesseln, die
strammen Wadenmuskeln, die durch eine besondere Bandage im Zaum gehalten
werden müssen, sowie der zierliche Knieansatz beweisen bereits, daß eine solche Person niemals in der Lage wäre, eine so schwere Amtskette zu schleppen.

Kurz eingehend auf Foto 2: Dies deutet durch das dominierende Kreuz im Hosen-
träger auf einen Verehrer der benediktinischen Kultur hin, der sich sicher auch
deren Grundsätze „ora et labora" zu eigen gemacht hat. Schon darum scheidet er
als Täter aus. Außerdem, wie Sie richtig bemerkten, zeigt der Finger auf ein Erin-
nerungsband der Gemeinde Bad Wiessee hin, das er sogar öffentlich trägt. Somit
ist bewiesen, daß es sich um einen großen Verehrer und Freund dieses weltbe-
deutenden Kurbades handelt. Wie könnte ein solcher Mann jemals die Amtskette
des Bürgermeisters stehlen?
Wie gesagt, werter Herr Bürgermeister, soviel als vorgezogene Meinung.

Mit freundlichen Grüßen
Ihr ergebenster

Norbert Kerkel
Landrat

BÜRGERMEISTER DER GEMEINDE BAD-WIESSEE

Herrn Landrat   14.04.1988
Norbert Kerkel
Landratsamt Miesbach
Postfach 3 03
8160 Miesbach

Amtshilfeersuchen Nr. 3 des Bad Wiesseer Bürgermeisters
an den Herrn Landrat in Sachen Diebstahl der Amtskette
des 1. Bürgermeisters während eines Festaktes

Sehr geehrter Herr Landrat,

hocherfreut darf ich Ihnen mitteilen, daß ich überzeugt bin, den Täter
bald zu entlarven, da es mir gelungen ist, einen weiteren gewichtigen
Beweis zu finden. Aus konspirativen Bürgermeister-Kreisen des
Tegernseer Tales ist mir ein weiteres Dokument zugespielt worden, das
die Vermutung des ersten Mosaiksteins eindeutig bestätigt. Nicht nur,
daß sich die sicher nicht sehr vorteilhaft und auch zu kurz geratenen
Oberbeine den barocken Formen der unteren Stützapparate exakt gleichen, sondern vor allem, meine Vermutung hat sich bestätigt, daß die
schwere, aus Silbermetall bestehende Amtskette, außer von mir, einem
sehr kräftigen, muskulösen und sportlichen Typ, nur von einem sehr
gewichtigen, stabilen, plump gebauten und eher g'wamperten Täter
getragen werden und damit auch gestohlen werden kann. Dieses dritte
Teilbild des mutmaßlichen Täters weist eindeutig darauf hin. Aus der
Zusammenfügung von Bild 1 und Bild 3 ist zu vermuten, daß sich der
mutmaßliche Täter scheinbar tatsächlich als Tarnung unter die Trachtler
mischt, wobei mir bei näherem Betrachten der Knie und der Haxen kein
Trachtenverein des Tegernseer Tals oder südlichen Landkreises einfällt,
in dessen Reihen eine so eigenartige Konstruktion der Körpertrageele-
mente im Trachtengewand zugelassen wäre. Vermutungen von besonderen Kennern der Trachtenszene schließen eher auf den Bereich des

westlichen bis nordwestlichen Landkreisteiles. Noch kann ich diese Vermutung allerdings nicht beweisen. Bei dem zügigen Fortgang meiner Ermittlungen bin ich mir des baldigen Erfolges aber sicher.

Selbstverständlich werde ich Sie weiterhin über diesen Fall informieren.

Mit freundlichen Grüßen
Herbert Fischhaber
Erster Bürgermeister

Anlage
1 Bild des Beweises

Der entscheidende Mosaikstein

Christian Otto
(Landrat a. D. Landkreis Zwickau)

Der Flachland-Sachse muß auf den Berg

Es war im Herbst des Jahres 1990. Seit Mai war ich erster demokratisch gewählter Landrat des Landkreises Zwickau im Freistaat Sachsen. Auf Einladung
des Bayrischen Ministerpräsidenten besuchten wir das Oktoberfest in München.
Im Anschluß an diesen Event durften wir uns einen bayrischen Landkreis aus-
suchen, in dem wir für zwei Tage die Landkreisverwaltung kennen lernen
konnten. Welchen Landkreis wählt man nun aus? Im Vorfeld meiner Reise
kam mir eine farbige Postkarte in die Hand – „Das Tegernseer Tal im Landkreis Miesbach". Meine Gedanken dazu waren, das ist eine gottbegnadete
Landschaft, bestimmt gibt es dort nette und heimatverbundene Menschen.

Also stand mein Entschluß fest – zwei Tage Miesbach sollen es sein! Eine
Entscheidung mit Folgen!

Ich traf zum ersten Mal NORBERT KERKEL. Mein erster Eindruck war, das
ist ein echter Oberbayer; kräftig, groß, urig, anpackend – meine Sympathie
wurde sofort bestätigt. Schon bei den folgenden ersten Gesprächen merkte
ich, hier sitzt ein Mensch dir gegenüber, der zuhören kann, viel wissen will
vom „Osten", unserem bisherigen Leben, der friedlichen Revolution im
Herbst 1989 etc...

Wir verstanden uns auf
Anhieb sehr gut und unser
beider Augen leuchteten, als
wir beschlossen, dass unsere
beiden Landkreise eine Partnerschaft eingehen sollten,
die dann vor über 18 Jahren
entstand – nicht verbrieft war,
aber getragen wurde von
Menschen, wie Norbert Kerkel und allen Einwohnern im
Landkreis Miesbach. Wir
nannten sie etwas roman-
tisch die „Partnerschaft der
Herzen".

Ja, was haben wir beide
nicht alles in den vielen Jahren auf den Weg gebracht!

Norbert mit dem Zwickauer Landrat Christian Otto
beim Besuch einer Ausstellung

Die Vereine wurden zusammengeführt – von der Chorgemeinschaft Miesbach bis zum Schützenverein, die Zusammenarbeit des Gymnasiums Tegernsee mit dem Christoph-Graupner-Gymnasium Kirchberg und vieles mehr...

Der touristische Austausch ist angeregt worden und so waren und sind seither in der Sommer- und Winterferienzeit viele Autos mit dem Kennzeichen „Z" für Zwickau im Miesbacher Land unterwegs. Leider noch nicht ganz so viele mit „MB" im Zwickauer Land – aber auch das werden wir noch erreichen, vielleicht trägt dieses Buch ebenfalls dazu bei, im Gedenken an Landrat Norbert Kerkel, seine Freunde im Landkreis Zwickau zu besuchen!?

Unsere beiden Kreistage waren ebenso oft gegenseitig zu Gast und Norbert war immer ein hervorragender Gastgeber!

Manch Lustiges haben wir auch erlebt – so sagte Norbert zur Eröffnung des neuen Krankenhauses Agatharied, dessen Bau sich etwas verzögert hatte: *„Endlich haben wir es geschafft – es wurde auch Zeit, sonst hätte Christian in seinem Landkreis auch noch ein drittes neues Krankenhaus in dieser Zeit gebaut."* Es war eben damals im „Osten" alles weniger bürokratisch in der Abwicklung.

Norbert war nicht nur ein sehr guter Lawinenhundeführer bei der Bergwacht, sondern auch ein toller Bergsteiger und Bergführer. So wurde die Idee geboren, der Christian, der „Flachland-Sachse" muß mit auf einen Berg! Er wählte sehr anspruchsvoll für mich die Alpspitze aus. Ein nicht sehr leichter Weg zum Gipfel. Ich habe ihn bewundert, wie souverän er mich geführt hat und ich bin noch heute glücklich, dass ich es zusammen mit Norbert geschafft habe.

Vieles wäre noch zu schreiben über Norbert und seine Familie und auch unsere familiäre Bindung – aus dieser privaten herzlichen Beziehung noch eine lustige Begebenheit, die man wohl nie vergißt. Im Jahr 2000 besuchten die Familien zusammen die Christus-Festspiele in Oberammergau sowie das Musical „Ludwig der Zweite". Die Übernachtung war im Landhotel „Sommer" in Füssen vorgesehen. Als wir im Hotel anreisten, waren leider keine zwei Hotelzimmer mehr frei, sondern nur eines. Kurzer Entschluß, dann nehmen wir das eine Zimmer mit Aufbettung zu viert – näher können sich zwei Landräte wohl auch privat kaum kommen.

Was bleibt für mich abschließend über Norbert zu schreiben:
Er war ein herzensguter Mensch, der mit seiner oberbayrischen Heimat wie kein anderer verbunden war und viel zu früh von uns gegangen ist. Wir Alte vermissen ihn sehr. Die Erinnerung an diesen lebensfrohen und gläubigen Menschen, Norbert Kerkel, wird nicht nur von mir und meiner Familie, sondern auch von vielen Menschen in meiner Region Zwickau bewahrt!

Wolfgang Rzehak
(Kreistagsmitglied der Grünen)

Greenhorn und Lausbub

Was soll man über einen Menschen wie Norbert Kerkel schreiben?
Dass er bescheiden war, freundlich, immer optimistisch, ein großes Herz für
die Menschen hatte und einen unglaublichen Humor.

In Nachrufen über Verstorbene klingt so was immer ein bisschen pflicht-
schuldig und platt. Aber bei Norbert traf es ja wirklich zu. Als ich ihn 1996
näher kennen lernte, als frischgebackener Kreisrat mit gerade 28 Jahren „ein
Bubi" unter all den langgedienten Kommunalpolitikern, war ich von Anfang
an fasziniert wie unkompliziert und „normal" dieser Mann war. Immerhin
war er der Landrat, aber kein Fünkchen Überheblichkeit oder Arroganz mir,
dem „Greenhorn" gegenüber. Im Gegenteil: Norbert gab mir, und ich glaube
das können alle anderen damaligen Neueinsteiger in den Kreistag bestätigen,
von der ersten Sitzung an das Gefühl, dazuzugehören.

1996 war noch eine Zeit in der die Grünen im Landkreis von so manchen
Konservativen etwas kritisch beäugt wurden. Dazu kam, dass die vorherige
Kreistags-Fraktion der Grünen vor allem durch eine radikale Feministin und
einen manchmal etwas über das Ziel hinausschießenden Naturschützer geprägt war. Wenn im Kreistag über etwas debattiert wurde, schafften die bei-
den es innerhalb von ca. drei Minuten alle, aber auch wirklich alle anderen
Kreisräte gegen sich aufzubringen. Selbst wer vorher noch einem grünen Antrag zustimmen wollte, änderte dann seine Meinung. Aber zuvor wurden die
Kreisräte noch als männliche Chauvis, die seit mindestens 2000 Jahren die
Frauen unterdrücken und dabei die armen Gänseblümchen umbringen, beschimpft. Das war dann manchmal sogar dem Landrat zu viel, der sonst die
Beiträge seiner Kreistagskollegen immer mit einer stoischen Ruhe und einem
seligen Lächeln ertrug, selbst dann, wenn jeder andere Anwesende schon kurz
vor dem Explodieren war.

Das war die Ausgangslage für mich und die komplette neue Grünen-Fraktion.
Für uns einfach ideal! Denn egal was kommen würde, mit einem waren sich
unsere Kolleginnen und Kollegen im Kreistag einig. Mit der neuen Fraktion
konnte es nur besser werden. Norbert war anscheinend auch glücklich, dass
er nun uns hatte. Jedenfalls wurden wir von ihm so herzlich und freundlich
aufgenommen, als ob wir schon immer in seiner „Landkreisfamilie" gewesen
wären. Landkreisfamilie war ein Wort, das er gerne benutzte. Bei jedem an-

deren klingt das etwas hohl und wie eine Phrase. Aber dieser Mann meinte es ja auch wirklich so und das nahm man ihm auch ab. Denn er hatte einfach ein Gefühl für die Menschen im Landkreis und man merkte, dass er sie auch gerne hatte. Wenn er bei einem Kreistagsausflug seine Geschichten und Anekdoten erzählte, ging es oft auch um Menschen aus dem Landkreis. Auch wenn er die Geschichten mit seiner unnachahmlichen Art so erzählte, dass der Rest am Tisch sich vor Lachen den Bauch hielt und aufpassen musste, den gerade zu sich genommenen Schluck Wein dem Banknachbarn nicht auf das Hemd zu prusten, machte er sich über andere nie verletzend lustig. Er verstand es vielmehr die liebenswerten Eigenarten und Macken, die jeder Einzelne von uns so hat, auf unterhaltsame und amüsante Weise auf den Punkt zu bringen. Dazu war er selbstironisch und konnte auch über sich selbst und seine Fehler lachen, eine Eigenschaft, die leider nur wenige Politiker haben.

Als ich 2002 gegen ihn als Landrat kandidierte, war von Anfang an klar, dass das kein harter Wahlkampf zwischen zwei erbitterten Gegnern wird. Dazu kannten wir uns schon zu gut und schätzten uns gegenseitig. Das ging schon so weit, dass Norbert bei jeder Gelegenheit mich öffentlich lobte und somit einer meiner besten Wahlkampfhelfer wurde. Gerne erzählte er mir, dass er meinen damaligen Wahlkampfslogan so lustig fand, dass er gleich jeden auf mein Plakat aufmerksam machte. „Wolfgang Rzehak: Schwer zu schreiben – leicht zu wählen!", hatte es ihm angetan. Wir konnten uns dann beide freuen: Er erreichte wieder ein Wahnsinnsergebnis von 81 % und ich mit 19 % einen schönen Achtungserfolg. Ohne seine Wahlkampfhilfe hätte ich bestimmt ein paar Prozentpunkte weniger bekommen.

Als er dann krank wurde, und er sich wegen seiner Behandlung im Amt immer wieder vertreten lassen musste, war für mich sehr beeindruckend mit welcher Offenheit er über die Krankheit redete, aber vor allem auch mit welchem Gottvertrauen und Optimismus er gegen diese ankämpfte. Norbert war ein sehr religiöser Mensch. Aber was mir gefiel, er war nie intolerant Menschen gegenüber, die etwas anderes glaubten. Er hatte diese Festigkeit im Glauben ohne deswegen andere missionieren zu wollen. Und diese Festigkeit im Glauben spürte man gerade bei seinen letzten öffentlichen Auftritten. Keine Verbitterung oder Hadern mit seinem Schicksal war zu merken. Er strahlte, obwohl körperlich nun von der Krankheit schon sehr gezeichnet, immer noch etwas Lausbübisches aus, das ihn selbst als Landrat immer umgab.

Und so möchte ich ihn auch in Erinnerung behalten: Als „großen Lausbub", aber auch als ein Landrat, der bescheiden, freundlich und immer optimistisch war, mit großem Herz und einem unglaublichen Humor.

Jakob Strobl (Altlandrat von Traunstein)

Servus Norbert

„Grüaß di Jake" und „Servus Norbert" waren unsere Begrüßungsformeln, wenn wir uns bei vielen Gelegenheiten äußerst freundschaftlich trafen. Manchmal wird es uns mehr, manchmal weniger bewusst: Auf unserem Lebensweg halten wir Ausschau nach Menschen, an denen wir uns orientieren und mit denen wir gerne zusammen sind. Ich habe mich von Norbert Kerkel, dem Landratskollegen aus dem Landkreis Miesbach, in besonderer Weise angesprochen gefühlt; ja, wir waren – unsere Ehefrauen mit eingebunden – immer freundschaftlich verbunden. Wir mochten uns einfach.

Schon während unserer Bürgermeistertätigkeit liefen wir uns bei Tourismus-Veranstaltungen über den Weg und als Landräte durften wir oft bei den Tagungen auf Oberbayern-Ebene, den Tagungen des Bayerischen Landkreistages oder des Sparkassenverbandes meist einvernehmlich unsere Meinung darlegen. Der immer wieder praktizierte Erfahrungsaustausch per Telefon schlug sich in positiven Entscheidungen für unsere Bürgerinnen und Bürger nieder. Von den herausragenden Qualitäten Norbert Kerkels konnten ich und zahlreiche Kollegen sehr häufig profitieren. Ich kann mich noch erinnern, dass ich ihn anlässlich einer Diskussion in einem sehr kleinen Kreis den „Visionär mit Bodenhaftung" nannte. Sein Ideenreichtum war unerschöpflich, die Heimatverbundenheit großartig. Der Mensch stand für ihn immer im Mittelpunkt. Wenn es um einen Bergwachteinsatz oder auch um Lesungen bei Advent- oder Vereinsfeiern ging, musste so manches Treffen ganz oder teilweise ohne ihn ablaufen. Dafür verwöhnte er seine Kollegen bei verschiedenen Veranstaltungen. Ich denke dabei an das Treffen der oberbayerischen Landräte am 23. Mai 2000 auf dem Wallberg, während seine Käthe unsere Frauen betreute. Im Mai 1997 beschwerte sich allerdings Norbert schriftlich in der gewohnt humorvollen Art bei mir, weil der Waakirchner Pfarrer Klaus Wernberger künftig in Unterwössen, also in meinem Landkreis, seine Zelte aufschlagen würde. Seine abschließende Bemerkung lautete: „Falls ihr den Pfarrer Wernberger nicht gut behandelt, hole ich ihn mit den Gebirgsschützen wieder zurück!!" So war er! Aus seiner „Kriegserklärung" wurde dann aber nichts, weil ich das „Wildern in seiner Heimatgemeinde" bedauerte und der neue Pfarrer von uns bestens gepflegt wurde.

Gerne blicke ich zurück auf unsere persönliche Zusammenarbeit und Freundschaft, die sich auch auf unsere Frauen erstreckte. Ich sage herzlichen Dank für das vorbildliche Miteinander und die jederzeit gelebte und erlebte kollegiale Freundschaft. Meine Frau und ich reden oft davon: Norbert, Du fehlst uns. Die Familie Kerkel und die Bewohner des Landkreises Miesbach können stolz sein auf Norberts Leistung.

Gabriele Bauer (Oberbürgermeisterin Rosenheim)

Den Menschen zugewandt

Oftmals streben Menschen nach einem Amt, manchmal finden Amt und Mensch zusammen. Ab und zu hat man aber auch das Gefühl, ein Amt habe sich den Mann gesucht. Diesen letzteren Eindruck bekam, wer Norbert Kerkel als Landrat des Landkreises Miesbach erlebte. Da bekleidete jemand nicht nur ein Amt – dieser Mann lebte für seinen Landkreis und er verkörperte ihn über 20 Jahre lang.

Das bayerische Oberland gilt nicht zu Unrecht als Heimat eines besonderen Menschenschlags – urwüchsig-kraftvoll, traditionsverbunden, geerdet. Norbert Kerkel passte hierher. Bescheiden, gradaus und umgänglich wie er war.

30 Jahre war er in der Kommunalpolitik aktiv, hat vom Mitglied des Gemeinderats über das Amt eines Bürgermeisters bis hin zu dem des Landrats seine Sporen dort verdient, wo der Kontakt des Politikers zu den Bürgerinnen und Bürgern am unmittelbarsten ist. Für jeden hatte er ein offenes Ohr – und die Menschen schätzten seine direkte Art, die Tatkraft ausstrahlte und Vertrauen schuf.

Meine Erinnerungen an Norbert Kerkel, die unsere persönlichen Begegnungen hinterlassen haben, drehen sich denn auch um Begriffe wie Vertrauenswürdigkeit, Zuverlässigkeit und Anständigkeit. Auf sein Wort war Verlass. Sprach man mit ihm, wusste man, woran man war – schnörkellos, klar, aber immer herzlich und den Menschen zugewandt. Er war da, wo er gebraucht wurde, ohne sich in Szene setzen zu müssen.

Seine schwere Krankheit hat er in einer Haltung ertragen, die vorbildlich ist. Mit Pflichtbewusstsein, Verantwortungsgefühl für die Menschen und Liebe zu „seinem" Landkreis hat er sein Amt versehen. Wenn es über ein solches Leben ein Resümee gibt, dann folgendes: Er war da, wo er hingehörte und er tat das, was er tun musste.

Alexander Radwan
(Mitglied des bayrischen Landtags)

Heimatverbunden und weltoffen

Für Norbert Kerkel waren Kommunal- und Europapolitik keine Gegensätze. In seiner Heimat tief verwurzelt hatte er die Geschehnisse jenseits des Landkreises fest im Blick. Im Jahr 1999 wurde ich zum ersten Mal in das Europäische Parlament gewählt und habe damit Europa vor Ort ein Gesicht gegeben, wie es Norbert sagte. Seit dieser Zeit hat sich aus einer politischen Zusammenarbeit eine persönliche, freundschaftliche Beziehung entwickelt, für die ich sehr dankbar bin. Als „den aus Brüssel" hat er mich mit seiner unvergleichbaren Herzlichkeit wie selbstverständlich in das Geschehen vor Ort integriert. Der gedankliche Austausch mit ihm zu vielen verschiedenen Themen – bis hin zu den gemeinsamen Erfahrungen mit unseren Hunden – war stets anregend und spannend.

Bei unserem ersten Gespräch nach der Wahl hat er spontan vorgeschlagen, dass der nächste Bürgermeisterausflug nach Brüssel gehen soll. Gesagt, getan und so durfte ich die Delegation aus Miesbach als erste Besuchergruppe im Europäischen Parlament begrüßen. Norbert war Kommunalpolitiker mit Leib und Seele. Sein Landkreis lag ihm am Herzen. Er hat regelmäßig gemahnt, dass die kommunale Selbstverwaltung nicht durch die EU eingeschränkt werden dürfe. Unsere lokale Wasserversorgung lag ihm besonders am Herzen. Gleichzeitig war er ein überzeugter Europäer. Im Mai 1941 wurde Norbert geboren, ein paar Wochen bevor sein Vater, den er nie kennen lernen durfte, in Frankreich gefallen ist. Im zerbombten Deutschland aufgewachsen, war es seine feste Auffassung, dass so etwas nie wieder passieren darf. Norbert scheute sich nicht, dies auch öffentlich zu sagen, auch wenn gerade der Zeitgeist anderer Meinung war.

Sehr gerne erinnere ich mich an einen Abend mit seiner lieben Frau Käthe und seinem Enkel Simon, gemeinsam mit Abgeordneten aus dem Europäischen Parlament. John Purvis, ein Kollege aus Schottland, war freudig überrascht, als ein Bub aus Bayern ihm auf dem Dudelsack verschiedene Stücke vorspielte. Und so konnten sich ein älterer Schotte, der nach dem Krieg in Hamburg aufgewachsen ist, und der Enkel von Norbert an diesem Abend über schottische Volksmusik und ihre Geschichte unterhalten. Seine Familie war der Mittelpunkt in seinem Leben.

Besonders wichtig war Norbert die Jugend im Landkreis. Es gab kaum eine Veranstaltung – ob an einer Schule oder aus einem anderen Anlass – an der er nicht teilgenommen hat, um zu den Jugendlichen zu sprechen. Mit einer launigen, humorvollen und zugleich tiefgründigen Rede hat er die jungen Zuhörer ermuntert, ihre Zukunft aktiv zu gestalten, das Private nicht zu vernachlässigen und sich für unsere Demokratie zu engagieren.

Es waren besondere Eigenschaften, die Norbert nicht nur als Landrat, sondern gerade als Mensch in der Bevölkerung so beliebt machten, wie sein unkomplizierter Umgang mit dem Bürger, der jeden Einzelnen als Person immer ernst nahm. Er hat sich immer, selbst als es ihm nicht mehr sehr gut ging, für sein Gegenüber interessiert, gefragt, wie es einem geht und ob man helfen kann. Sich selbst hat er zurückgenommen. Man spürte seine Herzenswärme, er war ein Freund der Menschen. Humor und altbayrische Lebensfreude waren kennzeichnend für ihn. Vorbildhaft war, wie er die letzten Jahre seines Lebens gemeistert hat. Norbert Kerkel hat Spuren in den Herzen der Menschen hinterlassen, er wird uns in positiver Erinnerung bleiben. Ich bin dankbar für die Zeit, die ich mit ihm verbringen durfte.

Mit Enkel Simon im Januar 2008

Christoph Hillenbrand
(Regierungspräsident)

Die Säule im Oberland

Er mochte die Leute – und die Leute mochten ihn. Das war wohl das eigentliche Erfolgsgeheimnis des unvergessenen Landrat Kerkel.

Das bewies mir eine Blitzumfrage, die ich zur Vorbereitung der Rede zu seinem Abschied aus dem Amt machte. Die Prädikate, die ihm dabei zu seinen 21 Jahren Amtszeit gegeben wurden, reichten von „offen, ehrlich, freundlich und anständig" bis hin zur Aussage, er sei einfach einer der nettesten Landräte Oberbayerns. Dieser Einschätzung kann man sich nur anschließen.

Unvergessen bleibt mir, wie er es verstand, etwa bei einer Feier anlässlich des Wechsels der Schulamtsleitung, alle Anwesenden gleich herzlich für sich einzunehmen, um dann mindestens ein Dutzend kleiner oder auch größerer beziehungsreicher Gastgeschenke aus den Tiefen seines Trachtenjankers zu zaubern – nicht ohne diese launig zu kommentieren.

Trotz seiner schweren Krankheit, hat er wirklich nie geklagt und erst recht nicht aufgehört, sich für die Belange seines Landkreises und seiner Bürger einzusetzen. Dabei hat er sich natürlich nicht auf die gottgegebene Attraktivität seines Landkreises verlassen, oder darauf, dass die Anziehungskraft der Berge und Täler auf den Tourismus ewig und ungebrochen währt. Stets aktiv und das oft bis in die späten Abendstunden, an Wochenenden sowieso, hat er im direkten Gespräch für seine Ziele geworben. Eines davon – und nicht das geringste – war, in seinem Gäu die wirtschaftlichen Grundlagen auf Erfolg zu programmieren.

Als regional verwurzeltem und umsichtigem Politiker war ihm aber natürlich auch Brauchtum und Kultur wichtig. Und viel lag ihm am Bildungsangebot im Landkreis – ganz im Sinne Heinrich Heines, der einmal sagte: „Geld ist rund und rollt weg – Bildung bleibt."

Die Liste von Projekten, die er während seiner langen Amtszeit angeschoben, begleitet und zum Erfolg geführt hat, ist lang. Ein Schmuckstück daraus findet sich im Gesundheitswesen, nämlich der Neubau des Zentralkrankenhauses in Agatharied. Wie viel Energie und Überzeugungskraft muss dieses Projekt gekostet haben! Es galt ja nicht nur, ein neues Haus aufzubauen, zu organisieren und zu etablieren. Gleichzeitig mussten vier Kreiskrankenhäuser mit ihren Strukturen aufgelöst und verträglich abgewickelt werden. Aber es hat sich gelohnt: Agatharied ist noch heute eines der modernsten Krankenhäuser in Deutschland und seit 2005 Lehrkrankenhaus der LMU München.

Als gestandener und bodenständiger Landrat hätte es Landrat Kerkel sicher abgewehrt, als König von Miesbach bezeichnet zu werden. Auf ein Mannsbild wie ihn passt ja auch eher das Bild einer Säule im kommunalen Haus und im gesamten Staatsgefüge.

Mir schien deshalb als Geschenk an ihn zu seinem Abschied als Landrat eine historische Säule aus der 1864 geschaffenen Fassade der Regierung von Oberbayern besonders passend. So wie ich ihn kannte, wird er sich über die als spezielle Form des Behördenabbaus gefreut haben ...

Michael Pelzer
(Bürgermeister Gemeinde Weyarn)

Die Herzen erreichen – ein anderer Politiker

Da stand er – der neue Landrat – bei seiner Antrittsrede in Schliersee: Raumfüllend, noch immer ein wenig staunend, dass er da stand – und Zuversicht ausstrahlend. Anders als die anderen. Lebendig, ja lebenslustig, zupackend und zuhörend zugleich. Ein Mannsbild einfach, wo man sich auf das Zusammensein freute. Diese Fähigkeit auf jeden Einzelnen zuzugehen hatte er wirklich. Damit hat er den Kreistag verändert. Aus polarisierten Fraktionen wurde ganz allmählich eine Mannschaft aus Individuen, die alle ein gemeinsames Ziel hatten.

Auch das war anders. Es war diese konsequente Gutheit, die sich nicht erschüttern ließ. Nicht, dass er sich nicht ärgern konnte. Nicht, dass ihm nichts unter die Haut ging. Aber das ließ er sich nicht anmerken und nur wenige sahen die Schweißperlen auf seiner Stirn in solchen Situationen. Aber er wusste, er musste seinen Weg gehen. Den Weg der Zuversicht, des Mitnehmens, der Offenheit. Den konnte er. Den hatte er ursprünglich ganz aus sich heraus und dann hat er sein Talent noch professionell ausgebaut: als leidenschaftlicher Theaterspieler. Er hat sie schon geliebt – die Bühne. Nicht selbstverliebt, sondern um Freude zu machen. Und schließlich beruflich dann auch: Indem er anderen ein Stück von dem, was er konnte, mitgegeben hat.
Ich habe ihn zu seinem Fünfzigsten als bestausgebildeten Landrat bezeichnet. Er beherrschte die Bühne, er befähigte andere, ihre Leidenschaft zu leben und er hat als Bürgermeister das Handwerkszeug für die Politik gelernt. Dann Landrat sein – unangefochten – das war nicht schwer. Aber es war mehr: Es war etwas, was in der Politik selten ist. Man hat ihn geliebt. Obwohl er die klassischen Starattitüden und -eigenschaften alle nicht hatte. Also muss es echte Liebe gewesen sein.
Ich könnte ein Buch schreiben über ihn, unser Kennenlernen, meine 18 Jahre als einer seiner Stellvertreter an seiner Seite, an einen Menschen, den ich bewundert und auch verletzt habe – und der immer ein Stück mehr menschliche Größe hatte als ich. Nicht umsonst steht sein Bild auf meinem Schreibtisch.

Aus den vielen hier nur ein paar Episoden

Ich hatte ihm zu seinem Amtsantritt einen Kompass geschenkt, damit er seine Richtung nicht verliert. Er hat es nie vergessen und er hat seine Richtung behalten.

Seine Gutheit haben manche ausgenutzt und er hat es gewusst. Er hat sich dagegen nicht wehren können. Einen hat er einmal befördert – aber es war kein repräsentativer Raum mehr vorhanden, den der frisch Beförderte offensichtlich wollte. Ich kam zufällig dazu als er ernsthaft erwog, dem neuen Abteilungsleiter sein Landratsbüro zu geben. Ich glaube, ich habe ihn ziemlich beschimpft in diesem Augenblick.

Immer wieder habe ich die solide Haushaltspolitik des Landkreises angemahnt. Auch das hatte etwas damit zu tun, dass er in seiner Gutheit manchen nicht Nein sagen konnte. Einmal hatte ich mir vorgenommen im Kreistag alles anzusprechen, was ich sagen wollte und ich hatte eine sehr kritische Haushaltsrede gehalten. Und dann habe ich ihn angeschaut. Und dann habe ich etwas gesagt, was ich gar nicht sagen wollte: *„Meinst du Norbert, mir macht das Spaß, hier so kritisch zu reden – aber verstehe, ich muss es sagen, weil ich dir helfen will, weil ich dich mag."* Das hat er geschafft, solche ganz persönliche Bekenntnisse in der Politik möglich zu machen. Und das meine ich ganz ernst: das täte allen gut, auf allen Ebenen der Politik.

Einmal war er mir ernsthaft böse. Er hatte das durchgesetzt, was ich über ein Jahrzehnt eingefordert hatte: das eine hochqualifizierte Landkreiskrankenhaus – wo es vorher vier gegeben hatte. Er hat es geschafft. Eine einmalige Leistung! Das war es ja, was er wie kein zweiter konnte: Menschen auf ein Ziel hinführen. Und ich hatte plötzlich die Angst, dass diese großartige Leistung durch lauter Nachgiebigkeit gegenüber den egoistischen Interessen, die es auch in einem Krankenhaus gibt, nicht zum Erfolg führen könnte. Da habe ich dann andere Betreibermodelle ins Gespräch gebracht. Das hat er mir – so habe ich es damals empfunden – übelgenommen. Da gab es dann einige Zeit ein Stück Distanz.

In der Zeit seiner Krankheit habe ich dann „sein" Krankhaus als Aufsichtsratsvorsitzender führen dürfen und gespürt, warum seine Leidenschaft an diesem Haus hing. Ich habe aber auch erkannt, wie manche mit ihm gespielt haben: bis in seine Krankheit hinein.

Er hatte recht: ein Krankenhaus kann kommunal erfolgreich sein – wenn man sich nicht ausnutzen lässt. Im April 2008 – wenige Wochen vor seinem Tod – hat er mich dann angerufen: *„Wenn ihr meint, dass eine andere Betriebsform besser ist, Michael, dann macht das. Andere Zeiten erfordern andere Antworten."* Genau das ist es, was ich so hemmungslos an ihm bewundert habe: Die Größe, sich selbst dem Ziel unterzuordnen.

Einmal gab es eine Aufsichtsratssitzung in Bad Wiessee. Norbert Kerkel war schon schwer krank. Der im Krankenhaus institutionalisierte Konflikt zwischen dem Anspruch der Chefärzte und den Zwängen, denen sich die Geschäftsführung ausgesetzt sieht, war wieder einmal – wie so oft – eskaliert. Und ich hatte als Vorsitzender keine Chance mehr gesehen, das auf die Reihe zu bekommen. Da ging die Türe auf. Wir haben ihn mit Mütze und Anorak nicht gleich erkannt. Er kam gerade von einer Chemotherapie aus Großhadern und er wusste, wo wir waren und deshalb ist er einfach hergefahren. Er hat sich hingesetzt und er hat erzählt: über den Wert des Lebens und des Zusammenhaltens und über die Landkreisfamilie. Er, der Todkranke, hat uns Mut gemacht. Er, der Leidende, hat uns aufgebaut. Ich – und ich glaube wir alle – sind uns ganz elend klein vorgekommen in diesen Augenblicken. Da sitzen wir und streiten über kleinliche Egoismen. Und dann kommt er – in seiner ganzen Existenz bedroht – und baut uns auf. Kein Vorwurf. Keine Ermahnung. Nur Mut machen.

Ein Letztes: Ich habe seine Reden oft gehört. Ich habe sie genossen und gemocht. Weil er Bilder lebendig werden lassen konnte in unseren Köpfen. Ich habe gelernt. Ich habe es ausprobiert: die Geschichten, die Märchen, die Anekdoten. Es stimmt: wir erreichen vielleicht den Verstand der Menschen mit guten Argumenten. Aber die Herzen erreichen wir mit Bildern. Norbert Kerkel hat die Herzen erreicht und genau darauf kommt es an. Wenn Politik die Herzen nicht erreicht, bleibt sie kalt und starr und wirkungslos.

Ohne Norbert Kerkel hätte ich vieles nicht erfahren und vieles nicht gelernt. Ohne ihn wäre ich nicht der, der ich heute bin. Ich habe all seine Fähigkeiten erleben dürfen und ich habe manche seiner Fehler als vermeidenswert erkannt. Ich werde das Bild nie vergessen: als er im Schlierseer Hof stand – der neue Landrat – und dass ich mich auf ihn gefreut habe, weil er damals schon ahnen ließ: Politik kann auch anders gehen und ich bin dankbar und froh darüber, dass ich das erleben durfte.

Franz Jungwirth
(Altbezirkstagspräsident von Oberbayern)

Leidenschaftlicher Kommunalpolitiker

Als Mensch und als Kommunalpolitiker habe ich Norbert Kerkel sehr geschätzt, ja bewundert. Hierzu darf ich zwei Dinge ansprechen:

Einmal die Zusammenführung von vier Landkreiskliniken zu einer modernen Klinik. Norbert Kerkel ging davon aus, dass eine „Klinik der Zukunft" hochqualifizierte medizinische Versorgung im Landkreis mit dem gesamten medizinischen Angebot der Versorgungsstufe II sicherstellen muss und dann auf Dauer wirtschaftlich erfolgreich zu führen ist. Dies war nach seiner festen Überzeugung nur an einem gemeinsamen Standort zu gewährleisten.

Norbert Kerkel hat Recht behalten mit seiner Prognose und Bewertung und das vor mehr als 15 Jahren! Alle Landkreise, die so einen mutigen Schritt nicht wagten, haben, wie Beispiele heute zeigen, erhebliche Probleme mit der wirtschaftlichen Situation ihrer Kliniken und oft auch mit der Akzeptanz der Bevölkerung ihren Kliniken gegenüber. Bewundert habe ich Norbert Kerkel dafür, wie es ihm gelungen ist, für dieses „Herkules-Projekt" die erforderlichen Mehrheiten und letztlich auch die Zustimmung der Bevölkerung zu erhalten. Ich weiß aus meiner kommunalpolitischen Tätigkeit in meinem Landkreis, wo wir mit der Zusammenführung von zwei Kliniken vor knapp 20 Jahren begannen, welchem Widerstand bis hin zu persönlichen Anfeindungen man ausgesetzt ist. Norbert Kerkel hat es geschafft: Durch seine klare Position, seine Überzeugungskraft und seine gewinnende persönliche Art hat er die richtigen Mitstreiter zum Wohle seiner Landkreisbevölkerung gefunden.

Zum Zweiten:
Der Bezirk Oberbayern und der Landkreis Miesbach sind Partner im Krankenhaus Agatharied. Dort entstand nach dem Klinikum Ingolstadt eine der ersten psychiatrischen Kliniken in Bayern, die in ein somatisches Krankenhaus integriert ist und das erste Krankenhaus, das von Anfang an dafür geplant und gebaut wurde. Die Vorgespräche für diesen Krankenhausneubau begannen in einer Zeit, als allenthalben noch große Vorurteile gegenüber psychisch kranken und suchtkranken Menschen herrschten. Norbert Kerkel waren diese Berührungsängste fremd und er erkannte zudem frühzeitig die Chance, die sich angesichts der anstehenden Gesundheitsreformen für den Landkreis mit dieser Kooperation bot. Neben der Konzentration der bisher vier Klinikstandorte auf einen einzigen, bot diese Kooperation mit einem Partner, dem Bezirk Oberbayern, eine wichtige Voraussetzung, um die Klinikversorgung auch langfristig in öffentlicher Hand zu halten.

Mit dem Krankenhaus Agatharied haben wir für die Menschen im Landkreis Miesbach und Teile des Landkreises Bad Tölz-Wolfratshausen eine wohnortnahe, dezentrale psychiatrische Versorgung und die Stigmatisierung psychisch Kranker ein kleines Stückchen aufgebrochen. Gemeinsamer Eingang in die Klinik und dann in die gesuchte Abteilung, z. B. die Chirurgie oder eben die Psychiatrie! Schließlich war Norbert Kerkel von Anfang an nur zu bewusst gewesen, dass es psychisch kranke Menschen eben nicht nur im fernen Bezirkskrankenhaus Haar gab, sondern ein Teil der dort behandelten Menschen Landkreisbürgerinnen und -bürger waren. Diesen Menschen wollte er auch eine Behandlungsmöglichkeit im eigenen Landkreis schaffen. Unser Anliegen eines gemeinsamen Krankenhauses für Leib und Seele fiel bei ihm deshalb auf fruchtbaren Boden. Durch diese seine Haltung hat er ebenso geholfen Vorbehalte bei seinen Landratskollegen abzubauen. Und er hat dazu beigetragen einen Teil des Odiums, das immer noch mit einer psychischen Erkrankung verbunden ist – obwohl ca. 25 Prozent der Bevölkerung in der BRD im Laufe ihres Lebens daran erkranken – abzubauen.

Wer Norbert Kerkel gekannt hat, der erinnert sich heute an einen energiegeladenen, lebensfrohen Mann, der Kommunalpolitik zu seiner Leidenschaft gemacht hat. Durch diese innere Haltung hat er sich, zusammen mit seinem Humor, seiner Menschenkenntnis und seiner Souveränität schnell Respekt und Anerkennung in allen Bereichen verschafft. Über die Zusammenarbeit in verschiedenen Gremien haben wir uns persönlich angefreundet – und wurden Freunde. Ich möchte ihn als „Handschlagtyp" bezeichnen – und das ist aus meiner Sicht eine große Auszeichnung –, denn was wir besprochen und vereinbart hatten, auf das konnte ich mich verlassen auch ohne Schriftform. Nachdem wir uns näher kennen gelernt hatten, erteilte er mir eines Tages den Ritterschlag indem er sagte: „Du solltest Gebirgsschütze werden, aber in meiner Kompanie Waakirchen." Ich wurde aufgenommen und er war mein Pate, darauf war ich stolz.

Umso mehr war ich betroffen, als er mir von seiner Krankheit erzählte und ich habe ihn bewundert, wie er nach außen hin gelassen diesen Schicksalsschlag getragen hat, auch hierin ein Vorbild. Dass Norbert Kerkel noch in einer Zeit, in der er schon von seiner schweren Krankheit gezeichnet war, nie aufhörte, seinen Beruf und seine Leidenschaft für den Landkreis ernst zu nehmen, hat mich sehr berührt.

ANHANG

iebes Geburtstagskind,

herzlichen Glückwunsch zu Deinem ersten Lebensjahrzehnt!
Vor 20 Jahren, am 12. Oktober 1988 hat sich der Kreistag für
Dich als Wunschkind entschieden. Die folgenden zehn Jahre
der Schwangerschaft waren nicht ohne Komplikationen. Es
waren, wie im richtigen Leben, Freuden und Sorgen oft nahe
beieinander. Freude über das zügige Wachstum, Sorgen über
die sich immer wieder ändernden Rahmenbedingungen in
der Krankenhauslandschaft. Es waren spannende Fragen zu
klären, wie der Standort Deiner Wiege, Dein Aussehen, Deine zukünftigen Aufgaben, wie werden wir Dich finanzieren
können und vor allem ob Du uns nach Deiner Geburt und
dem Babyalter immer noch auf der Tasche liegen wirst? Gott
sei Danke waren wir in dieser Zeit nicht allein. Viele Spezialisten, Berater und Freunde, darunter auch die Teams Deiner
Vorfahren in Tegernsee, Holzkirchen, Miesbach und Hausham und immer wieder Bürgermeister Arnfried Färber mit
seinem Gemeinderat. Dann freuten wir uns, dass Du einen
Zwillingspartner mit der Psychiatrischen Klinik des Bezirks
von Oberbayerns bekommst. Endlich war es soweit. Vom 2.
bis 4. Oktober 1998 waren die Einweihungsfesttage. Unser
lang ersehntes Baby hat das Licht der Welt erblickt und wurde
gleich von zwei Bischöfen getauft. Der Bayerische Ministerpräsident Dr. Edmund Stoiber war mit vielen anderen Gästen
sozusagen symbolisch als Taufpate gekommen und hat die
Festrede gehalten. Alle waren von dem Prachtkind das Du
geworden bist begeistert.

*Auf den folgenden Seiten
Norberts Grußwort
zum 10-jährigen Bestehen
des Kreiskrankenhauses
Agatharied.
Die Veröffentlichung dieses
Grußwortes erlebte er selbst
nicht mehr.*

*Die Bilder zeigen die
Einweihung des Denkmals
auf dem neu benannten
Norbert-Kerkel-Platz
vor dem Kreiskrankenhaus
Agatharied im Herbst 2008.*

Nun ist ein Jahrzehnt wie im Flug vergangen. Die Menschen, die in Dir arbeiten, die Ärzte, das medizinische Personal und die Pflegenden, die Verwaltung und die Technik, die Küche und der Reinigungsdienst, die Seelsorge und der Sozial/Patientendienst, die ehrenamtlichen Helfer und die vielen weiteren „guten Geister" haben Dir zu einem sehr guten Ruf verholfen. Schließlich bist Du als „Akademisches Lehrkrankenhaus der LMU München" geadelt worden. Deine Hochschullehrer und Ausbilder haben teilweise einen internationalen Ruf. Eine Erfolgsgeschichte ist auch die angegliederte Krankenpflegeschule. Weil Du auf einer soliden Basis stehst konntest Du so manchen Sturm bisher überstehen, so wie Du gleich in Deinem ersten Lebensjahr eine ernste „Lungenentzündung" meistern musstest. Das sei aber an Deinem heutigen Ehrentag nur am Rande erwähnt. Genieße Deinen Geburtstag und die kommende Zeit. Wir, Deine Erzeuger, sind stolz auf Dich und Deine Leistung. Wir freuen uns auch, dass Du nicht mehr am Tropf des Kreiskämmerers seit einigen Jahren hängst. Gerne würde ich an diesem Tag so vielen Menschen namentlich danken, aber das würde den Rahmen sprengen. So danke ich einfach allen, die über die Jahre hinweg unser Geburtstagskind gehegt, gepflegt, gefördert und erfolgreich werden ließen. Das gilt auch für unsere Partner, den niedergelassenen Ärzten. Danke auch dem Freundeskreis mit seiner rührigen Vorstandschaft.

Neben den hochmodernen medizinischen Einrichtungen und
den gelungenen Patientenzimmern, großteils mit Bergblick,
steht das Wirtshaus neben der Kirche wie es sich in Bayern gehört und auch an einen würdigen Abschiedsraum ist gedacht
worden. Nachdenklich stimmte viele die astronomische Uhr
des Künstlers Blasius Gerg im großzügigen Eingangsbereich.
Unter den zahlreichen Gästen waren auch Neider und wollten Dich sofort adoptieren. „Aba do is nix ganga!" Etwa 7 400
Jugendliche feierten mit einer „hospital-underground-party"
Deine Ankunft. Ich war mit meiner Frau auch da. Seitdem hören wir schlechter. Schwierig war die Suche nach einem passenden Namen für Dich, noch dazu mit einem Logo. Ich hoffe, dass Dir Dein Name gefällt. Schön finde ich noch immer
das Seelaub als Logo. Es erinnert an das Kloster Tegernsee, wo
bereits im Jahre 1050 ein Klosterspital nachgewiesen ist, man
kann sich auch das Herz mit dem Blutkreislauf vorstellen oder
an die enge Verbindung zur psychiatrischen Klinik denken.
Zu einem Markenzeichen, das zugleich verpflichtet, ist der
Satz: „In guten Händen". Dazu habe ich einen schönen Beitrag von Altabt Odilo Lechner in dem gelungenen Buch von
Hans-Günther Kaufmann und Professor Reinhard Wittmann,
das anlässlich Deiner Taufe herausgekommen ist, gefunden.
Wir brauchen „.... Hände, die uns aufnehmen und tragen, die
streicheln und beruhigen können. Und immer wieder überlassen wir uns der Hand des anderen und nehmen selber das
Geschick eines anderen in unsere Hand ...!"

Liebes Geburtstagskind, für das kommende Jahrzehnt wünsche ich Dir weiterhin viele Menschen, die es gut mit Dir meinen, ich wünsche Dir, dass Du im Kreis Deiner Landkreisfamilie bleiben kannst und darfst, dass Du auf dem Weg durch unsere schnelllebige Zeit immer den richtigen Weg erkennst und die Kraft hast den dann auch zu gehen. Im Namen zahlloser Patienten danke ich Dir mit Deiner Crew für die erfahrene Hilfe und Menschlichkeit. Viele werden sich den Worten von Ernst Penzoldt anschließen: „Meine Stimme ist noch etwas klein, meine Beine wackelig. Auch bin ich noch etwas menschenscheu. Ich muss mich erst an die Gesundheit gewöhnen. Aber, ich bin nicht mehr Patient. Ich bin geheilt entlassen."

In diesem Sinne „ad multos annos" liebes Geburtstagskind.

Dein

Norbert Kerkel

Lebenslauf

Norbert Kerkel wurde am 8. Mai 1941 in Tegernsee geboren.

Eltern

Sein Vater, Norbert Kerkel, wurde in Eltmann geboren. Er war von Beruf Metzger. Mit einem Bautrupp für Straßen und Eisenbahn kam er nach Schaftlach. Er fiel am 21. Juni 1941 in Frankreich im 29. Lebensjahr.
Seine Mutter, Maria Kerkel, geb. Rossberger, wurde am 16. November 1912 in Schleißheim geboren und starb am 17. Dezember 1992 in Miesbach.
Von Beruf war sie Schneidermeisterin.
Aufgewachsen ist Norbert Kerkel in Schaftlach bei seinen Großeltern Karolina und Jakob Rossberger. Die Mutter musste als Schneidermeisterin auf der Stör Geld verdienen.

Am 28. September 1963 heiratete er Katharina Kerkel, geborene Obermüller. Aus dieser Ehe gingen zwei Kinder, Norbert und Monika, hervor.

Schulzeit

Von 1947 bis 1951 besuchte er die Schule in Schaftlach.
Ab 1951 besuchte er das Gymnasium in Tegernsee.
Mit Mittlerer Reife verließ er es 1955, weil Onkel Willi Rossberger eine Lehrstelle bei der Bahn für ihn gefunden hatte.

Beruflicher Werdegang

Von 1955 bis 1958 absolvierte er eine Lehre als Jungwerker bei der Bahn.
Ab März 1958 bekam er eine Anstellung als Dienstanfänger beim Bahnhof Schaftlach für den mittleren nichttechnischen Dienst und gleichzeitig die Ernennung zum Bundesbahnassistentenanwärter. Neben dem Beruf absolvierte er die Schauspielschule Arthur Riegler von 1958 bis 1961.
1968 wurde er als Bundesbahnsekretär zum Beamten auf Lebenszeit ernannt. Nach Aufnahme in den gehobenen Dienst arbeitete er als Verkaufstrainer bei der Verkaufsakademie.
Von 1977 bis 1984 arbeitete er als Verkaufsleiter bei der DSG in München. Dazu war er zur Einarbeitung ein Vierteljahr in Hamburg.
1984 wurde er zum 1. Bürgermeister der Gemeinde Waakirchen gewählt.
Von 1987 bis 2008 war er Landrat des Landkreises Miesbach.
2008 wurde er zum Altlandrat ernannt.

Auszeichnungen

Bayerischer Verdienstorden, Bundesverdienstkreuz und goldene Landesehrennadel

Norbert Kerkel ist am 12. Juni 2008 in München verstorben.

Beerdigung am 18.06.2008

Die Trauerredner
bei der Beerdigung von Norbert Kerkel am 18.06.2008

Dr. Jakob Kreidl,
Landrat des Land-
kreises Miesbach

Josef Hartl,
Bürgermeister
der Gemeinde
Waakirchen/Schaftlach

Arnfried Färber,
stellvertr. Landrat des
Landkreises Miesbach

Dr. Thomas Goppel,
Staatsminister für
Wissenschaft,
Forschung und Kunst

Dr. Edmund Stoiber,
Alt-Ministerpräsident,
Ehrenvorsitzender
der CSU

Theo Zellner,
Präsident
des bayrischen
Landkreistages

Franz Jungwirth,
Bezirkstagspräsident

Hubertus Räde,
Verwaltungsrats-
vorsitzender der AOK
für die Gruppe
der Arbeitgeber

Markus Seestaller,
Vorstand
des Trachtenvereins
Schaftlach-Piesenkam
als Sprecher
aller Vereine

Dekan
Walter Waldschütz